听花开的声音

门头沟区少年宫论文集

高玉明 主编

企业管理出版社
ENTERPRISE MANAGEMENT PUBLISHING HOUSE

图书在版编目（CIP）数据

听花开的声音 . 门头沟区少年宫论文集 / 高玉明等编著 . -- 北京 : 企业管理出版社 , 2022.4

ISBN 978-7-5164-2581-7

Ⅰ . ①听… Ⅱ . ①高… Ⅲ . ①少年宫 — 校外教育 — 教学研究 — 文集 Ⅳ . ① G244

中国版本图书馆 CIP 数据核字 (2022) 第 042614 号

书　　名: 听花开的声音——门头沟区少年宫论文集
书　　号: ISBN 978-7-5164-2581-7
主　　编: 高玉明
责任编辑: 杨向辉　郑小希
出版发行: 企业管理出版社
经　　销: 新华书店
地　　址: 北京市海淀区紫竹院南路 17 号　　**邮　　编:** 100048
网　　址: http://www.emph.cn　　**电子信箱:** qigung1961@163.com
电　　话: 编辑部（010）68414643　发行部（010）68701816
印　　刷: 北京市密东印刷有限公司
版　　次: 2022 年 6 月 第 1 版
印　　次: 2022 年 6 月 第 1 次印刷
开　　本: 160mm × 235mm　1/16
印　　张: 17.75 印张
字　　数: 310 千字
定　　价: 75.00 元

版权所有　翻印必究 · 印装有误　负责调换

编委会

主　编　高玉明

副主编　杨　帆　张晶雪

编　委　（按姓氏笔画顺序排列）

杨　盈　姚　旺　高　卉　阚秋影

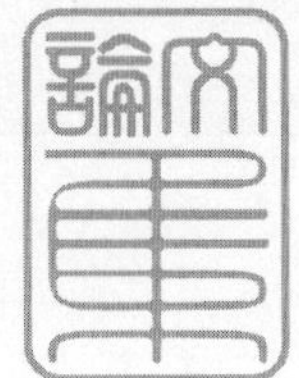

前　言

校外教育是基础教育重要组成部分，全面实施素质教育在少年儿童成长中发挥着不可替代的作用。门头沟区少年宫是全区唯一一所公办校外教育机构，自 1958 年建宫以来，始终坚持公益性原则，充分发挥培养兴趣，发展特长的职能，通过管理育人，活动育人，实践育人，文化育人，培养了大批学有所长的社会主义建设者和接班人。

2013 年 9 月，门头沟区少年宫迁入新址，办学条件得到极大改善，同时，在各级领导的关心和支持下，少年宫在管理创新、队伍建设、质量提高、品牌建设和特色发展等方面积极探索，教育质量不断提高，引领，辐射和带动作用更加凸显，已经成为门头沟区校外教育的研究中心，青少年儿童的培训中心，活动中心，多元发展、个性发展中心，在区域内有较高的社会声誉，呈现出欣欣向荣、蓬勃发展的良好局面。

教师是立教之本，兴教之源。门头沟区少年宫始终坚持培养教师，发展教师，成就教师的管理思想，以科研引领成长，以科研促进发展，把培养具备一定研究精神和科研能力的教师队伍作为推动校外教育质量提高和持续发展的努力方向。教师作为教育主体，他们的研究基于现实，基于改进和提升，更有现实的意义和价值，他们的研究不仅是文化建设的重要内容，也是门头沟区校外教育教师群体责任感、使命感的具体体现。

当前，门头沟区少年宫拥有一支师德高尚，业务精良的教师队伍，他们不但有对工作的热度，更有对教育教学理解的深度和对校外教育认识的高度。他们在纷繁紧张的日常工作之余探索创新，聚力发展，笔耕不辍，记录自己的研究与思考。为了更好地提升教师专业水平，营造更加浓厚的科研氛围，真正推动校外教育内涵式发展，我们将教师们自2013年以来的诸多感悟、思考和行动编辑整理成集。

希望本文集能够带给校外教师更多的启迪与思考，生成更有助于推动今后校外教育继续发展的力量。最后，对参与编写的专家，教师所做出的努力和贡献表示感谢，文集中难免有纰漏之处，恳请各位批评指正。

编委会

2022年5月

目录

CONTENTS

第一部分　探索求实

项目负责制，少年宫管理方法创新的催化剂　高玉明　杨　帆 / 002
儿童绘画中色彩的认知与表现　阚秋影 / 008
如何让书法教学不再枯燥　杨　琪 / 013
声乐教学集体课高效课堂课案研究　李建芝 / 018
幼儿钢琴启蒙教学中应重视的三个问题　姚　旺 / 024
校外教育普及与提高的主要问题及应对策略　阚秋影 / 029
《周易》思想对我创作的影响　乌日娜 / 033
试论童声声乐教学法　李建芝 / 039

第二部分　开拓创新

行走在超越的路上　高玉明 / 045
落实“项目负责制”　引导教师自主发展　高玉明　杨　盈 / 047
浅谈信息技术课程中如何渗透美育　李晓霞 / 051
浅析书法教学的“喂养”与“熏染”　梁　莉 / 054
儿童水墨画课堂教学的实践与探索　阚秋影 / 057
论声乐教学过程中的育人功能　李建芝 / 062
将二十四节气引入美术教育课程的研究　乌日娜 / 065
浅谈少儿舞蹈创作　高　卉 / 074
舞蹈社团建设问题与对策的思考　张晶雪 / 076
浅谈地域文化资源的开发与实践　阚秋影 / 080
蕴含在合唱中的修养培养　李建芝 / 087

走起来，让爱国之情化为爱国之行 杨　盈 / 091

第三部分　拼搏奋进

依托“三个一”　助推校外教育供给侧改革 高玉明　杨　帆 / 094
奋进新时代　争当引路人 李长军 / 099
开发校外美术教材　丰富活动内容 阚秋影 / 102
“文舞相融”传承中华优秀传统文化
——从古诗词中走出的少儿舞蹈创编活动 高　卉 / 108
读《我的音乐教学》 姚　旺 / 113
将八节气古诗词融入中国画教学中的实践研究 乌日娜 / 117
品味鲜活案例　感受高尚人格 李建芝 / 122
挖掘儿童声乐教学中“美”的声音 朱智楠 / 126
课改下校外美术教材的开发与实践 阚秋影 / 131
百花舞俏娃
——门头沟区少年宫小百花舞蹈团活动 高　卉 / 138
在二十四节气美术教学中落实学科核心素养的实践研究 乌日娜 / 147
舞蹈兴趣小组活动渗透传统文化的探索 尤利娜 / 153
《拜厄钢琴基础教程》新解 姚　旺 / 157
用歌唱教学活动培养学生爱国情怀 李建芝 / 161
关于构建“八节气”美术教育实践课程的思路 乌日娜 / 164
在声乐教学中传承传统文化的实践探索 朱智楠 / 168
浅析学生体验在群众活动中的重要性 韩金军 / 171

第四部分　春华秋实

弘扬国粹　传颂美德
——京剧社团建设初探 李长军 / 176

八节气美术课程开发的实践研究 乌日娜 / 181
浅谈以“三力”体验“三美”意识的培养 张晶雪 / 193
基于美术学科核心素养的美育实施探究 王玉英 / 197
群文活动和校外实践活动的有效结合探索 韩金军 / 202
“二十四节气传承美术体验活动”项目研究报告 乌日娜 / 207
是“体”育，更是“人”育
——谈舞蹈教育的美育功能 杨 潇 / 219
新时代背景下美术学科中美育的要求 王玉英 / 224
少年宫社团自主创编舞蹈的价值与策略 张晶雪 / 228
如何提高学生对音乐的鉴赏能力 姚 旺 / 233
基于美育开发中华传统节日文化美术课程
实践研究 阚秋影 / 237
“双减”后小提琴教学的改革与发展 李 波 / 242
基于大概念的“二十四节气”美术单元教学
设计与实践研究 乌日娜 王玉英 / 245
书能舞 舞能书
——少儿舞蹈编创活动与书法艺术的跨界融合 高 卉 / 254
舞蹈教育校内外融合提升学生审美素养的初探
张晶雪 杨 盈 / 259
借鉴苏轼的“八面受敌”读书法谈合唱
综合性问题的解决 李建芝 / 263
浅谈在太平鼓教学实践中的美育渗透 尤利娜 / 267
“美术+经济学”跨学科课程开发探究 王玉英 / 270
静待花开，以歌“抗疫” 朱智楠 / 275

ARTICLE

1

第一部分

探索求实

项目负责制，少年宫管理方法创新的催化剂

高玉明　杨　帆

长期以来，校外教育作为基础教育的重要组成部分，已成为社会教育不可或缺的组成部分。教育综合改革的逐步深化，既给校外教育带来难得的发展机遇，也提出了更加严峻的挑战。结合当前教育改革的新形势，门头沟区少年宫立足实际，围绕培育和践行社会主义核心价值观，坚持公益性原则，通过实施项目负责制，提高办学质量，提升我区校外教育的良好形象。

一、引进项目负责制，突破管理瓶颈

近年来，少年宫立足服务，积极实施精细化管理，不断提高办学质量，坚持公益性原则，以打造精品社团为载体，以培养学员兴趣、发展学员特长为目标，树立了良好的形象，提升了地区人民的满意度。但是，在我们成长进步的同时，也冷静、客观地审视目前存在的诸多制约因素：一是内部管理缺乏创新意识，急需活动项目管理的改革与创新；二是教师的教育理念相对陈旧，存在人浮于事的现象，要加强科学管理，激发教师的主观能动性；三是在“校内向校外拓展，校外向校内延伸”的大背景下，缺乏创新项目、特色项目、精品项目等。

在此背景下，少年宫提出了项目负责制的管理理念，即以项目策划到实施的全过程为工作核心，以项目预期目标的实际完成情况为考核内容，根据考核结果对项目负责人及项目团队予以评价和奖惩的一种管理模式，或可称之为一种运行机制。通过项目负责制的推行，逐步转变管

本文发表于《北京教育》2016 年第 12 期。

理模式，不再以硬性的量化考核等管制手段来让教师做事，而是以发展的眼光看待教师成长，给教师的发展创造机会，支持教师进步，最终推动少年宫发展。

二、推进项目负责制，创新管理理念

（一） 实施活动项目负责制，有利于管理机制的创新

活动项目负责制强调包括项目策划、启动、实施等全过程的职权明晰。在活动项目中，改变了传统的宝塔型管理模式，项目负责人被授予管理整个项目的权力，同时，党政工齐抓共管，有效引导并协助项目负责人实施项目，关注教师团队的建设，有效提升项目负责人的组织策划能力及其组员的执行力，确保项目的顺利实施，从而形成一种新的管理机制，推动少年宫的发展。

（二）实施活动项目负责制，有利于教师培养途径的创新

实施活动项目负责制，能够充分调动教师工作的积极性，使教师主动、创造性地开展工作。在项目实施的过程中，改变传统的教师培训模式，在强化教师专业技能的同时，鼓励教师主动学习、勤于思考、乐于实践，从而提高组织管理能力和自身素质。项目实施的过程，即是教师个人成长的过程。

（三）实施活动项目负责制，有利于少年宫品牌形象的提升

活动项目是少年宫发展的基础。实施活动项目负责制，能够推动校外教育的供给侧改革，丰富少年宫的供给内容，切实满足广大青少年的个性化需求，创新供给形式，提高少年宫的供给质量，从而提升少年宫的品牌形象。

三、实施项目负责制，提升管理效能

（一）树立共同愿景

美国著名的卡通设计者沃尔特・迪斯尼先生曾经说过：“在我做过

的所有事情当中，最重要的是把那些为我们工作的人的才能协调在一起，并把这些协调在一起的才能引导向某个目标。”在多年的发展中，少年宫确立了“注重实践体验，让少年宫成为启迪智慧的乐园；提高艺术素养，让少年宫成为个性彰显的殿堂；架起友好交流的桥梁，让少年宫成为实现梦想的舞台”的共同愿景。

我们实施项目负责制，就是围绕这样的共同愿景发挥集体的凝聚力，创建“人人负责项目，人人参与项目”的良好氛围，使每一个成员都成为少年宫发展的中坚力量。

少年宫教师具有很高的专业艺术素养，为了向社会和家长展示出少年宫教师的风采，提升少年宫的知名度，青年教师自发组织了“青春炫彩 艺魅京西”教师才艺展演这个专题活动。为了展演顺利开展，由高卉、张晶雪两位青年教师主动请缨，出任活动的总负责人，成立了专题项目组。两位老师发挥专业特长，组织设计展演方案，组织创编节目，组织教师排练。所有青年教师积极配合，他们分工明确，各尽其能，最大限度地发挥了每一位教师的主动性与创造性，教师们在不同的岗位得到了锻炼和提升。此次活动树立了少年宫良好的团队形象，为少年宫赢得了良好的声誉，也展示了队伍建设的成果，让老师们主动做事并把事情做成功。

（二）组建动态团队

校外教育注重个性发展，以满足兴趣为培养目标，促进少年儿童的全面健康成长。少年宫活动项目繁多，有些活动是一次性完成的，也有一些是长期坚持的传统活动。我们依据活动项目的目标及特点，根据教师自身的专业特长、兴趣、经验和实际工作安排，根据学生不同的志趣、潜能和擅长的学习方式，组建了不同的活动项目团队。如为了践行社会主义核心价值观，对学生进行爱国主义教育，我们开展《走进琉璃之乡 感受中华国粹》活动。此次活动是今年的一个主题性活动，由活动部的全月强老师作为项目负责人，与活动部及其他相关教师组成项目团队，全面实施这个活动项目。

再如《公益性科普教育体验活动》，这是少年宫的一项传统教育活动，这类活动我们有完善的组织机构及实施方案，由主管科技活动的梁辉老师作为负责人，到各学校具体实施，每到一个学校，都会与学校的相关教师组成一个活动团队，依据学校及学生的特点开展活动，确保活动的质量。

以活动项目为指向的教师团队凸显了少年宫管理模式的转变，于无形中消解了侧重于行政管理的层级制。为了能够让中层管理人员及全体教师从被动执行到主动思考，少年宫负责人授予活动项目负责人决策、执行、研讨、改进、资源（人、财、物）调配等责权，全面承担起活动项目的推进工作，实现了对教育专业性的回归。活动项目实施中，项目负责人为第一责任人，项目团队及少年宫其他相关人员全部听从调配，全力配合，以确保活动项目的顺利实施。

（三）开发实施项目

活动项目团队肩负着活动项目的研究、开发、实施、监控、反馈、改进等多项任务，每一个环节都要依靠项目团队的综合能力来保证。同时，每一个团队都需要多方面的支持，才能够保障活动项目顺利实施。一是依靠专家、领导、教师等多领域的支持，定期开展研讨会、培训会；二是科研引领，在活动项目的实施过程中，秉承“工作即科研、管理即科研”的理念，做到每一个项目团队都参与到《少年宫活动项目管理的探索与实践研究》这个课题中，有了课题研究的驱动，教师把自己的本职工作和行动研究紧密结合起来，既可入乎其内也可出乎其外；三是项目团队内部的相互学习与交流，来自不同学科和不同岗位的团队成员，可在项目团队中交流经验，分享理念和策略，充分发挥教师的主观能动性。

门头沟区是革命老区，拥有丰富的红色教育资源，我们充分利用资源优势，成立以荣济有老师为项目负责人的项目团队。团队成员一起研讨，深入挖掘地域的优质资源，制订出《寻找“昨天的故事”》活动方案。在项目实施过程中，老师们分工合作，分别带领学生走进田庄高小党支部旧址、京西地下情报所、京西古道、下苇甸皮影剧团、紫石砚厂等社会单位，走访了解历史的老革命、老前辈，向当地的馆长、讲解员调查采访，寻找历史，了解发展史，整理事迹，开展重温入团誓词等活动。在活动开展过程中，团队成员及时沟通，分享活动经验，交流活动感受，及时针对活动中出现的问题进行调整。在团队成员的共同努力下，本次活动取得了很好的效果，得到了相关领导及学生、家长的一致好评。

四、评估活动项目，保障供给质量

少年宫实施活动项目负责制，其目的是丰富校外教育供给的内容和形式，切实满足广大中小学生个性化学习需求，从而提高校外教育供给质量。为保障项目实施的效率和质量，规范活动项目流程，少年宫成立了评估小组，监督从申报、立项、实施到总结的整个过程，并充分重视活动项目的评估和评价。

（一）对活动项目进行立项评估

教师自主申报活动项目后，少年宫组织专人对项目进行评估论证，主要评估项目实施的目的、内容、任务、方法和基本过程设计是否清晰合理；项目是否具有重要的价值和意义；项目活动计划是否科学可行；项目实施人员是否具备相应的条件。通过活动项目立项评估工作，提高活动项目的科学性。

（二）对活动项目进行实时监督

在活动项目的实施阶段，评估小组进行实时跟进，主要评估活动项目是否紧紧围绕既定目标按进度进行，是否取得了阶段性成果；项目团队是否团结高效；项目经费的使用是否合理等。通过对活动项目的监督，掌握活动项目的实施情况，在监督的同时发现存在的问题及需求，给出合理的建议和指导。

（三）对活动项目进行形成性评价

活动项目结束后，及时召开总结评价会，主要评价活动项目的目标是否达成，学生是否有所收获，还有哪些需要改进的地方。活动项目全体成员进行自评，总结经验，查找不足。通过评价，为活动项目的建设积累经验，促进少年宫和教师的共同成长。

在教育综合改革逐步深化的今天，作为校外教育的中坚力量，我们更应该及时转变固有观念，发挥资源优势，让项目负责制成为少年宫管理方法创新的催化剂，坚持“以学生为本”，使每一个学生都有实际获得感，从而提高人民群众对校外教育的满意度。

参考文献

[1] 刘国华．项目管理：提高学校管理效能的新机制 [J]. 上海教育科研，2005（11）.

[2] 朱爱忠．学校管理的新视点——项目管理 [J]. 中小学管理，2004（3）.

[3] 黎羽，陈刚．企业项目管理七要素 [J]. 商业研究，2003（14）.

儿童绘画中色彩的认知与表现

阚秋影

德裔美籍心理学家鲁道夫·阿恩海姆提出“一切知觉中都包含着思维，一切推理中都包含着直觉，一切观测中都包含着创造”的重要思想。在知觉的过程中发展思维，直觉感受中渗透理性智慧，是儿童美术色彩教育应该持有的态度。儿童色彩认知与绘画色彩的表现直接影响着儿童的思维能力。全面科学的色彩知识教育、色彩视觉熏陶、色彩运用基本能力引导不仅可以推动中国儿童画的发展，更重要的是能够延续色彩教学，有利于学员转型到少年期技法专业训练，提高成年之后的色彩审美水平。那么教师在儿童发展的每一阶段该如何实施色彩教育与引导呢？本文主要从以下几点来探究如何培养儿童在绘画中对色彩的认知与表现。

一、如何认知色彩

中科院心理所李文馥研究员研究表明，刚出生 10 天左右的婴儿就可以辨别红、黄等主要颜色。儿童在 4 ~5 岁指认几种主要色相的正确率在 70% 以上；5 ~6 岁已经达到 80% 的准确率。所以要结合儿童心理、生理、环境等综合因素来引导儿童对色彩的认知。

1. 无意识直觉性阶段

儿童在 4 ~6 岁对色彩的认知是直觉与无意识作用下的自发行为。多数儿童对鲜艳的颜色更为敏感，喜欢纯、明亮的色彩，习惯选用单纯、强烈的色彩来装饰画面。此时儿童处于心理与生理条件制约下的对外界事物感知的初级阶段。对本阶段的幼儿来说，色彩的一般艺术特点教师是很难用语言传达清楚的，即使是示范，孩子也看不明白为什么要这样涂色。所以在选择内容时就要选择孩子熟悉的生活事物和情景，能够引起孩子自觉思考，进而升华为一种对色彩的认识，并由此自觉积累经验，化解干涩的色彩知识。比如《我的生日蛋糕》，孩子对这个主题最熟悉，从心理上对生日蛋糕的含义和色彩都有较明确的认知，因此孩子在画的过程中会自主地表现色彩，并且逐渐培养出自己的色彩感觉。

2. 自主意识萌芽期：色彩认知的自觉性阶段

儿童在 5 ~7 岁左右时，会有意识地寻找生活中的色彩和绘画中色彩之间的联系。他们会主观判断并且有能力发现很多颜色，但是在绘画创作过程中会困惑于在五颜六色的颜料中找不到自己想要的颜色。这时，教师就要适时地结合生活中色彩的变化辅导孩子认识一些复色。比如太阳光照射在不同的物体上会出现丰富的色彩变化，教师要引导学生明白，有什么颜色？为什么会有这些颜色？孩子们就会全面认识色彩，理解色彩现象，把握色彩简单规律，感受色彩搭配。在本阶段要注重培养孩子色彩表现能力的提高与拓展，在绘画内容设置上并不是越简单越好，相对复杂一些的反而更能激发儿童对色彩的探究和丰富颜色的使用，尤其是一些灰色调即复色的运用。学生在不断的调色中能够自觉地体验到种种色彩互相调和后的奇妙效果，并在此过程中自觉去认知色彩的丰富变化。以《美丽的建筑》为例，通过观察不同颜色、不同形状、不同材料的建筑，不断地积累对色彩的观察与感受，同学们会对建筑的整体色彩和造型有深刻认识，教师再适时传授一定的色彩变化方法与技巧，孩子的表现会更上一层。

3. 逻辑思维能力的发展：过渡为现实主义认知阶段

儿童在 12 ~15 岁之后，开始喜欢用理性的逻辑思维分析事物，要求表现更为具体、细致的绘画内容，能够运用主观色彩来表现个体思想、情感和行为。因此，他们在绘画中色彩的表现上会有较强的个性差异，由幼儿时期的对颜色的简单认知和程式化的经验，逐步表现为自主分析并总结出来较为成熟的色彩表现方法和规律。在此阶段如果不接受专业的训练，那么在前两个阶段形成的色彩认知将停滞不前，所以教师要辅导学生继续第二阶段的复色学习。从发展角度看，可以扩大儿童的“视觉色域”，对各种色彩调和的效果具有基本的判断力并运用于画面上，进而提高在艺术色彩方面的鉴赏水平。如：在题为《鸡冠花》的静物写生活动里，儿童从原有的单色平涂逐渐向复色的变化发展，这显示了本阶段孩子色彩认知能力的提高与拓展。教师要引导孩子不仅认知固有色，还要了解环境色、光源色、深浅、明暗、冷暖等一些现实问题，使画面由第一阶段的单纯与强烈过渡到本阶段的含蓄与丰富的表达意义。

艺术是一个熏陶的过程，色彩的认知能力更是在长期的耳濡目染中才见效果。因此作为教师我们必须结合儿童年龄特点，大胆从理论和实践两方面来探究儿童对色彩的认知，总结可行的教育方法，避免色彩理解肤浅、调和简单、概念化。

二、如何表现色彩

了解了儿童认知色彩的三个过程，教师就可以依据儿童艺术的生理、心理机制与儿童的智能发展来设置教学内容并实施教学，注重儿童色彩认知的自觉培养，使儿童的色彩学习不脱离形式、内容等美学范畴。那么如何在各阶段来设置教学内容呢？根据多年教学经验总结如下几点来共同探究。

1. 抓住低龄儿童心理特征，从趣味点介入

俗话说“兴趣是最好的老师”，绘画主题让儿童有兴趣，他们才愿意去表现，而且越是熟悉的场景才越是易于表现，激发他们的兴趣，唤醒思维情感，发展个性，自觉地辨识应该如何运用色彩。

《美丽的彩虹》一课的教学就从以上方面进行了探索，很好见证了以上观点，保证了活动的良好效果。美丽的彩虹是大自然形成的色彩艺术效果，孩子们最熟悉不过。活动过程中教师通过图片欣赏，引导学员讨论：彩虹为什么美丽？你为什么喜欢它？然后再欣赏名家作品和一些同龄孩子的作品，让孩子明白：我们看到的作品为什么这么美，就是因为这些作品有彩虹一样的颜色，像彩虹一样美。我们可以想到，孩子们的彩虹作品稚拙、强烈、热情、绚烂，把他们如画一样的性格用色彩淋漓尽致地表现了出来，轻松自由，符合了低龄儿童的认知特点。

所以说，兴趣是儿童创造思维发展的动力。当然，老师更是要设置

合适的活动内容，才能够让孩子的色彩认知得到恰当的发挥。

2. 消除对色彩的陌生感，由临摹入手

随着色彩认知的深入，活动的造型和内容也会逐渐变化发展，此阶段色彩的表现也由单色的平涂逐渐向复色发展，画面色彩会更丰富，还会具有笔触感，因此孩子们在学习过程中会有一点陌生感和畏难感。教师在此时就要设置一些学生易于表达的内容，或者从临摹入手，帮助学生找到简单的思维线索与方法技巧，让学生自然而然地了解色彩的一些专业知识，消除对色彩表现的陌生感，这样才能克服具体问题和困难。

临摹作品要依据孩子年龄选择，作品也要以孩子们熟知的经典名家作品为主，如梵高、塞尚、毕加索、米罗等等一些色彩倾向明显的作品。当然临摹并非一成不变，教师也要灵活处理，引导孩子具体学些什么，该怎么学。要从孩子的角度创造性地变临，符合孩子的情感与表现。比如临摹梵高的《向日葵》，教师引导学员通过认知色彩来感受、分析这张作品所表达的情感，以及带给学员的感觉。要鼓励学生展开自己合理的想象，可以改变主题与造型，以《我的向日葵》为题进行创作，除了学习梵高作品色彩的表达特点，也可以将儿童所喜爱的一些形象加入到画面中，比如动画中的形象、卡通人物等，创作符合自己情感与想象的作品，增加临摹的主动性和创造性。临摹时要感受每幅作品色彩所表现的情感，并学会去表现自己的情感。

因此，临摹色彩作品，能够帮助儿童分析理解色彩知识。教师再结合学生的年龄特点和学习能力采用适合的教学方法，让学生有兴趣自主探究，自由地运用色彩规律，表达自己的情感。

3. 培养对色彩的敏锐感，实践写生环节

以临摹来带动写生再以写生带动创作，是能够收到较好教学效果的途径。面对大自然中丰富多彩的颜色，学生会自觉整合已有的色彩知识来分析眼前的色彩，并运用学过的色彩规律表现大自然中的事物。所以，在写生过程中，学生能够充分表达自己对自然界的主观认识，同时又能够把学过的色彩规律和色彩的知识技能应用于现实生活当中。在鲜活的大自然中、在生活中理解干涩的色彩知识，理论结合实践，教学效果才能更好显现。所以教师不必反复过多强调理论知识，可以急用先学，跳跃式传授，要给学生在实践中逐渐提高、自我消化进步的机会，教师给予方法上的引导。

比如实践《户外风景写生》练习，面对大自然变化丰富的色彩，我注重引导儿童通过对比观察体会色彩的变化，因为只有感知到美的色彩才能够表现美的色彩。通过感知来捕捉自然界瞬间的色彩变化，避免只观察和表现物象固有的深浅明暗的变化，要学会在自然现象中分辨出色彩的冷暖、明度等，扩大和丰富儿童对色彩的认知能力，并逐渐掌握色彩的表现规律。

所以，写生是对色彩理论进行分析、实践、检验、再分析，再提升的一个循环向上的重要学习方法。学生在这一过程中能够主动探究，自主学习并解决实际遇到的问题，表达自己对世界的情感和认知，这体现了美育教育培养学生审美观、鉴赏美、创造美的育人理念。

综上所述，儿童绘画色彩的指导要符合儿童的学习本能，教师在教学过程中和评价儿童作品时也应该以此为依据。与此同时我们也要明确，艺术的生理、心理机制与儿童智能的发展是相互制约与促进的关系，对儿童色彩能力的培养，教师要尊重儿童的成长心理生理特点。在教授色彩的基本规律和运用方法过程中要尊重儿童的主观意愿。因此，如何实施培养与教育引导，这取决于教师教学的智慧。对艺术教育而言，教师的努力会在儿童时代给人们带来深远的影响，甚至远远大于之后任何时候。

参考文献

[1] 杨景芝，黄欢．从直觉到理性［M］．武汉：湖北美术出版社，2011.

[2] 鲁道夫·阿恩海姆．艺术与视知觉［M］．成都：四川人民出版社，1954.

[3] 谢红梅．中国儿童绘画（灰）复色认知与培养的重要性［J］．少儿美术，2009（1）.

如何让书法教学不再枯燥

杨　琪

书法艺术是一种文化载体，是我国的一门独特艺术，它源远流长而又博大精深，怎样让青少年及早体验传统书法的魅力，继而愿意接受系统的技法训练，变被动接受为主动追求，从而达到提高审美能力、陶冶情操、抒发情怀、涵养性灵、愉悦身心的目的，是我多年来深思的课题。

书法是相对枯燥的一门教学科目，与美术的五颜六色不同，它只有黑白的表现方式，虽然有很深的文化底蕴，但小学生仍然不能很好地认识到它的魅力。如果不能让学生认识到书法美在哪里，就无法提高学生的审美能力，也就无从激起他们的学习兴趣。

书法教师的任务，首先是培育自身的审美能力，并把这种审美能力转化为作品；其次是把这种审美能力转化为学生的审美认同并传递给他们；第三是纠正学生的书写习惯；第四是从性格改造入手，改变学生的两方面问题，一是急于求成的急躁问题，二是耐心不足的问题——这两者总归是一个问题，就是心的问题，只有踏踏实实地写好每一笔划、每一个字，才能写好每一幅作品；“五心不定，输得干干净净”，写书法尤其要心静，精神安定集中，下笔才能最大程度地传达精神思想，字才有自然流露出来的美感，才能传神，才能一气呵成，不阻滞、不犹疑、不断气、形神合一，展现出美感。

作为书法教师，要通过理论学习、揣摩、思考、临帖、观展等来不断提升自己的审美能力，并通过大量的临帖、创作来把所思所悟融入和体现到作品中去。在教学中，要分享这种审美成果，让学生理解、懂得这种审美，从而形成共鸣与认同，并把提升审美的方法传授给学生，增进学生的审美能力。有些学生从小形成的书写习惯与书法的客观规律相违背，如果不彻底改正，对写好书法会产生根本上的长远影响，所以要对错误的书写习惯进行彻底的纠正，并形成新的书写习惯加以保持。每个学生的性格都是不同的，性格之中对书法影响最大的就是急躁和没有耐心的问题。急于求成的心态下，一旦写不好字，会沉重地打击学生的兴趣，急于求成还会使得每一笔写得不扎实，交待得不清楚，整个字浮在上面；没有耐心，则不能进行大量的卓有成效的练习，不利于形成书写感觉、保持书写的稳定。所以，一定要让学生在写字的整个过程中都保持一种安静、注意力集中的状态，才能全神贯注，字才会有快速的进步与提高。

书法教学，既要培养学生对书法之美的本质认同，又要考虑到学生的生理特点、心理特点与接受能力、思想认知能力。小学生活泼好动，肌肉的耐久力不同于成人，长时间地保持一个姿势，会让他们感到不适，从而影响写字的心理，产生不良情绪，影响执笔的动作，写不好字，产生畏难情绪，失去兴趣；心理上，小学生更喜欢得到鼓励而不是批评，但这种鼓励要是发自教师内心的，走心的、诚挚的、具有发现眼光的鼓励，而不是作为一种虚假的手段来应用。真诚的鼓励可以拉近师生之间的情感，老师的话也更容易被学生接受，更利于学生认真听讲；再者，学生作为涉世未深的群体，对事物的接受能力还不够全面准确，思想认知还不够系统条理，能力也就不会很高，教学中既要考虑到这些特点，又要设法弥补这些特点带来的影响，才能更加全面地去改善学生的学习效果。

书法教学，不能千篇一律。要与时俱进，不能思想僵化，要解放教师的思想，因为时代在变化，人们的思维方式、审美角度、学生的文化背景都在发生变化；还要根据学生的不同性格特征因材施教，以不同的书法风格、书体去教学，更能激发出学生的书法兴趣，从一点切入，带动其余，对激发学生的书写兴趣有一定意义。

第一，上课的形式，要经常变化。书法课不能和美术课相媲美，可以去大自然写生。但是，这里所说的形式，是指不要一味临摹字帖，也不要一味地光听老师讲，而是变换多种学习模式，充分调动学习的积极性。书法教学活动需要教师和学生共同来完成，需要双方协作，发挥各自的积极性。因此，学生不应该是消极被动地接受，而应积极主动地参与和投入。在每一课的书法教学中，始终贯穿着情感体验，学生没有主动参与，是不能有所收获的。

例如我的软笔初级班是个复式班，学生有刚开始学习基本笔画的，也有上过一期和两期的学员。在某一节课上，我主要讲解五言古诗楷书作品的书写，老学员照着老师的范字先预习，新学员跟我一起学习笔画。给新学员示范完以后，回过头来带领老学员进行逐个字的讲解。新学员练一段时间后，就让他们跟着老学员一起听老师讲古诗中的字。刚开始他们只学了一两个笔画的时候，不能要求太多，只书写笔画较少的字即可，没学过的笔画也不作要求，让学生的注意力都集中在学过的笔画上。等多学了几个笔画以后，就可以让他们与老学员一起书写了，在老师讲解的过程中，要照顾到他们，每个笔画详细讲解，帮助复习。这样做的目的是让新学员和老学员之间既有区分，又有联系；新学员也会认为自己和老学员差不多，都能学一样的知识，增长了自信。

学习书法最重要的是临帖。起先我就是让学生从头到尾挨着临，但是发现效果很差。有这样几种情况：老师对单个同学进行辅导，时间长了，学生坐不住；学生自己临摹不知道该如何观察字帖，没有重点，没有针对性；字帖中的复杂的繁体字太多，学生在不认识的情况下麻木地书写。后来我就改变了这种单一枯燥的方法，给学生分类练习。学过一期笔画的同学，为了巩固他们的用笔，我就让他们在字帖中寻找，每节课寻找一个笔画去写，比如这节课让他们找带有“点”的字去写，下节课找带“横”的字去写。其实每个字也包含了好几种笔画，只要他们动笔，就都可以得到练习。这种分类训练完后，我又换了一种形式：为了让学生练习结构，每节课让他们找一个偏旁去练习。这节课只练习带有“单人旁”的字，下节课练习“宝盖头”的字。通过这样的训练，我发现学生的进步很快，因为老师布置了任务，他们有了目标，注意力也集中了。

第二，同样的内容，方式要常变化。如果每次都写，学生也会觉得乏味了。比如像“开”“闻”这些带有“门字框”的字，学生对于

“门字框”的结构掌握起来有困难，但如果一味地让学生练习这一个字，他们就不耐烦了。怎么办呢，可以把这个结构糅在古诗中、成语中、对联中去练习，争取在最近学的几个内容当中都出现带有“门字框”的字，让他们在不经意间就能练好它。除了针对单个字采取这样的方法以外，对于内容较多的古诗，也可以更换不同样子的纸张和书写形式来吸引学生。在米格纸上、白色宣纸上、洒金宣纸上、粉彩套色纸上都可以尝试让学生进行书写；尺寸上也可以书写四尺对开的、四尺三裁的、扇形的、圆形的等等。同样的内容，我们也可以让学生在字的大小上下功夫。小字，主要让学生练习字的结构，要写得准确、精到；大字，要训练学生的笔力、手劲、写榜书的能力。同样的字，经过大小的交替练习，学生对字的认识更加深刻，对作品章法的把握也更加娴熟。

第三，对待不同的学生，也要因材施教。我们少年宫的招生对象广泛，学生来自不同学校的不同家庭，有本身字写得就好，希望更好的，也有不太好，希望来这里得到提高的。那么对于不同层次的学生，我们老师就要用不同的方式和态度去对待。层次高的学生，老师要多动脑筋，除了培养兴趣以外，更多要从艺术的角度去引导他进行深入的学习；层次较低的学生，兴趣的培养就成了关键，要针对他们存在的问题，把字写工整，写规范，这是教学的重点。学生当中还有好动的和好静的，好动不怕，关键要让他的脑子好动，要跟着老师动；好静也不能掉以轻心，关键他的心思要在课堂上。除了这些，他们还有年龄上的差异。我的中级班里，学员的年级从学前班到高中不等，那么，我对学生的语言、口气首先就不能一样。高年级的学生，文学功底好很多，我就可以从文字学角度多跟他们交流，丰富他们的知识面，而不是单纯地让他们书写文字；年龄小的学生，我就从象形这一图像的层面跟他们分享文字，充分发挥他们丰富的想象力，让他们感受书法的魅力所在，而不是只学习枯燥乏味的笔画。

从课堂的结构、教学内容的形式、学生的引导这三方面去深入研究书法教学，我想还有很多值得挖掘的东西。书法课并不枯燥，关键在于老师怎么样去把握课堂，以什么样的眼光去审视课堂和自己的学生，用什么样的方式去引导学生认识并学习乃至传承书法艺术。光有这三方面是远远不够的，书法教学还可以和很多艺术门类相结合，这就需要我们教师不断地丰富自己，才能带领我们的学生拓宽眼界，从更广阔的角度去认识理解书法艺术。

作为一名书法教师，要把书法教学延伸为一个感受美和创造美的过程，让学生热爱我们的传统文化。最后我想说的是，写好字也绝非一朝一夕能够奏效的，兴趣是做事的开始，坚持才是获得成果的保证，学习书法需要长期的磨练，要有“铁杵磨成针”和“滴水穿石”的精神。中国书法被誉为“无言的诗，无形的舞，无图的画，无声的画”。感受书法的美，认真书写汉字，是每个中国人毕生需要修炼的课程。

声乐教学集体课高效课堂课案研究

李建芝

一、围绕歌曲旋律特点，着力解决音准问题

（一）围绕调式、音阶、骨干音的练习

音准是唱好歌的基础，是歌曲教学中最常见的基本问题。由于音的动态性，学生不易把握音高，可用柯达伊手势将无形的音高变得有形。在启蒙班和初级班（三年级以下），重点是解决学生在白键上的音准问题，或说拿龙问题，唱准 C 大调音阶和 a 小调音阶是练习的重点，要在每节课的基础训练中进行。在中级班或高级班（三年级以上），学生接触到了较难的歌曲，音准仍是重要问题，很多歌曲中出现了很难的音程，因此练习音准仍是基础训练的第一步。

在教授歌曲时首先要指导学生认清调式，找到骨干音。例如《月牙船》是小调式，小调式的骨干音是 la－do－mi ，在选择或编写发声训练曲时要与歌曲相结合，符合歌曲调性，这样能较快解决旋律难点，为学唱歌曲做铺垫。

根据歌曲《月牙船》旋律出现的主和弦音的三度、五度、八度跳进音程，我编的练习曲是：

这个练习很有效，同时解决骨干音和音程难点问题。

（二）引导学生主动找难点，然后重点突破

在教学中我发现，学生往往不会听。在教师范唱时她们会不由自主地随着唱，因为没有听到正确的，又重复了一遍错的。音乐的瞬间性，使学生往往意识不到自己唱错了。因此，我采用让学生自己找错的方法，做法就是学生边听范唱边模唱，要求学生在每遍跟唱的时候记住一处自己与范唱唱得不一样的地方，唱完后说出来。这样他们会听得更专注，唱时音量也会有所控制，还要用心记住唱错的地方。学生学会听，学会找到自己存在的问题，对自己的错误有了认识才能愿意改正，因此这个方法在学唱歌曲过程中非常有效。学生愿意听到正确的，教师再有针对性地辅导这一句，学生听得就会非常专注，改得又快又准。这个方法大大提高了学习歌曲的效率。在歌曲《月牙船》的教学中，学生说的即是歌曲的教学难点。

学生找到的是：

1. 难点乐句

要求学生细心聆听，注意第一例句中有三个小节有附点。

2. 相似乐句

这正是歌曲的易错点。在学生找到难句之后，他们又发现相似乐句容易唱错，于是我们一起把相似乐句挑出来对比练习。

相似乐句要求学生细心聆听，并熟悉谱子及位置。

在难点乐句和相似乐句唱会之后，整首歌曲就能完整准确地唱下来了。

由学生自己发现问题、解决问题，又快又有针对性。在这个过程中教学生学会聆听，学会发现自己的不足并愿意改正，大大调动了学生的主动性、注意力，提高了学唱歌曲的效率。

（三）特色音的解决

曲谱中总会出现一些特色音，如波音、倚音、滑音、变化音等，以体现歌曲的风格、地域、民族特点。变化音是歌曲的点睛之处，亦是最难之处。比如《月牙船》中的变化音#5 与#4，教师要先讲清它们的倾向性，然后指导学生练习。

变化音的解决方法是首先唱准骨干音：1 3 5 ，让学生明白#4 倾向 5，#5 倾向 6，想着 5 唱#4，想着 6 唱#5，就容易唱准。然后从 5 #4 5 过渡到 5 #4 3 ，从 6 #5 6 过渡练到 7 #5 7，教师用手势引领，让学生直观感受旋律线条，并指导学生用眼、用脑专注集中投入练习，学生就很容易进入到积极的歌唱状态中。

二、教师示范，以点带面，激发学生歌唱状态、情感

在解决了音准问题后，歌曲已经完成了大半。在口型、咬字、气息、情感等方面的问题，就要由教师示范、学生模仿来解决，这是最有效的方法。

（一）歌唱状态的训练

歌唱状态的训练在基础训练环节就已经开始进行了。哼鸣、气息训

练和母音训练是为了调整学生的歌唱器官，使学生身体处于一个正确的歌唱状态。

教师先做示范，学生体会 u、a、v 母音在口型打开时状态的不同。母音的选择依据歌曲歌词的辙韵，《月牙船》的歌词多出现“桐、牙”等字，故用以上三个母音。

（二）字、音对位

在这首歌曲中很多歌词演唱的节奏和我们平时说话的习惯不同，学生不易发觉，很容易唱乱，因此教师反复示范、学生模仿练习就很重要。

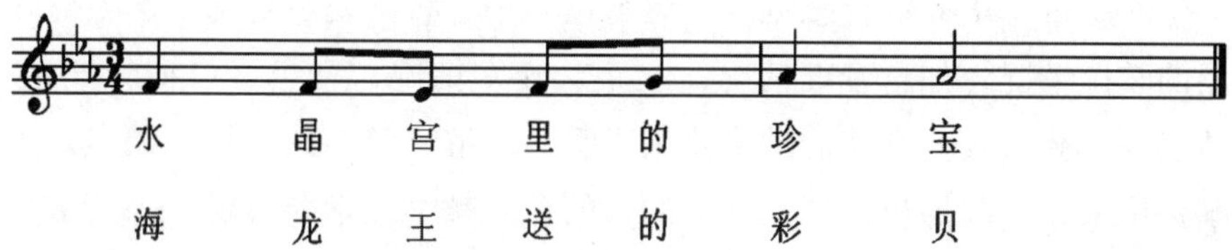

（三）情绪的推进与旋律相结合

教师示范高音与气息的支持。教师示范要情绪饱满，提示学生用身体的力量，喉咙要用满。

（四）意境

每首歌曲都具有风格和意境，例如《月牙船》是中速三拍子的，整首歌曲富有动感，悠扬。在学生演唱“月牙儿像小船停泊在海面”时，教师启发学生想象一幅由大海、沙滩、棕榈树、小船、月牙构成的画面。教师示范时要富有情感，一句中的强弱要有变化。

八度要提前想，站稳，不要滑入。

注意同音重复，低音 la 容易唱高。

三、效果检测：抓共性问题，点个性问题

每个学生的展示过程正是教师了解学生掌握情况的时候，也能锻炼学生的胆量，培养舞台感觉。在展示过程中，教师要了解每个学生对作品的掌握情况，如：音准情况，咬字、吐字情况，音色、口型、气息、情感等。要求其他观摩的学生要用心听，了解该学生的优点、缺点，大家提出来，一起探讨。这个环节的目的在于教学生学会分辨，因为赏析比演唱更重要。我们培养的学生不可能都成为歌唱家，教学的主要任务是要培养他们具有欣赏水平，愉悦身心，让音乐成为陪伴他们一生的爱好，让他们在音乐中丰富情感、陶冶情操、释放压力。

检测后，教师抓共性问题再有针对性地进行练习，个性问题要逐个指出，让每个学生了解自己的优点与不足，扩大优点，弥补不足，最终能够完整、顺畅、富有情感地表达一首作品。

四、课案分析

第一，点线结合，脉络清晰，重点突出。从发声训练到调式、骨干音的练习再到解决难点等，目标明确，统一在一条主线上，在一个范围内从不同角度让学生把一件事情做完整、做圆满。

第二，促使学生主动学习并兼顾声乐学科特点。激发学生的主动性，学生积极性高，在教学过程中有所继承、有所创新，不失声乐学科特点。普及与提高相结合，提高了教学效果和效率，在集体课教学中效率高，效果好。

第三，教学生学会自省。通过这样的教学，大大提高了学生学习歌曲的速度和准确性，同时也教会学生自省，主动发现问题，认知自己的不足。改变自己、超越自己就是最大的进步，声乐课上的要求，也是对学生做人做事的要求，对学生潜移默化的影响会使他们终身受益。

古人说“工欲善其事，必先利其器”。宋代学者朱熹说：“事必有法，然后可能。师舍是（方法），则无以教，弟子舍是（方法），则无以学。”选对恰当的教学方法是提高教学效果最有效的途径，我们不要一味继承以往的教学方法，改变会出现更好的效果，要打破陈规、大胆尝试，只要是有利于教师的教和学生的学，就是好方法。

幼儿钢琴启蒙教学中应重视的三个问题

姚　旺

随着音乐教育在我国的广泛普及，人们越来越意识到美育教育的重要性，对钢琴学习的热忱也一直处于上升趋势。学习任何一种乐器都是一项复杂、系统、长期的训练，坚持是很重要的，学习钢琴亦是如此。由于钢琴演奏需要眼、脑、心、身体的协调配合，它对于儿童早期智力的开发、良好性格及心理素养的形成可以起到一定的积极辅助作用。

在幼儿钢琴启蒙教学中，音乐常识、钢琴弹奏方法、音乐感觉与音乐表现力的训练与培养都是非常重要的。因此，幼儿钢琴启蒙教学除了重视钢琴弹奏技术的训练以外，还应该重视三个重要的问题，即让孩子学会“聆听”、让孩子学会“歌唱”、让孩子学会“舞蹈”。从这三个方面入手来训练，使孩子真正通过学习钢琴来学习音乐，提高音乐素养，培养良好的乐感以及音乐鉴赏力。从这三个方面入手，又能够将趣味性融入幼儿早期钢琴学习的技术训练里，有了兴趣，孩子才会从心理上接受它、热爱它，最终达到事半功倍的效果。

笔者基于钢琴学习和教学实践，分别从知识学习与吸收、情感表达与创造以及内心感受与体验三个角度，归纳出幼儿钢琴启蒙教学应重视的三个问题。

一、知识学习与吸收——让孩子学会“聆听”

钢琴演奏艺术的技术难度大，作品数量多，风格多样。对于钢琴教学来说，学生需要掌握的音乐作品知识与技术技巧也更为丰富和艰深。由于5～6岁的幼儿思维比较简单，对事物的认知尚处于朦胧状态，因此对钢琴各种专业术语的分析理解能力较为薄弱，对钢琴的各种技术要领的掌握更是难上加难。在学习初期，由于学生的基础知识有限，若遇到如此大的难度，很容易失去钢琴学习的兴趣。因此，聆听有助于教学的音乐作品，在幼儿启蒙教学阶段显得尤为重要。

这就需要首先培养孩子认真听别人讲话的能力，并引导辅助孩子进行正确的理解，这是幼儿学习和接受教育的前提。钢琴教学中大多数时候都是一对一授课，因此教师能更好地观察孩子在学习过程中的状态，并及时引导。在教学过程中，应注意从小培养孩子聚精会神地聆听教师讲话的习惯，鼓励孩子积极回答老师问题，乐于与老师沟通交流，进而让孩子练习复述课堂内容，有意识地引导孩子根据教师的要求去做。这不仅能锻炼思维、记忆、语言和反应能力，更关键的是培养孩子良好的习惯，使孩子终身受益，这一点在我的学生当中就有印证。我的一个学生 5 岁半，是很可爱调皮的一个小女孩，学琴有半年的时间了，起步很快。我一直在观察她上课时的状态，发现她有自己的特质。上课时，她的注意力非常集中，老师说过的话她几乎都会记在心里，当我指出她的一些小毛病时，她不会不耐烦，而是虚心地听老师的讲解，然后耐心地改正过来，并且能够基本讲出老师上课的重点要点。正是因为这样，她才会比同龄的孩子学得好、进步得快。

此外，还要让孩子学会“聆听”音乐，即通过音乐欣赏，教会孩子们理解音乐所描绘的场景和内容，再在理解的基础上感受音乐所传递的情感，然后将这种情感融入他们要表现的音乐中，如此反复，如此揣摩，直到完全掌握为止。学钢琴的人都知道，有时候运用再生动的语言也难以描绘出音乐直接撞击我们心灵时所达到的共鸣，所以一些看似很难、很艰深的技术要领或是难以用语言来形容的情感，只要看一些知名钢琴家的录音录像，我们马上就会有体会。小孩子也一样，由于语言理解能力有限，初学时他们对一些弹奏技术要领及音乐上的处理领悟得不是很到位，这时候教师的示范就显得尤为重要。通过观察、感受老师的示范演奏，他们可以受到直观冲击，冲破理解的局限性，进而“走进音乐”，这样他们领会的技术要领不会偏离老师的要求，他们演绎出来的作品会更贴近音乐本身。

二、情感表达与创造——让孩子学会“歌唱”

艺术作品是将情感呈现出来供人观赏的，是由情感转化成的可见的或可听的形式。音乐用最直接的旋律表达出人们内心的情感，使人们的心灵找到了归宿。对于成长中的幼儿来说，他们正处在对各种事物以最率直的方式接受的阶段，对音的高低、长短、强弱、节奏以及情绪等都有非常敏感的反应。因此，要让音乐之光注入幼儿的心灵，去感受音乐的美、体会音乐的乐趣，同时学会用音乐去表达自己内心的情感。

歌唱是音乐表达的一种主要方式，而钢琴音乐则是通过钢琴来歌唱。让孩子们学会“歌唱”，正是让他们学会用钢琴来表达自己内心的情感，即自己内心的“歌唱”。当音乐与自己内心的情感发生共鸣时，孩子们就能感到愉悦，就能体会到音乐的神奇作用，进而对音乐的学习产生兴趣。

同时，让孩子们学会“歌唱”，也是一种享受成功的方式。当孩子们能够用心感受自己弹奏、创造的音乐，那么这些音乐就是从他们内心深处流淌出来的。老师在教学过程中，要注意对孩子们的每一点成绩和进步给予鼓励和表扬，让孩子们能够享受成功，享受“歌唱”，从而更持久地保持音乐学习兴趣，增加学习动力。巴斯蒂安的全套钢琴教材是特别为初学钢琴的学生能够正确学习钢琴演奏基础而设计的一套有趣的、内容全面的钢琴教材，与其他教材相比较，它很重要的一个特点就是引导鼓励孩子唱出旋律，寓教于乐，这样可以吸引孩子们的注意，激发孩子们的想象力，有利于他们感受音乐、深入地理解和表现音乐，使他们更喜欢学习钢琴。《巴斯蒂安钢琴教程》中的每首乐曲对于儿童来说都是个小故事，这种边弹边唱或你弹我唱的形式，既激发了孩子们的兴趣，同时又可以锻炼他们边弹边唱的协调能力，培养孩子们最初阶段的乐感。

三、内心感受与体验——让孩子学会“舞蹈”

在幼儿启蒙教学中，要让学生充分感受到音乐艺术的魅力。旋律、节奏、色彩、情感是钢琴音乐的基本要素，要让学生感受到音乐中的美，就是让学生能够从这些基本要素出发，亲身体验美。如果只是单调地学一些技能性的课程内容，那么学生就很难从中感受到乐趣，反而容易丧失学习的兴趣，做事会变得没有耐心，容易厌烦，进而注意力不集中，失去学习的主动性。

音乐是由舞蹈发展变化而来的，而孩子的天性就是爱游戏、喜欢动，“舞蹈”又和孩子的这一天性刚好吻合。因此，要让孩子学会“舞蹈”，即通过舞蹈来对音乐进行最自然的表达，领会音乐的内涵与动作相配合，这样有助于孩子将内心的感受、身体的动作与聆听的音乐相结合，从而激发学习的兴趣。

我曾参与过一个少儿艺术启蒙中心的教学活动，他们的舞蹈班是专门为 4 岁以下的幼儿开设的，目的很明确，就是让孩子在音乐的环境中动起来，感受音乐，热爱音乐，进而培养孩子们的兴趣与灵感。在他们舞蹈课的课堂上，老师先放一段短小的音乐片段，让孩子们用自己认为最恰当的动作来表达这段音乐的情绪。这个活动结束后，老师配合着屏幕上的动画内容将整首音乐播放出来，大概播了两三次，老师开始引导舞蹈班的小朋友发挥各自的聪明才智集体编创一段舞蹈来表达整首乐曲，这时这首乐曲就会被作为背景音乐。在整个活动的过程中，最重要的是使孩子们感受到音乐的情绪起伏、节奏的韵律与旋律的方向，然后用他们认为最自然的方式表现出来，无拘无束地在音乐里翱翔。就这样在音乐的氛围里浸润一段时间，孩子们就会表现出各自不同的兴趣爱好，有喜欢唱歌的，有喜欢弹琴的，有喜欢打鼓的等等，家长和老师就可以根据孩子的不同特点而选择最适合他们的项目。再如，每次当孩子们学到小汤三《曳步舞》时，我不会让学生在那儿枯燥机械地数拍子、空休止符，而是先让学生从这种舞蹈的拍点上去感受乐曲的节奏，进而将其转移到实际的乐曲中。通过这样学习，有的孩子告诉我说，没有里面的空拍都不知道怎么弹这首曲子了。如此一番，学生才会真正领会乐曲的韵律，体会音乐的美感。

幼儿钢琴启蒙学习在钢琴学习历程中占有非常重要的作用，在幼儿钢琴教学的过程中，让孩子学会“聆听”、让孩子学会“歌唱”、让孩子学会“舞蹈”是三个非常重要的方面。这三个方面主要是培养他们的理解能力、思维能力，创造能力、语言沟通能力、内心听觉与歌唱的能力，这些不但对他们今后其他学科的学习能起到积极的辅助作用，同时也对他们深入地学习音乐、学习钢琴或是走上专业音乐的学习道路打下了坚实的基础。

参考文献

[1] 但昭义．少儿钢琴教学与辅导［M］．北京：人民音乐出版社，2004.

[2] 吴铁英，孙明珠．简明钢琴教学法［M］．北京：华乐出版社，1997.

[3] 应诗真．钢琴教学法（修订版）［M］．北京：人民音乐出版社，2007.

[4] 王嘉麟．三本“钢琴教学法”教材的比较分析［J］，艺术教育，2011（1）．

[5] 杨凌云．对“钢琴教学法”的教学探讨［J］，艺术探索，2004（5）．

校外教育普及与提高的主要问题及应对策略

阚秋影

《校外教育工作规程中》中指出：校外教育机构的基本任务就是向广大儿童普及科学技术、文化艺术、体育卫生、劳动技术等方面的知识。同时又要遵循普及与提高相结合的原则，在重视和提高普及性教育活动的同时，对有特长的少年儿童要加强培训和训练，使其健康发展。那么如何把普及与提高完美结合起来，寻找合适的突破点，作为校外教育的教师我一直在探索和实践着，力求在教学活动中建立普及与提高一体化的培训体系，让二者相辅相成，形成合力，提高学员的素质教育。

一、在正确普及与提高关系中主要面临的几点问题

（一）“一刀切”式的课堂教学，难以照顾学员的个性化需求及差异

在招生分配班级时，老师们主要按照年龄大小、是否有基础进行分班，然后就是统一的教学内容。美术课的在学生不外乎画得好一点或者差一点两种情况。基础较好进步较快的学员对所学内容会不断有新的需求，而进步慢的学员往往还停留在基本技法的练习上。这就造成老师在统一的教学中要兼顾到“好与差”的差别对待，这也是普及培训中面临的普遍问题和难点。

（二）校内教育与校外教育的共同点和区别如何明确

发挥不同的功能促进学生素质教育的全面发展是校内与校外教育的育人一致性。校外教育更多侧重艺术、科技、体育等专业特长，少年儿

童根据自己的兴趣爱好可以自主选择，在时间、地点、教师等方面也都可以自由选择，有一部分学生还会基于兴趣爱好持续学习下去并走上专业的发展道路。校内教育更多关注的是学生的普及和共性教育，对学生兴趣培养和自主选择的范围相对于校外教育较窄。所以，如何区别于校内教育特点，把握好校外教育的优越性，也是在校外教育普及与提高中面临的问题。

（三）根据社会需求和人才培养观念，培训目标的多样化问题

作为校外教育的主阵地，少年宫面向广大青少年儿童进行教育活动。学员的学习目标和家庭的培养需求存在不一致性，导致对老师的普及性教育活动的要求也不同。社会对人才的需求和老师与家长培养人才观念的不同，导致教师的培养目标多样，授课的内容与形式等各方面也都不同。如何克服这些矛盾，也成为普及与提高的难点问题。

（四）教师自身的教育教学水平及责任心问题

一名优秀的校外教师除了具备爱孩子、爱教育事业的品质以外，还要有精湛的专业知识和教研能力。学员的学习程度、学习需求各不相同，差异性明显，教师必须能够根据学员需求实施教育教学，及时关注每一位学员的特点。老师的业务水平和工作态度是提高教学水平的关键因素。只具备普及的能力而无法实施对学员提高能力的培养，是无法促进教育的提高的。

二、针对以上提出的问题，探索并实践相应的解决办法

（一）因材施教，个别辅导

针对学员在学习过程中逐步显现的能力高低不同，老师采取有针对性的辅导，即“因材施教”的教学方法。首先是在教学内容一致的前提下，对不同程度的学员提出不一样的要求，老师根据学员所能达到的程度给予具体的引导。其次是对学员教授不一样的内容，也就是在校外教学中普遍存在的“复式教学法”，分层次培养。我在美术教学中，对程度较低进步慢的学员，侧重基本的美术造型，使用易于掌握的绘画材

料，以兴趣培养为基本点。对程度高的学员，重点是在绘画的内容和形式上给予强化式的专业引导，材料上综合运用。这样避免了“一刀切”的教学模式，既兼顾了优秀的尖子生的提高，强化综合素质的提升，又不忽略大多数学员的普及教育，使普及与提高平行发展。

（二）校内校外有机结合

校外教育必须根据学员需求积极开展教育活动品牌，利用学员自主的兴趣爱好和个性需求，利用校外教育的自主性特点，多开设一些实践活动，营造社会影响力，弥补校内教育的劣势，从外部扩展普及渠道，建立普及与提高的衔接机制。加大社会宣传，形成校内外教育的合力。每学期我都会组织学生参加社会实践活动，比如走进蝴蝶园制作蝶画，走进军营参观，献给子弟兵们做好的蝶画，让学员写下自己的感想；开展“主题教育活动”，在母亲节时举行大型庆祝活动，全区各中小学部分学员到少年宫参与，活动内容丰富，包括和妈妈一起画画、献花等环节。这些活动扩大了校外教育的普及性，使校内外教育很好地结合起来，促进了校外教育的提高和学员综合素质的发展。此外，少年宫在远山区学校建立“少年宫分校活动站”，开展美术，舞蹈活动，“送艺术进校园”，这样既减轻学校的负担，同时扩大学生受惠群体，实现普及与提高的教育，践行了可持续发展的理念 。

（三）实施品牌社团建设

品牌社团建设是少年宫长远发展的战略方向。在校外活动中打造品牌社团，能够促进提高，并且带动培训。为此门头沟区少年宫成立了声乐、舞蹈、书画几个社团，通过演出、国外交流学习、社会实践等活动，提高了学员的专业技能与实践能力。我教授的美术社团的学员都拥有较强的美术技能，自己喜欢美术学习，通过选拔进入社团，他们充分展示自己的美术天分，体验到了比普及更丰富的学习内容，所以提高很快。我充分利用社团材料丰富和时间长的优势，设计丰富的课程，并采用分组学习的方法，以强带弱，以大带小，实现社团内的共同进步。与此同时，其他普及性的美术培训也成为提高的强劲后盾。社团的建设是扎根在普及之上，普及推动提高，提高又促进普及的发展，二者相得益彰。实现可持续发展，这才是真正意义上的提高。

（四）强化学习提升素质

俗话说，教师具备一桶水才能给学生一瓢水。教师的教学能力关系着教育的成败，影响着教育创新与发展的进程。教师提升自己的能力，要学习的不仅仅是专业技术，也包含着教育教学理论，用理论来指导实际教学，往往事半功倍。美术教学内容丰富，形式多样，覆盖面广，教师要结合自己的教育教学需求主动向外寻找能够提升自己的多种资源，也可以通过“请进来”的形式让专家给予指导和帮助，多途径提升自己的专业内涵和研究能力，建立主动的科研意识和探索问题解决的破解力，促进教师在专业成长中“教师即研究者”的角色转化。把今天的教育和未来的发展结合起来，把理论和实际结合起来，艰苦地探索，理性地思考，科学地实践，才能在教育教学中掌控普及与提高的发展方向。

综上所述，在培训中我们开拓校外教育教学的思路，勇于创新。必须坚持普及与提高互为促进，以提高为目标，以普及为前提，用提高来促进普及的发展，形成良性循环，才能够使广大青少年儿童在校外教育中得到最好的满足，提升素质教育。

参考文献

[1] 武迎选．智慧之路［C］．北京：北京邮电大学出版社，2014.

[2] 教育基础教育司，美术课程标准研制组．义务教育美术课程标准解读［M］．北京：北京师范大学出版社，2011.

《周易》思想对我创作的影响

乌日娜

一、《周易》的影响

（一）认识《周易》

《周易》是一本包罗万象的著作，囊括了世间万物的知识，是极具东方神秘主义色彩的杰作，同时也是解释天、地、人之道的百科全书。庄子曾说："《易》以道阴阳。"由此可见庄子理解的《周易》是阐述阴阳相互变化、相互消亡与生长的关系的作品，简言之，《周易》是运用卦象的变化来象征世间万物的变化。探究《周易》的创立和来源，比较权威、受认可的说法是最早由伏羲创立先天八卦，直到周文王改变了伏羲的坐标系，创立所谓的后天八卦，再演变成六十四卦，并写下每一个卦象的卦辞，称为《周易》。《周易》是中国传统典籍文化中的经典，被称作"五经之原、三玄之冠"，《四库全书总目提要·易类小序》讲道："《易》道广大，无所不包，旁及天文、地理、乐律、兵法、韵学、算术，以逮方外之炉火，皆可援《易》以为说。"《周易》在传统文化之中的位置很重要。

（二）《周易》的影响

《周易》作为东方哲学最古老的一部经典，不仅影响中国，而且流传海外。德国哲学家黑格尔创造了著名的正、反、合辩证逻辑定律，其启发来源于《易经》。并且黑格尔在感慨一生时，曾提到最遗憾的事情是没有完全学透中国的《易经》。瑞士著名的心理学家荣格也曾经讲道："如果人类世界有智慧可言，那么中国的《易经》，应该是唯一的智慧宝典。"

二、《周易》与中国画

八卦最早记载是伏羲所画，标志着中国历史进入了有文字符号的时代。伏羲所做八卦是通过观测天地昼夜四时、四季交换循环的思辨，高度提炼而来。用"－－""—"来表示"阴""阳"，看似很简单的符号，其实却十分深奥，是他智慧思考的精华。八卦是如何生成的，《易经》有记载："易有太极，是生两仪，两仪生四象，四象生八卦，八卦定吉凶，吉凶生大业。"八卦形成如图所示：

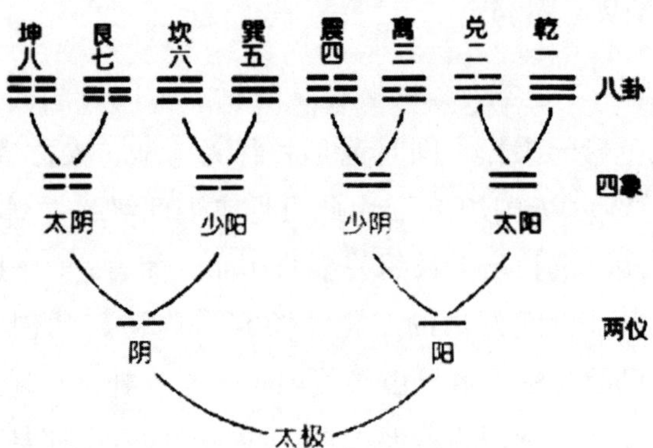

由于《周易》认为美存在于阴阳变化之中，而且卦象符号的创造是源于对于天地万物的观察，这其中也包含了对天地万物的美的观察，所以说卦象符号具有美的、艺术的性质。

中国绘画艺术不以写实著称，也不以抽象见长，而是以意象享誉世界，归其根源是来自《周易》思想的高度概括而不是面面俱到。八卦以阴阳构象的理念提炼形成，通过阴阳两爻，用最简单的直观符号来表示世间万物运转变化。中国绘画艺术推崇意象形式，重视的是"气韵生动""笔墨""虚实""阴阳明暗"等问题。

三、《周易》对我创作的影响

（一）作品取题

乌日娜《天高云淡》2014 年

乌日娜《百花香》2011 年

《天高云淡》系列作品的取题来自《清平乐·六盘山》，意在通过绘画题材表达出诗词所蕴含的天地高远、雾霭稀薄的浩然意境。全词运用极其简洁的词语抒发出作者的雄浑豪迈之情，取题“天高云淡”希望能通过简洁的花卉造型和题材达到以小见大的效果，以柔美风格的表现形式和主题题材表现出小事物、小人物的强悍、强烈、宏大精神的一面。这首词的上半部分从描绘西部秋高气爽的风景开始，天空中北雁阵阵南飞，几抹闲云在明朗而开阔的空中自由荡漾，就像是我们时常向往的惬意与自由。接着转入“不到长城非好汉，屈指行程二万”，从豪迈、开阔的秋景转入雄壮高亢，只要一鼓作气、坚定信念，就能取得胜利。词的下半部分写到六盘山上红旗漫卷西风，有感而发的只要“长缨在手”定能“缚住苍龙”的革命豪情。豪情壮志，借景言志，正是我创作《天高云淡》所要表达的豪迈之情，遥望几朵白云于万里晴空中自由翱翔，自由、翩翩然的白云仿佛成了千万个充满自由向往、充满坚定信念、充满豪情斗志的年轻人。

（二）作品取象

周易的八卦卦象是经过高度提炼的符号形式“阴爻”“阳爻”的卦象，通过极其简洁的形式来观测天地人乃至大千世界一切的玄妙关系，世间万物都融入这二爻之间。中国画本来就是崇意尚韵的，善于运用老庄思想，能用极其简单的线条，表达和流露出真性情。作品《天高云淡》百合花造型简洁，既符合自然界百合的基本特征，而且将其特征进行了适当的夸张，提炼并形成了百合花独特的造型风格。作品中百合花的造型塑造，结合了陈洪绶夸张变形的艺术风格。六片花瓣一左一右，一藏一露，一正一反，错综组合在一起形成一个整体，而又富于变幻的形态。《天高云淡》作品中花瓣一正一反，枝叶一长一短，花苞一上一下，相互之间有聚有散，组合成画面明快的形式感。作品《百花香》人物造型抓住和夸张了贵州黄平县地区革家少女额头很高的特点，用色上洗尽铅华，忽略其他颜色的影响全部概括为红色，在统一的红色色调中又有微妙的变化，表现出革家少女不矫揉不造作的质朴感觉。

艮卦布局

（三）作品取势

一件好的作品要做到“气韵生动”，那就一定要注意作品的“势”。

合理运用《周易》思想的观念来指导我们的绘画，其一是《周易》思想的基本底线，这包括阴阳对立而又要相互协调融合的观念，其二是绘画作品的构图可以直接借鉴和引用周易经学的八卦卦象来布局和经营位置，也就是从八卦卦象中我们可以借鉴八种构图，便是“乾、坤、震、艮、离、坎、兑、巽”这八种布局式样。在运用好八卦卦象构图的基础上，还可以发展为更为复杂六十四卦卦象。我的表现贵州革家少数民族题材作品《百花香》的构图中黑色块面的分布就取自八卦卦象的乾卦。乾卦卦象为三阳爻，代表“天”。乾卦表示“刚健”的意思。作品是表现少数民族女性保持刚强坚韧精神面貌的一面，用现代的话说是女人是社会的“半边天”。《天高云淡》作品的白云布局来自《周易》八卦卦象的艮卦。“艮”是停止的意思。艮卦的卦象上爻和中爻是阴爻，下爻是阳爻，表示自然界中的“山”，山在自然界中看似是静止不动，却是静中有动。作品中看似不静止的云朵，瞬息却蕴含千变万化。

乾卦布局

结　论

《周易》是一门博大精深的学问，其中老庄思想的“虚无”，儒家崇尚的“志于道，据于德，依于仁，游于艺”的超然精神都是来源于《周易》思想。特别是中国绘画艺术向来不以写实为主，也不以抽象见长，而是注重于介于二者之中的意象表达，归其根源也同样是来自《周易》思想之中对于事物的认识“高度概括而不拘泥于面面俱到”的表现手法。同时，除了这些，《周易》思想还包括“天人合一”“阴阳哲学”影响画家观物取象的思维方式；“知黑守白”“虚实相生”影响作品的经营位置（构图）。在《周易》这门博大的学问中，《周易》的八卦只是《周易》内容的一小部分，还有更多的理论与知识需要深入地研究和学习。本论文的观点主要来自个人的绘画创作实践和理论学习经验与自身所学《周易》相关知识的结合。对《周易》思想的认识和理解，特别是对于年轻的一代，更是需要不断学习与充实，才能更好地指引我们创作出更多表现我们身边的事情、身边的景色、身边的人物的优秀作品。

参考文献

[1] 宗白华．中华现代名著丛书·艺境［M］．北京：商务印书馆，2011.
[2] 张朝松，张朋．周易十日谈［M］．上海：上海辞书出版社，2011.
[3] 廖名春．《周易》经传十五讲［M］．北京：北京大学出版社，2004.
[4] 郭彧．易图讲座［M］．北京：华夏出版社，2007.
[5] 张千一．谈构图［M］．上海：上海人民美术出版社，1983.
[6] 伊恩·罗伯茨．构图的艺术［M］．上海：上海人民美术出版社，2012.
[7] 黄苗子．艺林一枝——古美术文编［M］．北京：三联书店，2003.
[8] 朱良志．生命供清——国画背后的故事［M］．北京：北京大学出版社，2008.
[9] 潘天寿原著，卢炘，选编．潘天寿论艺［M］．上海：上海书画出版社，2010.
[10] 朱良志．论理学对中国“画气”说的影响［J］．孔子研究，2003（2）.

试论童声声乐教学法

李建芝

“我的孩子非常喜欢唱歌，从小听到歌曲就会手舞足蹈，电视里的歌曲他听几遍就能唱，而且唱得很好。”几乎每一位报名声乐班的家长都会这样夸赞自己的孩子在唱歌方面所表现出来的兴趣和天赋。热爱歌唱是每个孩子与生俱来的天性，因此，儿童声乐教学既要保持科学性，更要维持学生兴趣的发展，这是每一位从事声乐教学的教师必须明确的两个问题。下面，我就多年来的教学经验，谈一谈自己的认识。

一、经验，声乐教学的基石

声乐教学是一种常识、经验与学问的融合，我个人认为声乐教学法不能硬性规定，而是要根据每个学生自身的嗓音特点及悟性来决定。指导教师要有丰富的经验，要能够敏锐地发现学生存在的问题，并运用适合他的方法予以解决，而同一方法在其他人身上往往是不适用的，这也就是我们常说的在教学中要关注到孩子的个性，因材施教。例如：有的学生天生说话喜欢用嘴的前半部，声音浅而白，共鸣少，但却明亮；有的学生说话时接近喉部，鼻音过重，声音有共鸣、圆润，但却不够清晰，缺乏色彩及亮度。这时的教学就要根据学生的实际情况而定。儿童的口腔小，具体靠前靠后，口腔打开多少才适合他的演唱，要依教师多年积累的教学经验进行判断、指导、纠正，“失之毫厘，谬之千里”，并非危言耸听。

声乐教学与其他学科一样，也要靠不断的磨练而获得成果。如歌唱器官的锻炼、声带的自如控制、全身的协调、精神的贯注与运气的集中等等，这些均非一日之功，而需要多少年的磨练才行。但是，无论怎么练，我们都要记住一条原则，那就是声乐必须出于自然，合乎科学性，这是我们每一位从事声乐教学的教师最终引领学生达到的目标。

二、呼吸，声乐教学的首要问题

呼吸，是人的自然生理活动，人的生命始终都伴随着它，呼吸并不用人的意识来控制。但在声乐教学中，呼吸却是可控制的，因为人所发出的声音，是用吸入体内的气息慢慢流出震动声带而获得的。“吸入—控制—呼出”的过程需要教师谨慎的指导。很多家长上完声乐课后问课后怎样才能使孩子进步快，我的回答是除了课上留的视唱作业、节奏作业、朗读歌词之外，任何有关发声与演唱方法的训练都不要做，因为没有老师在旁指导，盲目的训练是很危险的。不正确的练习，会弄坏声带，错误的方法一旦形成，就要花费更多的时间与精力去改正，反而会起到事倍功半的效果。

对呼吸的理解，学生需要一个漫长的过程。呼吸时，学生为了表现给老师看，而出现耸肩、抬高胸部、浑身紧张等现象，这是最要不得的。正确的呼吸首先应当是自然而顺畅的，需要用慢而有规律的动作及腹部、胸部肌肉的配合来达到。我们现在的声乐唱法是横膈膜呼吸法，这是唯一能引导充分的气息安谧而不费力地从肺部直达发声器官的方法。身体的姿势要轻松自然，肩部稍向后倾，让胸部自然挺直而不要先提高它，这些都是教师应掌握的具体理论，对成人来说较易理解，但对儿童来说就要靠教师深入细致的引导。通过多年的教学经验，我总结出训练呼吸四步练习法，非常适合初学声乐的学生训练气息。

1. 深呼吸、叹气——体会呼吸的自然与顺畅。

2. 学习青蛙“呱、呱”的叫声——体会横膈膜肌肉的支撑。

3. 吸气后唇齿微闭，有控制的发“滋”声——体会体内气息有控制地向外流出。

4. 模仿“拉线头”唱长音 la——体会声线的绵长。

在呼吸时，我们要牢记“慢、柔、深”三个字，这是唱歌的关键，是美妙的声音赖以发出的基础。正确的呼吸，气息应成为旋涡形，在口腔中打几个转再出来，并有规律而准确，温柔而有力。正确的声音就像象牙发出的光，是柔和的白；错误的声音则像太阳光照耀下的不锈钢，惨白而晃眼，这个比喻很易理解。教师应指导学生用轻声唱法，就像用线穿针，找到“针眼”即发声点后再慢慢加强，这样有利于声带的保护，并最终用最少的气息获得最大的声音效果。

三、发声与共鸣，声乐教学的必修课

发声与共鸣的训练是与呼吸紧密相结合的，是唱歌前必修的课程，更是唱好歌曲的关键。发声应从哼鸣开始练起，哼鸣的状态是：微笑、含半口水状，唇齿微闭，提软腭，鼻腔、眉心有振动感。获得的声音要求轻柔、和谐、有光彩。

练习曲应从中音区开始，不宜过低或过高。儿童感到较舒服的发声音域是小字一组的 d—a 之间，这是儿童练声的关键区域，要把声音练得稳定、圆润而明亮，再以半音关系向上、向下扩展。经过一段训练之后，很多学生能唱好小字组 g 至小字二组 e 的声音，这已接近两个八度，是可以演唱所有儿童歌曲的音域了。

音调也要从短一些的开始，并且简单易记。练声的目的是为获得良好的声音，因此发声曲调越容易越好，这样可以减轻学生的负担，使学生把全部精力投入对声音的追求中。

哼鸣练习稳定之后，即可逐渐加入母音的训练，但这也讲求很好的顺序与梯度。一般来说，a、u 较好发音，我们应用这两个母音开始，曲调适合就好，不要换得过多，可同一曲调只换母音，这样作为重点的母音才会被学生注意到。旋律的上行与下行也很关键，上行时，要求气息充足而流畅，声音连贯；下行时，要保持高位置。有些学生适合从上行练起，而为了获得高位置则更宜从下行练起，这就要靠教师对不同的学生进行具体指导了。

在我的教案中，每条练习曲后都有这样一句话：可半音移调，集体训练与单独辅导相结合。练习时对不同的学生音域的要求也是不同的，这正体现出共性与个性的问题，也要求我们因人而异地选取教学方法。

四、示范，声乐教学的捷径

在声乐教学中，示范法被广泛应用，是行之有效的方法。声乐教学是理性的，它有许多前人总结出的经验和理论，更是感性的，它需要人用眼、耳、身、心去感知，因此教师的示范非常重要。教师正确的示范，给学生以正确的声音概念，学生才明白教师讲的明亮、圆润的声音到底是什么样。例如在母音转换的 ni、na、nou、mi、ma、mou、a、e、i、o、u 等练习中，教师讲解的气息、口型、腰的支撑固然重要，但教师的示范会使这些理论变成可耳闻的美妙声音，这是声乐教学的一条捷径。

五、演唱，声乐教学的目标

古人云“乐及而歌”，演唱歌曲是我们最终的目标。歌唱是抒发人愉快心情的最佳方式，亦是学生保持良好学习兴趣的动机所在。因此，选择歌曲要非常谨慎。又好听、又简单的歌曲是每个作曲家追求的目标，如《同一首歌》就是这样的歌曲，对于各年龄的人都比较适合；但有些歌曲好听，却有一些难度，这个难度的选择，就需要声乐教师来把握了。首先要根据学生的学习程度、年龄特点选歌。儿童歌曲要生动、活泼、朗朗上口，要符合学生情趣，节奏音调也不宜过难，使学生稍一努力就能掌握。如歌曲《小毛驴》既简单又有趣，符合孩子的天性，很容易激发学生的兴趣。

歌曲的选择也要有梯度，要根据学生学习的情况选择歌曲。这里首先需要说明的是：不是只有学会了演唱方法才能唱歌，而是方法与演唱循序渐进，方法为演唱服务，演唱时发现问题再用方法加以解决。如果等学会了声乐发声方法之后再唱歌，那么我们将失去很多歌声。歌曲的音调、音程跨度、节奏的难易，教师在选歌时都应考虑。歌词往往是教师忽略的问题，而这正是唱好歌曲的关键。汉字的发声讲辙韵，辙乃声母，韵则是韵母，咬字吐字讲“入辙归韵”即是这个道理。因此，在唱歌之前我都要带领学生用轻声高位置朗读歌词，咬字清晰、吐字圆润而明亮，这是唱词的关键。

在唱词之前，带词发声曲的选择与训练尤为重要。往往出现这样的情况：很多学生唱发声训练的母音时声音甜美、统一、动听，但一唱词却一点儿方法也没有。很多教师不知这是为什么。这种现象就是字、声分家造成的。可练习“咿、啊、呜”“一朵朵、大红花、献给您好妈妈”“小青蛙，叫呱呱，小朋友，乐哈哈”“唐老鸭有一个农场，啊咿啊咿殴”等等，这些训练很有效。但有些歌曲里面的字很难唱，如《拾稻穗的小姑娘》里的“穗、歌、乐、悠、天”等字，就需要教师拿出来单独示范和训练，规范口型、发声位置与状态，学生在演唱过程中才能顺利通过，而不会出现过紧、声音发虚等现象。

演唱重在表演给人听，通过歌声感染人，使人产生情感上的共鸣。因此演唱者要具有丰富的想象力来创造自己演唱的意境，做到字、腔、情的结合，以情带声，做到声情并茂，从而通过自己对歌曲的理解来表现歌曲，增强感染力。教师应在平时加强对学生表演的训练。

总之，声乐是一门高深的艺术门类，需要声乐工作者多摸索、多总结、多沟通、多交流。这样，我们才能使儿童声乐向着更加正确的方向发展，为更高一级团体输送人才，为群众合唱打好基础。让我们为身边天天响起美妙动听的歌声而努力吧！

ARTICLE

2

第二部分

开拓创新

行走在超越的路上

高玉明

在教育改革不断推进的过程中，少年宫坚持公益性原则，实施“精品意识、名师效应、多元发展、辐射全区”的发展策略，通过调整管理结构、强化育人职能、打造精品社团等手段，提升我区校外教育在北京市的良好形象。

一、创新管理提质量

少年宫按照“任人之长，不强其短；任人之工，不强其拙”的原则，实行项目管理、规范管理、精细化管理。积极探索“立足校本、借船出海、分层推进”的校本培训模式，聘请专家，引进名师，加强专业培训，把教师个人的成长与团队的建设紧密结合起来，形成了一支充满活力的卓越团队。少年宫各项综合指标已经走到了郊区县的前列。市教委体卫艺处负责人曾说：城区宫学东城，郊区宫要学门头沟。

二、活动育人见实效

少年宫积极组织群文、社会实践活动，协助教委承办艺术节、科技节等。精心设计、举办科创系列活动，协助开展“四个一”活动，建设区域科技活动体验中心。少年宫已经被市体育总局等单位命名为航模教育实践基地及会员单位，科技教育成为我们发展的新的增长点。

三、社团建设创品牌

少年宫致力于精品社团建设，着力打造合唱、舞蹈、京剧等六大精品社团。合唱团赴欧洲参加国际校园音乐节获得金奖，被誉为最美童声；书画院参加在白俄罗斯举办的“第五届国际儿童绘画比赛”；舞蹈社团登上了在国家大剧院举办的北京市民春晚的舞台。在第十八届北京市阳光少年艺术节展演活动中，参演的八个节目斩获两个一等奖、三个二等奖、三个三等奖。

四、辐射引领促发展

为发挥少年宫职能，辐射全区青少年，我们充分挖掘资源，建立少年宫活动分站及基地校，其中斋堂分站由原来的两个班十几个学生发展到了五个班两百多名学生，使山区孩子享有和城里孩子一样的特长发展权利。《门头沟校外教育》、《彩虹桥》报、少年宫网站、少年宫微信平台作为少年宫重要的对外宣传渠道，拉近了与全市各校外机构、社会大课堂资源单位、学校教师、家长的距离。

校内外融合是教育的发展趋势，少年宫将在“校内向校外拓展，校外向校内延伸”上努力探索，培育一批创新项目，建设一批特色项目，发展一批精品项目，为打造京西校外教育高地做出努力和贡献。

2017 年，我们继续行走在超越的路上！

落实“项目负责制”　引导教师自主发展

高玉明　杨　盈

规范的制度，良好的执行，是一所优秀校外教育机构的标志。一位领导对单位的最大贡献，不是高楼大厦，不是先进设施，而是随着时间的流逝，沉积下来的制度、精神还有文化。

门头沟区少年宫深入挖掘教师发展的潜力，探索教师队伍发展新途径，建立教师自主发展的新模式，使教师的成长与少年宫的发展辅车相依。通过两年以来的实践，逐步转变了教师管理的模式，由原来量化考核内容的方式，逐步转化至为教师的自我成长创造机会，为教师的发展给予支持，最终推动了少年宫的发展。

少年宫紧紧围绕“项目负责制”这个抓手，以“同行、同乐、同成长”的宫训为目标，从少年宫实际出发，不断完善项目负责制度，形成了少年宫管理新模式。两年来我们探索实施“项目负责制”，引领教师自主发展取得了一定的成绩。

一、项目负责，促教师个人成长

“项目负责制”是创新管理的一种形式，少年宫针对各个项目的特点，行政管理人员深入到各个项目组之中，指导并监督项目的实施。项目的负责人牵头制定本项目组的工作计划，并由上一级领导小组进行审核。领导小组会根据少年宫的特点、年度工作重点任务等方面对各个项目进行审核，使得各个项目在实施过程中更科学、更顺畅，使项目组的每一位教师在本项目开展过程中，更加积极、主动地完成各项工作。

为提高教师的专业素养，少年宫成功举办了“青春炫彩 艺魅京西”教师才艺展演活动。这是青年教师自发的一个专题项目，为了这次展演，成立了专题项目组，由青年教师出任教师才艺展演的总编导，总编导发挥专业特长，组织设计展演方案，组织创编节目，组织教师排练。所有青年教师接到任务后冒着严寒，牺牲休息日，抓紧排练。他们分工明确，各尽其能，最大限度发挥了参与活动的每位教师的主动性与创造性，不同的教师在不同的岗位得到了锻炼和提升。本次活动经少年宫行政会通过并得到了后勤保障和经费支持。

二、项目负责，实施更具实效性

项目负责人在项目组中起着至关重要的作用，少年宫从行政管理入手，有效进行项目推进，采取党政工齐抓共管的方式，指导项目负责人实施项目，并关注项目组各个教师的成长，使得项目的实施更加顺利、有效。

今年初，门头沟区学生艺术节展演在少年宫落下帷幕，全区 39 所中小学校的 3000 余名学生参加展演，献上 800 多个精彩的节目。作为本次艺术节的承办方，少年宫领导高度重视，多次召开艺术节工作协调会，群策群力，精心部署。项目组负责人精心设计各个场次学生比赛顺序、工作人员安排，聘请高水平专家担任评委。为保证每场比赛顺利进行，在比赛前，各分组组长还要召开工作会，每一位少年宫人都投入其中，以认真的态度和饱满的热情为每名参赛学生服务。这样的活动为广大青少年搭建了展示才艺的舞台，同时也真正体现了“项目负责制”实施的有效性。

为提高区域学生的声乐素养，少年宫成立小百花童声合唱团，合唱团由我宫声乐教师担任项目负责人，从成立之前的合唱团管理方案的制定，到指导专家的聘请等一系列事务，都由项目负责人牵头，单位行政给予最大限度的支持，通过了解、分析项目开展中的一些问题，与项目负责人沟通，及时调整工作的方法及思路。合唱团在“青春炫彩 艺魅京西”教师才艺展演活动中首次亮相，展现出了优良的精神面貌和专业素养，演唱了《留给我》《老师在绿荫中走》《我们要阳光》，孩子们的声音犹如天籁，感动了在场的每一位观众。今年合唱团还要参加北京市学生校外艺术节展演、中韩青少年文化交流、德国校园合唱团交流等活动。少年宫为合唱团项目组搭建了展示平台，项目组的各位成员积极参与，发挥自身优势，彰显项目实施的成效。

三、项目负责，推动特色促进提升

少年宫的常规管理模式是层级式的垂直管理，由单位领导层面提出问题、制定方案，中层领导组织各个部门开展实施。这对于常规工作的开展是行之有效的，但开展创新的有特色的项目，仅靠领导班子是不行的。

对于少年宫而言，推动特色是我们的发展思路。少年宫根据自身发展实际，从行政管理入手，有效进行各个活动，推进“项目负责制”的实施。一线教师成为某一个项目的负责人，而且团队中每一名成员所负责的工作是相对固定的，这样，不仅给项目负责人最大的空间去发挥去想象，同时也给每一名项目成员最大的锻炼和发展机会，项目中所有人员的积极性都被最大限度地调动起来。少年宫领导班子在项目实施过程中，深入一线，听取项目负责人和组内成员的意见与建议，给活动项目开绿灯，并提出指导意见，做好活动项目有效的行政指导工作。

“项目负责制”的开展，提升了教师工作的积极性。在项目开展的过程中，项目组教师都积极认真，探索创新，促进了教师的自身发展，自身道德素养也不断提升。在两年的实践过程中，逐步形成了以教师学生发展为主体的管理模式。新的管理模式让教师逐渐打破部门的界限，极大激发了教师的潜力，既提高了教师的积极性，又为每一位教师的发展提供了平台。

如果管理是一门艺术，那么制度就是一门哲学。“制度”是大家心照不宣的标准，是无需外力的一种共识。我们现在离这种状态越来越近，这是值得我们欣慰的。相信在这种“制度”引领下，我们的管理会更有成效，我区的校外教育发展未来将更加美好。

参考文献

[1] 王金林．项目负责制——教学管理的新模式［J］．北京教育（普教版），2015（03）．

[2] 春和景明．让制度固化为文化——（一）项目管理制度［EB/OL］．新浪博客 http：//blog. sina. com. cn/s/blog_5639dbc60100u8i9. html，2011 - 07 - 27/2016 - 1 - 25.

浅谈信息技术课程中如何渗透美育

李晓霞

美育，指培养学生健康的审美观，发展学生鉴赏美和创造美的能力的教育，也称审美教育或美感教育。美育不仅仅存在于艺术教学的课堂上，也应该广泛地存在于其他学科。当今世界信息技术的发展可谓是一日千里，被广泛应用在生活中的方方面面。信息意识和信息技术水平已成为学生必须具备的核心素养，在这一核心素养的形成过程中，挖掘美育因素，培养学生鉴赏美的能力，启发学生欣赏、创造美，是信息技术教学的重要内容之一。作为校外信息技术教师，如何在教学活动中更好地渗透美育，笔者做了如下尝试和思考。

一、欣赏作品，感受美

信息技术课上有大量的表现美的作品。在学习新的知识技能之前，使用优美的作品可以快速吸引学生的注意力，让学生在欣赏作品的同时进入新课的学习情境中。比如讲授《Flash 动画制作》时，给学生播放一些优秀的 flash 动画作品，并引导他们去观察，让他们说出喜欢哪个动画作品，为什么喜欢这个作品。大多数学生喜欢一件作品的原因，首先是精美的画面，其次是有趣的内容。可见学生对美有天然的感知力，他们喜欢美好的事物，也需要在课堂上由教师提供丰富的审美资源。

类似的例子数不胜数。学习文字处理时，会让孩子们欣赏版面设计、文字处理美观的电子报刊；学习演示文稿制作时，欣赏各种漂亮的演示文稿范例；学习网页制作时欣赏各种有特色、有设计感的网站网页；甚至在电子表格学习时，也会让他们欣赏各种规范处理的电子表格，让他们知道对数据做科学分类处理也是一种美，一种秩序美。

二、学习制作，创作美

在每次学习新的知识前，欣赏相关的作品，引导学生去思考如何美化自己的作品，这是笔者教学内容中重要的一环。通常笔者会在一个单元的课程中设计美化作品这一节内容，或是在作品制作过程中明确提出“作品设计要美观”这样的要求。

根据信息技术课程的特点，为了更好地帮助学生制作美观的作品，笔者特意给学生讲解了计算机中作品颜色的搭配，让孩子们学会不同色系颜色搭配后不同的效果及不同色系颜色可以表达的情感。

在课程设计中反复地提出对作品美的要求，激发了学生们的创造力和想象力，使他们在掌握知识技能的同时也关注到作品的质量，在作品中体现出自己的审美爱好和创造，提升作品内涵。

例如在《传统节日——春节》这节课中，给学生一些关于春节的文字和图片素材，要求他们使用 word 软件制作出一张讲述春节的小报。制作过程中，发现有的学生留的页边距非常小，我就从人文和审美两个角度给他们进行分析，一是过小的页边距在视觉上会让读者看起来不舒服，不符合阅读习惯；二是这样处理整个画面看起来不美观，不协调。通过这样的分析讲解，学生们不但了解了怎样的页边距更有利于表达自己的思想，更知道了为什么要这样做。让他们尝试不同字体和不同颜色的搭配，找出看起来最协调美观的搭配方式，他们在后续的制作过程中就会有意识地去思考如何让作品更美观。这样的教法显然比单纯告诉学生页边距是多少要更好，让学生学习信息技术不只是单纯关注技术，更关注如何应用技术来表达自己的思想。

三、课堂评价，交流美

每节课的学习都会伴随着评价开展，通常在每个单元结束时都要求学生对自己和他人的作品进行量化评价。在设计的量化评价表中，作品的设计美观程度也是重要的指标。学生自评互评时，要求他们讲述对作品最满意的地方，对不满意的方面提出改进意见。比如在《多媒体演示文稿制作》这节课上，要求学生们用所学的知识制作一个演示文稿。得益于平时的习惯养成，学生们没有简单制作一个作品应付了事，而是思考如何让自己的作品更具有欣赏性，更有意义。完成作品后在评价的环节中，很多学生都将演示文稿制作成了送给同学或者老师的礼物，看着大屏幕上一个个从版式、颜色、风格到图文搭配都和谐美观的作品，学生们不仅从中感受到了成就感，学习了其他作品好的经验，还感受到了来自他人的关爱之情，师生间关系进一步融洽和谐。课堂上流动着互动交流的和谐美，整堂课对师生来说都成了一次精神的享受。

四、网络畅游，言行美

身处信息化社会中，学生不可避免会接触到网络。如何在网络繁杂的信息中筛选出有益的信息，如何去伪存真，取精华去糟粕，如何在网络生活中保护自己，都成为了新时代学生要面临的问题。在教学中，同样可以教会学生应用美育的原则和方法来畅游网络。例如，在《神奇的网络》这一课中，给学生提出了几个问题：在互联网上如何保护自己的信息安全？网络检索中如何快速搜索到需要的信息？如何与网友交流？学生通过思考和实践提出要有安全意识，注意保护自己的个人信息，不轻信他人，文明上网，遵守青少年网络文明公约，不浏览不健康的信息，不随意传播不明言论，不用暴力语言攻击他人，不发表不负责任的言论等。

教师应该在学生上网的每个环节中教育学生注意辨别网络世界中的美与丑，理性对待，不沉溺网络，把网络作为有用的工具和得力的助手而不要成为其奴隶。

总之，信息技术学科中渗透美育，不必将信息技术课上成艺术课，而是要用美育的原则和方法与课程有机结合，使课程设计更人性化，促进学生全面发展。

参考文献

[1] 土旦尼玛. 小学信息技术教学中的美育 [J]. 西藏教育，2013 (9).

浅析书法教学的“喂养”与“熏染”

梁 莉

“喂养”，即给幼儿或动物东西吃，并照顾其生活，使其成长；“熏染”，即人的思想和生活习惯逐渐受到影响。两个看似毫无相关的动作用于写字课程（硬笔或软笔），意义深远，甚至伴随孩子一生的成长。

一、“喂养”是理，“熏染”是情

写字教学漫长而细致的渗透即成为“理”：教育者透过物质（中国字）其本身的纹路（笔画）、层次（笔顺）表现出来的过程。从一点一横教学入手，直至孩子呈现出篇幅作品，显然是一个漫长修炼的过程。洁白的纸，靠笔运动的灵活和墨的丰富留下的斑斑印痕，是要通过“喂养”扎实传授而成的，中国字的韵味靠扎实的基本功修炼方可慢慢体味。

在这一横一竖的慢慢修炼中，不难寻到师生之间那专注的感情投入。每一笔的收放，每一字的推敲，或运笔轻重的节奏、笔法多变，甚至因字赋形，都是被教师对学生的耐心、细心、热心、爱心深深地熏染着，并体会着文人墨客那刚正不阿、忠贞气节的“情”，就如同老师和孩子之间由陌生到熟悉，由熟悉到懂得的慢慢相互依赖。西班牙艺术大师毕加索曾经说过：“如果我是一个中国人，那么我一定不是一个画家，而是一个书法家，我要用笔慢慢来书写我的情感。”这样的评价，可见书法“慢学”所熏染的“情”在世界上的地位之重。

二、“喂养”是根，“熏染”是魂

根深方能蒂固，书法演变是有前因后果的。从殷商的甲骨文到现在的文字，五千年的岁月悠远流长。书法作为艺术，是中华民族文化的一部分，是我们民族的根，我们理应热爱并发扬。在漫漫历史长河中，多少文人墨客临摹前辈的范字，其寻的是老祖宗带给我们最本质精髓的东西。王献之习曹植《洛神赋》被誉为“小楷极则”，笔画隽秀挺拔，结字萧散逸宕，顾盼有致，盛名千年不衰，可见临摹在写字中的巨大作用。教师带着孩子们“寻根”，认真观摩，细心运笔，使字不走样那绝非一日之功。除教会孩子们观看碑帖得法的藏露，有度的曲直性，磨炼孩子看好帖、临好帖的意志尤为重要，关系到今后书法创作。

提起创作，那是在慢慢“喂养”寻根衍生出来的欲望而展露在白纸上的“魂”。对于有书法基础者，结合自己的审美取向，汲取根的营养，写出自己的风格，体现出自己或柔美或刚劲的魂魄。书法创作活动是学生注意力高度集中精神状态得到放松宣泄的过程，有利于培养他们专心致志、乐观豁达的办事态度，“喜即气和而字舒，乐则气平而字丽”的境界是要靠教师在一点一滴、日复一日的渗透中逐渐培育的。

三、“喂养”是筋脉，“熏染”是精髓

晋王羲之《题卫夫人〈笔阵图〉后》：“夫欲书者，先乾研墨，凝神静思，预想字形大小、偃仰、平直、震动，令筋脉相连，意在笔前，然后作字。”在书法学习中，就是要教会孩子观察、理解结构原则，根据字于细小之处见功夫，一点一捺都要清晰交代、不能含糊的特点，做到心中有数，将横平竖直、端庄工整的基本要求慢慢根植于学生心中，教会学生平凡之中建伟大之理。“筋脉”作为人体学的角度分析为小经脉，属“经脉”的附属经筋，就是西医中所说的筋膜、韧带、肌腱等，在身体中不容小觑。写字教学中要想练就真功，必须要做到将字的“筋脉”弄清读懂方可见真。一个笔画、一个字的轻重、粗细、深浅、敛舒、险丽变化都会让整幅作品有眼前一亮之感，因此，教师在教学中就必须体现其筋脉的构成教学，根据少年身心发展规律性和个体差异性将

其筋脉打通。

精髓，即精气真髓，比喻事物的精华。创体、表美、蕴意的书法创作将写字教学引向深入，是教会学生手脑并用的思维实践过程，是充分调动其思维情感及动手能力的一项复杂的心理过程。在这个漫长的修炼过程中，学生需要具备良好的学习品质，并在实践中得到巩固、完善和创新。或流美、或险绝，或大方、或拘谨的态度及原则体现于书法方寸间。

综上所述，中华民族的精神气质、团结力、凝聚力、创造力，无一不包涵在令人心醉神迷的书法艺术中。新的《语文课程标准》明确提出：在青少年当中强调书法学习的重要意义是教育其热爱祖国的优秀文化遗产，感受中华民族对世界的认知方式，懂得一定的书法鉴赏常识，陶冶心灵，获得审美享受。可见，书法教学不单单是书法技能、技法的训练，不仅关系到学生书写能力的培养，更要着眼于提高学生的人文素养，发挥“以书载道，书道融汇育人”的渗透教育。当然，让书法教育慢下来，体现“随风潜入夜，润物细无声”般的默契与自然和谐统一，喂养于理，从笔尖刚刚触碰纸的那一刻起，挑其筋脉，碰撞出精髓，熏染出书法之魂，渗透出那份默默的情。

参考文献

[1] 钟明善．书法基础与欣赏［M］．西安交通大学出版社，2000.
[2] 李松朋．中国书法笔法所蕴藉的文化［J］．重庆工学院学报（社会科学），2009，23（3）．
[3] 徐金良．新课程教学评价的方法［EB/OL］．道客巴巴 https：//www. doc88. com/p－03844013030. html？ r＝1，2011－04－20/2016－5－28.
[4] 刘寿堂．书法教学的德育力量［J］．中国钢笔书法，2001（12）．

儿童水墨画课堂教学的实践与探索

阚秋影

水墨画经过上千年的发展已经走到了一个很高的程度。因为走得高，所以一直被仰望，时至今日，很多现代画家一直在遵循传统技法的基础上，在材料、技法、表现形式等方面寻求变革和突破，和西方绘画语言结合也好，或者是自己另辟蹊径也罢，所表现出来的东西往往被批判的居多，因为我们内心里对传统已经奉为至上，如同一把尺子，总在衡量新事物相较于传统有什么不足，却轻视了新事物取得的进步。另一方面，这一标杆也影响到老师传授学员水墨画技能时的教法。老师们一方面肯定地认为传授祖国传统水墨画的技能是必须的，水墨画也离不开笔墨，另一方面又在纠结这种传统技法学生是否可以理解和接受，是否违背了学员的认知规律。所以在这种思想下，我在教学过程中遵循儿童身心发展规律，创设符合孩子认知能力、让孩子感兴趣可接受的教法，使学员在学中玩、玩中学，潜移默化中掌握传统水墨画技法。

一、根据儿童年龄特点，开发有趣的学习内容

“笔墨”作为山水画最重要的表现语言，呈现的是有形与无形两种形态。“无形”是画家具备但画面中看不到的学识素养和文化内涵，“有形”的则是通过画家的自我理解将这种无形的“文化感觉”带到画面中，用不同的笔墨语言来展现中国画的魅力。从上述水墨画的本质来看，儿童的心理还达不到传统中国画笔墨所需的知识储备，对于笔墨的认知还处于懵懂阶段，需要老师根据儿童的接受能力设计水墨画教学活动内容，把传统笔墨技法以儿童易于理解和接受的方法传授给他们，并让他们形成自己的笔墨语言。

在水墨画的教学过程中我一直进行总结和反思，边实践边探索，关注儿童的年龄和心理特点，寻求合适的结合点，既要保留传统又要让学生感兴趣并持之以恒，把水墨画的传统发扬光大。对于初学的儿童先是从欣赏不同风格的水墨画入手，让他们知道究竟什么是水墨画，开阔他们的眼界和思路，之后在临摹或者自己创作过程中引导他们认识笔墨技法，并创作出表现自己个性的画面。这是一个循序渐进、逐步认知的过程。比如，第一次动手练习时我让学生随意画点、线、面的组合，要求把墨色的干、湿、浓、淡都要用到，同学们都特别开心，觉得画这样的画简直太简单了，兴致盎然。但实际上在此过程中，我是让学生自己去认识笔墨的变化，也就是在玩中学，在潜移默化中掌握笔墨特点。我发现有的同学也描绘了一些具体的形象，有鱼、七星瓢虫、小女孩等等，这也说明同学们在把自己的想法带到画面中，当然他们所表现的内容也一定是自己喜欢的。会主动去思考，总结，教学效果也就会事半功倍。就这样在活动中我会选择一些儿童熟悉和感兴趣的内容，比如《家里餐》《雨中的小花伞》《我的小书包》，这些主题都是儿童熟悉的生活情景和物体，老师要做的是引导他们运用水墨技法，学生在画的过程中必定会酣畅淋漓。不再拘泥于传统的梅兰竹菊似的表现题材，使儿童在趣味十足的学习过程中认识水墨画，并形成独特的感受，从而达成主动的自我创想与表现的驱动力。这样的授课主题，学生熟悉的绘画场景，才符合儿童特有的稚拙与天趣美，符合儿童的心理发育特征。

经过历史的积淀、总结，今天的人们概括出了用笔用墨的具体理解。比如黄宾虹先生的“五笔七墨”说，把笔墨问题阐述得明确具体；还有吴冠中先生颇有争议的“笔墨等于零”。不管争议如何，这些理解都是人们在学习笔墨运用的过程中的一种认识，一种进步。同样，儿童通过不断的笔墨练习也会形成自己对笔墨的认识，作为教师我们就是要引导他们在笔墨的世界里快乐地学习。

二、根据儿童认知特点，开展有趣的学习活动

中国画发展到今天已经形成了独特的审美准则，有从古至今的概括总结，也有画家主观的认知，如吴冠中先生的“笔墨等于零”理论和

黄宾虹的“五笔七墨”理论。成人初学水墨画大多是从临摹传统的名家作品开始，逐步形成对中国画的水墨认知和理解，但是这种方法对于儿童明显不适合。成人化的临习内容和临摹对儿童过于枯燥难懂，会使他们失去学习水墨画的兴趣。所以教师采用何种教学形式让学生对水墨画逐步掌握，既符合学生的认知过程，又能使他们形成自己的创作个性并持续学习下去，是我一直以来研究的方向。

传承祖国的水墨画内容须从儿童、青少年时期抓起。在孩子成长的每一个时期进行恰当的水墨画授课内容是尤为重要的。我在根据儿童的心理发育特征来启迪孩子们对水墨表现的文化理解与个性化的语言方面，不断地进行实践探索。活动中采用循序渐进的学习过程，技能与认识同步提升。比如：在儿童课程安排的初级阶段（4 岁 ~6 岁）主要是以让他们认识水墨为主，通过游戏式的体验活动来熟悉墨色的浓淡变化以及笔的运用。例如《各种各样的陶纹》《花雨伞》《好大的螃蟹》等内容简单有趣，易学易懂，大块的色、墨运用也易于学生了解墨色的变化。中级阶段（6 岁 ~8 岁）是在一定笔墨知识的基础上侧重培养学员的主观观察能力和表现力。例如《妈妈爱美丽》体现了学员的笔墨技能和对妈妈的情感表达能力；《相遇兵马俑》培养儿童对兵马俑外部形态特征的主观认识和对墨色的主观分析运用，其中也引导学生融入一些现代元素，使画面更生动有趣，如：日本草间弥生的高彩度对比的圆点艺术。高级阶段（9 岁 ~ 初中阶段）着重于主观情感的表达和主题性强的内容，并融入一些传统文化、名家名作的赏析，在技法上要掌握笔墨的运用，如《我的生日》《美丽的惠安女》《京剧人物》要求学生具备较强的造型能力，表现能力和笔墨分析运用能力等。

活动设计围绕由感性到理性的认知和深入浅出的技法渗透，避免高精难的学习倾向。每个活动的设计都是紧紧围绕基本的水墨技法而实施，力求简单明了，由小见大。活动中穿插着一些国画发展史的故事传说、名家轶事、画风流派讲解，渗透中国传统文化教育，力求生动有趣，激发学员强烈的学习兴趣，再顺势进行技能实践指导，促使学员自主观察、自主表现，通过绘画过程形成自己的认识，形成自由创想的原力。

三、根据儿童接受能力，探索灵活的学习方法

作为国画专业毕业的老师，在学习传统水墨画时都经历过临摹的学习阶段，同样地，儿童学习水墨画，临摹也是必须经过的阶段，是学习的一种“捷径”，是儿童可接受的学习形式，更重要的是能够深入了解中国传统水墨画的特点及画家的艺术风格。然而对于儿童来说，如果在对笔墨毫无认知的时候就开始临摹大家的作品，很容易产生畏难情绪并失去学画的兴趣。所以，我先让学员进行趣味性水墨技法练习，这样同学们在对水墨知识有一定了解的基础上再进行临摹学习，会有自我的欣赏和认知能力。当然，在临摹过程中，教师必须要选择适当的临摹内容和形式并多加变化，让儿童易于接受和理解，不要完全墨守成规按照成人的临摹方法，使学生觉得枯燥乏味。

面对同一幅作品不同的人会有不同的认知，尤其是儿童可能看到的只是好不好看，或者画的是什么内容，所以教师在引导儿童学习画家用笔用墨的方法以及构图等知识方面需要采用灵活生动的方法来实现。我在临摹教学中主要采用“以点带面”“东挪西借”“古为今用”等方法实施教学。所谓“以点带面”是指在临摹时抓重点。比如学习画鸟的时候，我会找同一题材很多大画家的作品，让同学们欣赏鉴别其中不同的笔墨技法，体会画家不同的表现形式，然后选择自己喜欢的表现形式进行临摹。通过这种形式同学们能够主动去思考画家们为什么画的不一样，区别在哪，进而调动学员形成自己的主观认识；更重要的是通过这一“点”的思考探索，能够发散到一个“面”的对比认识。所谓“东挪西借”就是临摹与创作相结合，同学们根据自己对画面的认识和理解，重新把名家作品进行再临摹、创作。让学员自我体悟中国传统笔墨的精神，进而形成自己的笔墨语言，这种体悟就会形成新的尝试，新的创作，对于中国画未来的发展又何尝不是一种进步呢？所谓“古为今用”就是采用丰富的临摹手段，增加学员临习的兴趣。比如我把《铺殿花》这幅作品中的花单独拿出来，让学员把这些花添加到花篮里、妈妈的背包上、自己设计的美丽裙子上等，这样的临摹方法能让学生有丰富的想象余地。然后再恰当的加入笔墨练习，让学生进行临摹的再创

作，既掌握了花的临摹要点又提高了学生的审美和创作能力，让他们在快乐中主动学习。

石涛说："师古人之迹，而不师古人之心，易其不能出人头地也，冤哉。"这说的是"无形"和"有形"的内涵。学习、继承传统并非只是单纯的临摹，也要理解画家如此用笔墨的原因，找到其规律并破解，从而能够跳出画面的"形"，认识笔墨痕迹之外的"无形"之深意。所以在临摹学习过程中，要加入一些欣赏课，加强学生的文化认识和感悟理解，在不断的理解中逐步体会水墨画的内涵及文化意义。

传统是发展的，是日新月异，随着时代的发展而发展的。在每一个发展过程中，它总是会继承过去的某些优秀部分，而加入某些时代的必需和其他进步的部分，而这一过程就意味着不断的实践和探索。对于儿童水墨画来说，他们的水墨表现往往带有一丝偶然和不确定的效果。教师就是要紧紧抓住这其中的精彩要点加以总结和运用，让这种偶然成为必然。通过恰当的课程设置，使学员反复尝试中国画的工具、材料，表达自己对生活世界的独特的认识过程，初步理解中国水墨画的语言及艺术内涵，逐渐形成对中国画的审美判断，进而深化对中国艺术精神及历史文化的理解。

参考文献

[1] 傅抱石．傅抱石谈中国画［M］．北京：中国青年出版社，2011.
[2] 石涛．画苦瓜和尚画语录［M］．济南：山东画报出版社，2007.
[3] 葛路．中国画论史［M］．北京：北京大学出版社，2009.

论声乐教学过程中的育人功能

李建芝

一、利用音乐教育的情感功能，激发儿童内在的生命力

“鸡蛋从外面打破是食物，从里面打破是生命。”我的兴趣小组从儿童的需要出发，调动儿童内在的生命力、活力，激发孩子的内动力，让孩子活出特色，获得精彩的人生。在教育教学中，我通过各种各样的活动形式，对儿童进行个性化的指导，目的就是要把儿童最原始、最反映生命本真的动力调动起来、激发出来，让儿童在与教师、同伴、客体之间的交往中表现出他的所思、所感、所为，让儿童的生命在教育中舒展、绽放。

心理学领域有个非常著名的实验——皮格马利翁效应，让教师对学生充满期待，学生因此变得优秀。在我的教育教学活动中引导儿童用自己的声音歌唱，用自己的理解表达，用自己的情感抒发，我认为每个儿童都是优秀的，都有自己独特的天赋，这样的暗示普及和辐射到儿童身上，儿童在成长过程中将会充满能量和自信。在灵活的课堂活动中，我通过自主、自由的活动和行动进行教育教学。让儿童在活动中获得快乐，原有的能力得到发展，彰显个性，使他们更独立。例如在教育教学活动中他们可以质疑，可以提出自己的观点，可以面对各种困难进行挑战。

在枯燥的技能训练中，加入很多有关生活的内容，让儿童体会熟悉的生活，作为训练的元素。例如在气息训练时，通过气息呼出的平稳、均匀，引出控制的概念，并且延伸到控制就是管理好自己的生活和学习，自己制定学习计划，收拾物品等，同时也是修养的体现，不讲脏

话，不乱扔垃圾，谦让有理，管理自己的情绪等。在音准训练时养成学生用心和专注的意志品质。在听他人演唱时，要学会聆听，以示尊重。在他人演唱完毕，要报以热烈的掌声，做文明观众。控制即修养，是对自己的严格要求，是做好一切事情的前提。也是美好人生的开始。

在歌曲的选择上，选择旋律优美、积极向上、富有儿童趣味和心理特点的儿童作品，由易到难，循序渐进，让孩子有充分表达和释放情感的空间。我从作品旋律中获悉作曲家的意图，通过歌词深挖思想教育意义，使每首歌对儿童都是一次美好的教育。让孩子身心合一地演唱，声情并茂，用真挚的情感理解、演绎歌曲，从而达到心灵的启迪和良好情操教育，使他们高尚、丰富、感恩、赞颂、守法、爱国等等，并做到因人而异，因材施教。在教学中我授课缜密，指导入微，注重孩子基础培养和长远发展，为孩子的人生注入健康、快乐的基础。

例如：我在讲《小猫钓鱼》这首歌曲时，学生通过第一段小猫的表现总结出一句成语：三心二意。在演唱第二段时总结出小猫通过一心一意钓到了鱼。通过学唱这首歌，学生明白了做事情要一心一意，不能三心二意，在学习中我们要养成一心一意的好习惯的道理。教育就是把一些浅显的道理植根于学生的思想意识中，让他们获得正确的世界观和人生观，有些道理提前渗透，在不久的将来，遇到适当的时机就会开启他的记忆。

二、利用多种音乐实践活动，培养儿童的健康人格

儿童不仅仅要认识我们生活的客观世界，更要认识自己的主观世界，要了解自己，能管理自己的情绪，让儿童在自我认同、人际交往、社会适应方面更自信、更有内核。在音乐教育活动中，通过独唱、对唱、合唱、主持等形式，让儿童产生快乐、积极、向上的情感风貌。在儿童演唱表演时让他们发自内心、有精气神。在遇到困难时坚强、不气馁、知道如何给自己鼓励。歌唱让儿童获得了相伴一生的快乐的能力，让他们释放自己，热爱生活，尊重他人，养成优秀的品质。课堂教学与演出、比赛、社会实践活动相结合，让学生得到锻炼，并增强学员的责任感。社会实践活动是校外教育的重要组成部分，对于检验学员专业技

能、培养儿童的健康人格有着重要的作用。因此，我开展了《用歌声打开心灵之门》《您微笑在我们的歌声中》《感恩母亲回报社会》《春天的问候》等等丰富多彩的社会实践活动。在确立主题以后，我和学员们一起围绕主题选择歌曲，确立演唱形式，排练节目，练习主持词，并深入到资源单位接洽沟通，在此过程中锻炼了学员多方面的能力，而我作为实施者更是认真考虑每一个环节的教育意义。在演出过程中，环节清晰，情感渗透，气氛祥和。这些活动提高了学员的综合素质，增强了他们的责任感和自豪感，陶冶了情操，使他们对社会也有了初步的认识，更好地培养了学员学习演唱的热情和关心他人的优秀品质。学生在合唱团中得到更多的发展和历练，曾六次参加北京市展演，是少年宫参赛次数最多的社团。赴韩国交流演出，去德国参加校园音乐节，这些活动不仅锻炼了学生的生活能力，更增添了学生为国争光的责任感和自豪感。

作为校外音乐教师，我将依据校外教育要求，开展更多丰富多彩的音乐教育活动，寓教于乐，灵活施教，优化校外教育行为，创造更高的育人效益，努力为社会培养更多优秀的人才！

将二十四节气引入美术教育课程的研究

乌日娜

一、二十四节气的内容

二十四节气是中国古代劳动人民伟大的智慧结晶。二十四节气是我国古代各地农业事业生产的主要依据，是中国传统文化的重要组成部分。二十四节气不仅指导农耕生产活动，而且包含了极具民间特色的民俗活动。这二十四个节气是：立春、雨水、惊蛰、春分、清明、谷雨、立夏、小满、芒种、夏至、小暑、大暑、立秋、处暑、白露、秋分、寒露、霜降、立冬、小雪、大雪、冬至、小寒、大寒。每个节气约间隔半个月的时间，分列在十二个月里面，在月首的叫做节气，在月中的叫做“中气”，所谓“气”就是气象、气候的意思。二十四节气指出气候变化、雨水多寡和霜期长短，是我国劳动人民长期对天文、气象、物候进行观测探索和总结的结果，一般更适用于黄河流域一带的农事活动，对农事耕作具有相当重要和深远的影响。

二、将二十四节气引入到美术教育课程的必要性

（一）引入美术教育课程的可行性

美术教育与艺术创作都来源于生活，石涛的“搜尽奇峰打草稿”，唐代张璪的“外师造化，中得心源”，这是艺术家从大自然中收集艺术创作素材的认知。二十四节气是劳动人民智慧的宝库，这其中渗透着人与自然和谐相处的观念，使人类观察、获取、总结大自然的规律，用于造福人类的生产生活。

（二）时代的需求

二十四节气是中国人通过观察太阳周年运动而形成的时间知识体系及其实践，是劳动人民的智慧结晶，2016 年年底最终成功申请为人类非物质文化遗产代表作名录。二十四节气形成于中国黄河流域，以观察该区域的天象、气温、降水和物候的时序变化为基准，作为农耕社会的生产生活的时间指南逐步为全国各地所采用，并为多民族所共享。作为中国人特有的时间知识体系，该遗产项目深刻影响着人们的思维方式和行为准则，是中华民族文化认同的重要载体，同时也意味着二十四节气将进一步受到社会的认识和重视。2015 年 7 月，北京市教委下发《北京市实施教育部〈义务教育课程设置实验方案（修订）的课程计划〉》，把建设优秀传统文化传承体系、弘扬中华优秀传统文化作为北京市中小学生综合实践活动的重要内容之一。

（三）丰富美术课程的必然

随着中国城市化进程加快和现代化农业技术的发展，“二十四节气”对于农事的指导功能逐渐减弱，但在当代中国人的生活世界中依然具有多方面的文化意义和社会功能，鲜明地体现了中国人尊重自然、顺应自然规律和适应可持续发展的理念，彰显出中国人对宇宙和自然界认知的独特性及其实践活动的丰富性，与自然和谐相处的智慧和创造力，也是人类文化多样性的生动见证。将二十四节气引入美术教育课程设定中，进一步发挥了二十四节气的社会和教育功能。

作为美术教育的教学工作者，有责任和义务将中国优秀传统文化融入美术教育体系中，将社会热点和民众关注点通过教育传播的方式表现出来。

美术教育新标准强调“改变课程过于注重知识传授的倾向，强调形成积极主动的学习态度，使获得知识与技能的过程成为学会学习和形成正确价值观的过程”。对于学员来说，备受关注的社会热点成为课堂的内容，能调动学员的学习积极性。对于社会来说，学员将课堂内容传播到身边的同学、家长、老师，既扩展了课堂的内容，同时也推动了传统文化二十四节气的传播。

三、二十四节气美术教育课程的构建

课程可以分为国家课程、地方课程和校本课程三个层面。所谓校本课程，就是立足学校，依据国家课程标准，结合教师自身的专业特长，结合本地、本校的经济、文化、资源特点，设计课程目标，研制课程教材，制定课时计划，实施有效教学，最后进行课程教学效果考核，从而形成一整套固定的、有计划的教育教学系统。二十四节气美术教育课程就是少年宫的校本课程。此课程是促进学员个性发展和少年宫内涵发展、特色发展的重要载体和切入点。以二十四节气为线索，根据四季变化学习国画，同时学习诗歌、民间故事、书法等，只有让青少年更多地去感知、实践和体验鲜活的优秀传统文化，他们才能从中汲取营养。

（一）收集与整理

收集与整理资料是建构二十四节气美术教育课程的第一步。通过搜索网络引擎和阅读大量的参考文献，从节气由来、气候特点、风俗活动、风俗食物、农事活动等方面出发进行资料的搜集，全面了解二十四节气。在此过程中重点研究与节气相关的气候特点和动植物的活动。以清明为例，节气清明与节日清明都是在同一天，那么对于资料的搜集可以从两方面出发，既要了解节日的起源和习俗，又要对节气的气候、物候和农事活动做全面的了解，重点要研究清明时节气候特征给自然带来的变化，如天气特点和植物生长特点等，并将获得的资料进行整理，在这些内容的基础上进行美术教育课程内容设定的探索。

（二）整合与提炼

将所搜集到的资料进行整合与提炼是建构二十四节气美术教育课程的中心环节。如何将大量的资料转化为适合学生学习、能够培养学生审美能力与创新能力、能够培养学生核心素养的美术课程，是本环节的主要脉络。在课程的设置上既要考虑到文化性的知识渗透，体现节气的特点，又要在激发学生学习兴趣的基础上让学生在绘画技法上有所提高和收获。在课程设置方面，知识性的渗透要全面，让学生了解节气相关的知识，培养学生热爱传统文化的情感。绘画的题材选择与节气相关的一个知识点即可。还是以清明为例，知识性的渗透可以从节日清明与节气清明出发，通过多种教学手法，让学生了解节日的起源等内容。绘画的题材可以灵活多变：清明时节的气候特点是雨水比较大，那么从气候特点出发，我们可以以“清明时节雨纷纷”为创作主题，表现下雨的场景；清明时节恰逢春笋和竹子茁壮成长，所以也可以以春笋和竹子为绘画内容，进行课程设定；清明时节又有踏青的习俗，那么也可以以伙伴们结伴出行去踏青为表现内容，进行课程设定。

笔者将所提炼好的内容以表格的形式呈现，可以清楚地表明二十四节气美术课程建构的核心内容。

节气	时间点	习俗	动植物	课程内容设定
立春	2月3～5日	1. 鞭春牛（春耕开始，立春的仪式） 2. 吃春卷，吃春饼	1. 迎春花鹅黄色的花瓣，百花之中，它开花最早，所以被叫做迎春花	1. 迎春花的画法 2. 画春牛
雨水	2月18～20日	1. 春耕 2. 春捂	1. 杏花 2. 鱼儿出来吐气泡	1. 金鱼的画法
惊蛰	3月5～6日	1. 祭拜雷公 2. 二月二龙抬头 3. 惊蛰吃梨	1. 山桃花 2. 气温回升，冬眠的动物苏醒过来	1. 梨子的画法 2. 创作指导《苏醒的动物》
春分	3月20～21日	1. 放风筝 2. 春分竖蛋	1. 海棠花开放 2. 燕子	1. 海棠花的画法 2. 燕子的画法 3. 风筝的制作手工
清明	4月5～6日	1. 扫墓 2. 寒食节 3. 踏青	1. 春笋 2. 田鼠出洞	1. 春笋的画法 2. 竹子的画法 3. 清明雨纷纷创作指导《下雨了》

续表

节气	时间点	习俗	动植物	课程内容设定
谷雨	4 月 20 ~ 21 日	1. 春江水暖之时，沿海的渔民有祭海的习俗 2. 种植菜苗和瓜苗	1. 谷雨过三天，园里看牡丹。牡丹也称之为谷雨花儿，被国人称之为国色天香 2. 香椿是绿叶红边嫩叶，可做饺子、包子、凉菜 3. 此时雨水增多，为农作物生长提供了充足的水分	1. 牡丹花的画法 2. 春蚕的画法
立夏	5 月 5 ~6 日	1. 立夏称人的习俗，立夏这天称重就不会因为天气逐渐炎热而消瘦 2. 立夏煮蛋	1. 五月花神芍药 2. 农田卫士青蛙 3. 灌溉施肥，阳光相对充足，植物生长繁茂，是农作物成长的关键时期 4. 雨后蚯蚓从土里爬出来	1. 青蛙的画法 2. 画彩蛋
小满	5 月 20 ~ 22 日	1. 谷物籽粒饱满，绿油油的麦田，小麦籽粒开始变得饱满 2. 挖野菜	1. 蚕开始吐丝结茧 2. 苦菜 3. 小荷才露尖尖角，早有蜻蜓立上头	1. 蜻蜓的画法 2. 指导风景写生《麦田》
芒种	6 月 5 ~7 日	1. 收麦子 2. 忙收忙种 3. 送花神 4. 煮梅 5. 端午节	1. 金灿灿的麦子 2. 青梅 3. 螳螂	1. 麦子的画法 2. 粽子的制作和画法

续表

节气	时间点	习俗	动植物	课程内容设定
夏至	6 月 21 ~ 22 日	1. 夏至吃面 2. 正午测量影子 3. 观北斗星	1. 杏成熟 2. 石榴花 3. 鹿角	1. 石榴花的画法
小暑	7 月 7 ~ 8 日	1. 天气炎热，吃饺子开胃	1. 西瓜成熟 2. 荷花开放 3. 蟋蟀	1. 西瓜的画法 2. 荷花的画法
大暑	7 月 22 ~ 24 日	1. 天气闷热	1. 知了 2. 指甲花 3. 早稻成熟	1. 知了的画法
立秋	8 月 8 ~ 9 日	1. 七夕节，又名七巧节 2. 称重，与立夏做对比 3. 贴秋膘	1. 向日葵盛开 2. 桃子成熟	1. 向日葵的画法 2. 桃子的画法
处暑	8 月 22 ~ 24 日	1. 中元节，农历七月十五日，祭奠故人 2. 一日食三枣，百岁不显老	1. 老鹰 2. 红枣	1. 老鹰的画法 2. 红枣的画法
白露	9 月 7 ~ 9 日	1. 制作桂花酒、桂花糕 2. 秋风夜，一夜凉一夜	1. 桂花飘香 2. 棉花	1. 桂花的画法 2. 棉花的制作手工

续表

节气	时间点	习俗	动植物	课程内容设定
秋分	9 月 22 ~ 23 日	1. 中秋节，农历八月十五嫦娥奔月的故事 2. 五禽戏，华佗	1. 石榴 2. 梨子	1. 石榴的画法 2. 兔子的画法 3. 模仿五禽戏
寒露	10 月 8 ~ 9 日	1. 重阳节，采茱萸，饮菊花酒，吃重阳糕 2. 翻土地	1. 菊花 2. 大雁南飞	1. 菊花的画法 2. 大雁的画法
降霜	10 月 23 ~ 24 日	1. 吃柿子 2. 拔萝卜	1. 挖土豆 2. 芙蓉花，五色芙蓉 3. 红叶 4. 柿子	1. 芙蓉花的画法 2. 齐白石柿子作品欣赏 3. 红叶制作手工
立冬	11 月 7 ~ 8 日	1. 补冬	1. 青蛙和蛇，动物藏起来开始冬眠了 2. 梅兰竹菊四君子。冬寒兰立冬前后开放。君子，兰友，兰谊，兰章	1. 兰的画法 2. 冬眠的青蛙
小雪	11 月 22 ~ 23 日	1. 贮存大白菜、萝卜、土豆，腌制白菜 2. 给树干刷上石灰水	1. 腊月水仙	1. 大白菜的画法 2. 水仙的画法
大雪	12 月 7 ~ 8 日	1. 堆雪人，打雪仗 2. 烤红薯	1. 雾凇	1. 雪花的形状 2. 雪景的画法 3. 雾凇的画法

续表

节气	时间点	习俗	动植物	课程内容设定
冬至	12 月 21 ~ 23 日	1. 冬至吃饺子，纪念张仲景 2. 祭祖 3. 九九图	1. 山茶花 2. 四不像	1. 饺子的画法 2. 认识九九图
小寒	1 月 5 ~ 7 日	1. 腊八节	1. 蜡梅，比梅花开花早	1. 蜡梅的画法
大寒	11 月 19 ~ 21 日	1. 灶王爷 2. 农历新年 3. 冬泳	1. 梅花，清香	1. 梅花的画法 2. 岁寒三友

（三）发展与创新

据笔者了解，将二十四节气引入美术教学活动中的理念已经有人提出，但是并没有制定出完整的美术教育课程和付出实际行动。将二十四节气引入到美术课程当中，是一个全新的探索。设定教学计划，制定具体的教学内容，让学生感知节气带来的自然变化，让学生了解中国的传统文化，鼓励学生大胆创新与表现，都体现了美术教育的意义。教育者的发展与创新能带动学生的发展与创新，学生的发展与创新在未来就能带动社会的发展与创新。

四、结论

二十四节气美术课程的构建秉承以学生为中心的教育理念，将绘画内容与二十四节气的内容结合起来，让学生从身边的事物、景物出发，认识、了解二十四节气，从而达到学习的目的。

二十四节气作为中华民族的传统风俗，我们是不应该抛弃和遗忘的。将二十四节气引入美术教育课程中，在培养学生兴趣爱好的同时，能体现美术这门学科对学生素养的独特贡献，又能借助美术培养学生传承中华传统文化的美好情操，这正是美术教育的意义所在。

参考文献

[1] 尹少淳. 尹少淳谈美术教育 [M]. 北京：人民教育出版社，2016.
[2] 杨秀. 中国风俗 [M]. 苏州：古吴轩出版社，2011.

浅谈少儿舞蹈创作

高 卉

在舞蹈创作中，“言己”就是创作者借助作品来表达自己的内心情感，去说自己想说的话。而“言己”的外延性则不然，它应是一个作品的“精神食粮”，是作品的精华，是生活、情感、艺术的提炼。具有“言己”外延性的少儿舞蹈剧目应具备以下四点特性：生活性、情感性、童趣性、教育性。

生活性——任何一门艺术的发展都离不开生活，艺术来源于生活并高于生活。北京市大峪二小舞蹈教师李萌编创的舞蹈《又一岁》就是贴近少儿生活的优秀范例。剧目讲述的是小少年庆祝生日的故事，表达了现代儿童成长时光的飞逝，献给那些对童年无比思念的人们。舞蹈的表达创新点就在于成长没有终点，从呱呱坠地的那天起成长的印记就一直在延续。《又一岁》这个舞蹈充分体现了编导对生活的感悟，是从儿童的视角出发进行编创的剧目，不仅贴近孩子的现实生活，更能让儿童在舞蹈中清楚内容表达，从而更好地进行表演。

情感性——情感性是舞蹈最基本、最突出的特征，是动作的内心根据，而动作是情感的外在表现形式。少儿舞蹈是舞蹈艺术的一种，不仅贴近少儿的现实生活，而且处处闪耀着少儿的情感特征。当把儿童的情感融入舞蹈创作，自然就使得舞蹈给少儿一种强烈的真实感和亲近感，在少儿中形成情感共鸣，作品表达中“言己”的外延性就会显现出来。

童趣性——在少儿舞蹈作品中要让舞蹈形式与内容的选择符合儿童的兴趣。学生是儿童舞蹈动作的最初创造者，编创者要常观察，多积

本文发表于《北京教育》2017 年第 11 期。

累，善于从学生的生活中发现美，把儿童生活中那种天真、活泼、稚拙、顽皮的动作，加以凝练、夸张、升华，使舞蹈语汇充满童趣。笔者创作的少儿舞蹈剧目《图们江畔果实香》表现的是一群可爱的朝鲜族小姑娘在丰收的苹果梨园采摘果实的场景，其中一个片段是分成两队的小姑娘们站在装满苹果梨的大箩筐边，笔者选择符合少儿童趣的小游戏——拔河来表达孩子们欢庆丰收时劳动的场面。孩子们站在大箩筐两侧，欢快地伴随着舞蹈旋律，用夸张的肢体语言演绎着“拔河”比赛的场景，每一次表演，“拔河”这段都是孩子们最喜欢的舞蹈段落。由此可见在充分尊重孩子表达的前提下，将体现“童趣”的场景用夸张的表现形式展示，会在潜移默化中与其他少年儿童产生外延性的共鸣。

教育性——一个注重“言己”外延性的少儿舞蹈作品对儿童的教育层次是多方面的。以少数民族舞蹈元素为核心的剧目在排演过程中能让孩子们学习这个民族的历史、文化、习俗、特点；以故事情节为题材的剧目在排演的过程中能培养良好的道德意识和高尚品质。笔者曾创作的少儿舞蹈剧目《娃娃兵的蓝天梦》表现的是一群渴望早日翱翔天空报效祖国的小小娃娃兵，拥有着不怕训练苦与累的决心和克服种种困难永不言弃的恒心，在一次次的失败中站起，最终飞上云霄，展翅高飞的故事。这个剧目在“表达”娃娃兵自身的基础上对整个少儿群体都具有一定的教育辐射作用，激发少年儿童的爱国之情。

舞蹈社团建设问题与对策的思考

张晶雪

舞蹈社团是少年宫实施青少年校外教育活动的重要载体之一，对促进少年宫文化建设、提高学员综合素质起着重要的作用。但是在社团的发展过程中存在以下问题：第一，学员流动性大，由于校外教育的特殊性，教学以学员的兴趣为主，形式相对自由，难以对学员形成实质上的约束力，致使社团成员每年流动量大，在一定程度上影响了社团的正常运行，限制了社团的发展；第二，活动内容特色不明显，舞蹈社团在实际运作过程中，教师的关注点多放在课堂教学中，较少与当地地域文化资源相联系，并未形成社团自身独特的风格与特色；第三，学生被动参与，在教育供给侧改革的今天，单一的教学形式已无法切实满足大中小学生个性化的学习需求，不利于学生潜力的发挥，创新能力的培养。这些问题直接影响着社团未来的发展，也影响着社团质量的提升。

一、培养和保持学生对舞蹈社团的兴趣和热度是基础

兴趣是推动学习的内在力量，学员的兴趣是学习的强大动力。当学员对舞蹈产生强烈的求知欲与探究欲时，就会积极参加社团活动，自觉地、主动地进行探索学习。优质的社团活动不仅内容具有吸引力，同时形式新颖，内涵丰富，能够让学员全身心地投入到社团活动中来。

1. 活动“诱”人，让学员体会到趣味性

首先，教师要选择贴近学员生活的内容，唤起学员的学习兴趣。比如在进行创编活动时，可以寻找校园、课堂、电子等学员较为感兴趣的主题，让学员借助自己的生活经验进行编创，这样动作对于他就不是枯燥的无意义的符号，而是充满亲身感受的感情表达。其次，要将活动内

容背后的历史文化告诉学员，让学员了解动作背后的文化含义。比如教授维吾尔族舞蹈内容时，同时要将其服饰、地域、文化特色告诉学生，帮助学生理解体会；傣族舞蹈形成“三道弯”的体态是受到当地气候以及人民对水的崇拜的影响。让学员对舞蹈的感受从单一的动作学习扩展为地域、民族、民俗、历史的理解与掌握，从而产生更强烈的探究欲望。最后，适当增加舞蹈节目的故事性与趣味性。在实践中，往往具有情节的内容更容易被学员接受。随着故事情节的发展变化，把学员吸引进活动内容中，推动活动顺利开展，起到事半功倍的效果。此外，教师在活动中要细心观察，及时鼓励，让学员产生自信心，建立起对舞蹈的热爱之情。

2. 活动“成”人，让学员体会到成就感

社团要有长期的规划以及清晰的阶段目标。当大家都朝着共同的目标去追求时，便会克服种种困难，直至目标完成。比如在两年一届的北京市阳光少年艺术节比赛的准备过程中，一个节目从构思到表演需要一年的磨合甚至更久。如果没有强烈的目标作为支撑，学员往往会产生迷茫、坚持不住的感觉，甚至放弃社团训练。这对个人发展很可惜，也影响了整个社团的表演效果。有了明确的阶段目标，学员心中便会坚定一个信念，无形中将学员的外在动力转化为内在驱动力，让社团每一次的活动效果最大化。当学员不畏艰难、勇往直前地朝目标迈进时，艺术教育便发挥出自身潜移默化的作用，依靠活动传递正能量，塑造学生的品格，帮助学员建立自信，产生更大的动力，迎接更高的挑战。

3. 活动“融”人，让学员体会团队协作

由于少年宫的特殊性，学员都是来自各个学校，身高、年龄、表演水平都不尽相同。这就需要教师将学员们充分融合在一起，依靠团队协作增强凝聚力与团队意识。群舞排练是帮助学员体会团结协作、树立团队意识的最好方式。只有每一个人充分发挥团队协作精神，才能达到好的表演效果。动作整齐划一时，让学员体会团结的力量；队形流动变化时，感受团队的协作。每个人都是集体的一部分，每个人都融入到集体中来。当一个团队由“我”变成“我们”，大家一起笑、一起哭、一起流汗时，在心中就会升腾起团队意识，就会产生强大的动力，互相鼓励，向着共同的目标迈进。

二、借力和发挥区域资源优势打造社团特色是保障

陶行知先生曾经说过："生活即教育，社会即学校。"社团的艺术活动更应当着眼于课堂，放眼于社会。积极寻找开发本地区区域资源，让学生到丰富的自然环境中去感受，体会本地区资源的丰富性以及魅力。门头沟区 98.5% 为山区，自古是交通要道，有着较为丰富的自然景色和人文优势。通过借助区域资源文化优势，深入挖掘整理门头沟区文化资源，开发社会资源，打造社团特色。

1. 依托区域资源优势，优化社团活动

中华文明历史悠久，文化底蕴深厚，民族舞蹈作为中华传统文化的重要组成部分，因其地域性具有不同的风格特性。社团建设应依托区域环境优势带动社团形成特色，比如加强与斋堂、琉璃渠、百花山等地联系，积极探索与社团活动的结合点，让活动开阔学生眼界，增强自身的思想与精神，激发自信心与自豪感，提升学员的综合素质。此外，可根据本社团的具体情况，进一步挖掘区域文化内涵。如门头沟区京西太平鼓自明代起在京流传，属于国家级非物质文化遗产。门头沟区少年宫舞蹈社团，可以在对太平鼓文化进行传承与保护的基础上，进一步吸收太平鼓的优势与特色，完善自身，并融入时代精神与内容，创新发展。将门头沟区少年宫舞蹈社团建设成具有鲜明地方文化特色的舞蹈社团，形成特色凸显的校外教育特色项目。

2. 整合专家资源，推动社团活动发展

目前各个舞蹈社团的内容和形式多是由少年宫的舞蹈教师负责，这些教师因其所学专业所限（如民族舞、芭蕾舞、现代舞等），往往善于从某一方面内容开展活动，形式相对单一，在一定程度上限制了舞蹈表现形式与内容，长此以往，不利于社团长期发展。通过聘请我区民族、民俗、舞蹈、音乐等专家，采名师之志，集众家之长。充分利用专家资源，从不同领域不同角度对社团发展及建设进行指导，扩展社团发展思路，完善社团管理制度，丰富社团活动内涵。

三、学习和创编相结合是社团持续发展的关键

《2016 年国家教育改革和发展规划纲要》提到："把改革创新作为教育发展的强大动力，教育要发展，根本靠改革。要以体制机制改革为重点，鼓励地方和学校大胆探索和试验……"在全新的教育变革和发展趋势下，校外教育机构也迫切需要创新和发展。社团创新活动是对校外教育机构活动内容的积极探索与尝试，强调的不是知识和技能的学习，而是创新能力的培养。

设法突破惯有的社团活动模式，转变教师的角色，激发学员的主体意识，创新活动的内容和形式，是社团活动可持续发展的关键。把编创和活动设计的主导性让给学员，重点要培养学员良好的思维习惯，激励学员积极参与的精神，培养自主探究合作的能力，形成初步的创新精神和实践能力。如在编创活动中，首先由教师设置一个环境以及简单的情节，引导学员大胆编创，充分发挥学员的想象力，大胆构思，调动学员积极性主动性；然后再将每个人的编创内容进行整合，加入一定的队形编排以及音乐，完成编创全过程；最后，督促学员课后根据所编内容搜集资料，了解历史文化背景，理解文化产生的过程，将编创内容赋予文化内涵，逐步提高作品水平。将学习与编创很好地结合起来，形成编创－学习－编创－再学习的良性循环，这样，社团的活动不但调动学生学习的积极性，同时提升了学员的编创能力、组织协调能力、语言表达能力、团队协作能力、对音乐的理解力等。只有充分尊重学员，把主动性真正交到学员手上，社团活动才会真正具有生命力，具有无尽的活力。

随着"三个一"活动的不断深入，校外教育改革的不断发展，舞蹈社团正是在先进理念的教育与指导下，提升学生的核心素养。特色社团的建设与发展，一定会在青少年艺术教育中产生持续的影响力，不断深入绽放出绚丽的花朵！

浅谈地域文化资源的开发与实践

阚秋影

地域文化是一个悠久而丰富的历史发展过程，浓缩了每一时期思想、社会、文化、历史等各方面的进程。随着现代教育的发展，人们逐步认识到了地域文化的独特教育作用，并在开发和利用这些资源时更具条理、更深入。校外教育因其自身的特点，课程的设置更具针对性和主导性。通过对校外教育挖掘和实践地域文化资源进行论述，拓展校外教育的可利用资源，整合编写教材，开展课题研究和社会实践活动，引入精品社团课程体系，可以让优秀的地域文化资源通过教育工作者的努力得以传承、弘扬和创新。本文主要从对地域文化的认识及研究意义、校外教育在挖掘与开发地域文化资源中的途径、校外教育对地域文化资源的利用与实践三个方面的研究状况综合论述。希望本文能够为校外教育和校内教育创造性地实施新课程以及开发和利用地域文化资源起到抛砖引玉的作用。

一、对地域文化的认识和研究的意义

地域文化是人类物质文明发展过程中，伴随着物质文明而存在并不断发展的精神文明的具体体现。所谓地域文化资源，一般是指特定区域源远流长、独具特色、传承至今仍发挥作用的文化传统之中带有积极教育意义的系列内容。它是特定区域的生态、民俗、传统、习惯等文明表现，在一定的地域范围内与环境相融合，因而打上了地域的烙印，具有独特性。

开发和实践这些文化资源，体现了校外教育的广泛性和社会性。这将极大弥补和完善校内教育，丰富教育内容。首先，从历史的角度看，不管是地方美术资源，还是诗词歌赋，始终保持着相对的传承性，是中华民族千百年来的文明体现。从社会的角度看，地域文化是最易于为大众接受、最具感染力的人文学科。其次，从应用角度看，地域文化形成于世代艺术家们独特的创造力和思维意识，将这些艺术引入课堂，不仅能够拓宽课程资源，更重要的是能够增强学员的民族意识，启发学生的创新思维，培养他们的想象力、创造力。

地域文化资源的开发和利用是中国教育学会“十一五”重点规划课题，全国有二十多个省市参与了该项课题的研究。关于地域文化的研究，在全国各地高等学校也引起广泛的关注，如汪小洋的《江苏地域文化导论》作为地域文化教育课程已在南京师范大学使用十多年，王海燕的《“地域文化与课程”研究》论述了地域文化课程理论与实践。很多高校教师将课程与地域文化相结合，丰富教学内容，提高了教学效果，这对打造学科优势与专业特色，促进地方经济与文化事业的发展，都起到了积极的作用。

二、校外教育挖掘与开发地域文化资源的途径

从我区的地域文化资源来看，这些优秀的资源并没有得到系统的分析、整合和运用。以美术学科为例，中小学的美术教学都是以人教版的教材为主开展课堂教学，地域文化资源并没有发挥其优势。而校外教育的课程内容不受固定教材的限制，没有严格的教学大纲约束，课程理念往往侧重于实践和体验活动，在培养学生技能的基础上，更注重培养学生社会实践能力和自我意识的提升。此教学理念和校外教育的灵活性特点，带来了开发地域文化资源的条件。

校外教育如何开发这些资源并筛选出适合课程需要的内容呢？需明确以下几点内容。

（一）搜集和整合地方教育资源

地域文化最大的特点就是它独特的艺术魅力。要想建构本土文化的核心价值，首先必须对当地的文化资源做一个全面的调研，并建立起庞大有序的资源库。以我区校外教研室为例，为建立社会大课堂资源单位

和学生实践基地，教研室对可开发的资源进行了调查并逐一筛选，之后再依次实地考察，调研其开发的可能性和研究方向，调研资源包括核桃庄园的核桃壳工艺制作、蝴蝶园的蝶翅画、秸秆加工厂的秸秆画、琉璃渠的琉璃艺术、斋堂革命教育基地、灵溪农业体验基地、交通队、环卫局、敬老院等等。这些项目不仅涵盖了知识技能，同时也包括对学生核心素养的培养。再以美术学科为例，针对当地的历史、风景、民俗、文化、艺术、人文、语言等进行全面了解，选择出能够开展美术教学与实践的内容，再进行考察与分类归纳。以自然景观类为例，门头沟区以山区为主，有全市的最高峰灵山，有风景秀丽的百花山，还有盛产玫瑰的妙峰山，名胜古迹潭柘寺、戒台寺，北京市最大的河流永定河，还有古村落爨底下等。这些地方非常适合带学生开展写生教学活动。物质文化遗产类则有门头沟人引以为傲的“京西太平鼓”、琉璃渠的琉璃文化、下苇甸的皮影艺术、龙泉务的蝴蝶艺术、潭柘寺的紫石砚等，这些珍贵的资源适合学生开展社会实践活动和进行长期的美术课程推广。除了上述文化资源，还有社会资源等同样值得我们深入挖掘。如一些与老百姓生活密切相关的机关事业单位：交警队、环卫局、博物馆、图书馆、福利院、社区等，这些地方同样可以开展各学科多种教育目的的社会实践活动。

总之，面对丰富的地方文化资源，必须依托分析、探讨、整合、继承和发扬等必要环节，切实构建具有较强地域性、系统性、深入性的理论研究与实践探索相结合的研究体系，利用校外教育的优势调动全区的相关师资力量，整合地域文化资源，建立具有较强地域性、专题性的文化建设，并应用到教学实践当中。

（二）建立和共享课程网络资源库

校外教育会经常组织学生开展社会实践活动，一般来说都是由任课教师去寻找这方面的社会资源，之后自己联系相关所有事宜，如果以教师的能力达不到，尤其是行政上的一些问题教师无力解决，就要寻求领导的支持。所以教师在开展教育活动的时候，往往会因诸如此类事情影响活动进程，并有一点畏难情绪。再有就是相关活动的一些技能上的问题，比如虽然都是美术学科但是细致划分却有很多项目，教师不可能是一专多能，所以面对不是特别专业的美术技能，就需要寻求相关专业的教师的帮助和支持。如何解决这些问题呢？需要校外教育行政部门在开发和利用地方教育资源的同时，逐步建立起图书、课件和媒体等多种形式的数据库，并搭建专门的网络平台进行资源共享。将搜集和开发的当地所有地域文化资源，甚至是全国的地域文化资源，包括每位教师的地域文化资源优秀教学成果、课题研究成果等都整合在网络资源当中，让教师之间实现资源共享，利用更多的资源空间，以合作、学习、提高等方式进行多学科、多领域的研究与教学。建立起以校外教育专家和骨干教师引领的教师团队，使活动具有一定的影响力，能够吸引更多的教师加入进来，形成合力，而不再是教师单打独斗，逐步建立起集探索、研究、实践为一体的研究型的团队。例如我前面提到的我区校外教研室，他们在对全区的地域文化资源进行开发和调研之后，针对少年宫每位相关教师的专业特点，为课题研究和课程实施、观摩课等系列活动给予合理建议，指导教师利用地域文化开展教育教学研究活动，分别开展了《蝶翅画实践课程开发与实践研究》《利用区域红色资源开展理想信念教育的研究》等，使学术理论充分地运用到本土文化资源具体实践教学当中。

因此，建立网络资源库和专家团队，不仅整合了资源，更重要的是加强了教师之间的交流与协作。形成了参与式、互动式的交流体系。将自己的研究成果与大家分享，形成具体可见的文字、影像等，有效带动了校内与校外的地域文化资源的开发与建设。

三、校外教育对地域文化资源的利用与实践

目前校外教育对地域文化资源的利用主要体现在社会实践活动和课堂教学应用上。下面我主要从这两个方面来论述如何利用与实践地域文化资源来丰富校外教育内容，提高学生的专业素养和人文素养。

（一）丰富的社会实践活动

社会实践活动是一项重要的教育形式，主要包括社会政治、经济、

文化生活、艺术体验等等。社会实践的目的是让学生通过亲身参与社会生活，让他们了解社会，在实践中接受教育，巩固和深化在课堂上的知识，锻炼和增强实际解决问题的能力，在思想教育上具有不可替代的作用。校外教育由于时间和课程安排的自主性，在开展实践活动时比校内更具优势。充分利用地域文化资源，开展彰显地域文化资源为主题的活动，能够强化学生的民族意识。

以最具感染力的地域美术为例，把本土文化艺术引入美术课中，在琉璃渠学生实践基地，开展以“陶艺·琉璃工艺”为主的综合实践活动，为进一步深层开发和运用本土琉璃文化艺术资源奠定了基础。我们在琉璃渠开展了以“紫禁城下望黄瓦，琉璃渠里醉琉璃”为主题的社会实践活动，走进琉璃渠工厂，了解琉璃瓦生产过程，与工人交流生产现状及劳动情况，亲身体验琉璃瓦的制作过程等。后期引导学生查阅和搜集琉璃瓦的相关资料，如《琉璃的发展史》《琉璃渠的历史》《琉璃渠工厂的前景》等等，再拿到课堂上进行展示、讨论，教师组织活动的进行，并在适当的时机给予鼓励和补充。此外，还有系列美术实践活动如《走进下苇甸皮影艺术》《重塑美丽 装点生活（蝶翅画活动）》《潭柘寺紫石砚》等，侧重专业技能与人文历史的实践如：艺术欣赏《永定河文化》、水墨绘画《爨底下村》、速写《京西太平鼓》《门头沟十湖公园》《戒台寺的松》等等。学生们在生活中时常能接触到不同的本土艺术，如古建筑、喜庆节日独特庆祝方式、表演艺术、革命基地传统教育……所有这些都成为学生体验生活、学习艺术的丰富资源。

当然不同的学科面对同一课程资源会有不同的价值和实施实践活动的方法。例如京西太平鼓，在美术中是侧重画，舞蹈侧重舞，声乐、器乐侧重的是乐，而对教研来说可以研究它的历史，对学生进行思想性和人文性的教育。这充分体现了地域文化资源的多质性，教师要充分挖掘它的多种价值。

在本土文化资源的利用与实践的过程中，把特定的自然环境和特殊的人文环境较恰当地和课程结合起来，在文化中渗入技能技巧的训练，在技能的训练中提升学生对美的感受和鉴赏能力，在体验到成功乐趣的同时对本土传统文化有一个初步的了解，并学着传承本土文化艺术，对学生的人文精神、思想情感的培养有重要的积极的意义。这些本土特色，深深地触及学生的心灵，潜移默化地提升了他们的审美理念和情趣。学生在进行艺术创作时，更是把本土文化和自己的创作个性结合起来，让传统文化艺术有了更深层次的发展，学生的身心得到充分的熏陶。

（二）系统的课堂教学应用

在中小学的人教版美术教材中有很多内容都涉及到地域文化。比如《爱护古建筑》《家乡的塔和桥》《民间玩具》《会动的剪影——皮影》等，体现出了对地方文化资源的重视和利用。校外教育在注重实践活动的同时，也把一些传统的地域文化引入教学当中，开展系列化的、细致的课题研究和课程实践。

把教学与研究紧密结合起来，使地域文化资源的传承与发展真正落到实处。让学生熟知所学课程的历史、价值、发展现状、传承意义、技能技巧等知识，使地域文化得以创新和发展，并传承下去。

依托北京市校外教研室提出的“三个一”项目的指导，通过打造精品社团的建设，开展课题研究，并实施具体地域传统文化课程。以美术学科为例，我申请的市级课题《蝶翅画教材开发与实践研究》，其中重要的一项就是利用当地文化资源，传授给学生蝶翅画的制作过程。运用学生已掌握的画、剪、贴等美术技能，开展综合的、系列的蝶翅画课程。前期通过相关的实践活动带着学生走进蝴蝶园，了解蝴蝶的生长环境、生长的四个阶段，欣赏各种蝴蝶标本和蝶翅画，了解如何动手实践蝶翅画制作过程。有了这一阶段的课程，同学们知道了蝶翅画的相关历史知识，对蝶翅画有了初步的认识并激发兴趣。之后依托课题研究，在社团中开展蝶翅画课程。邀请当地蝶翅画制作专家来少年宫给同学们指导制作过程，按照最常见的表现内容分为花鸟、人物、山水，分别讲解，让学生一步步掌握蝶翅画的制作步骤，并结合所学的国画知识，在表现内容和构图上将二者有机地结合。通过蝶翅画的制作，学生的制作技能和思维能力、独立思考能力、审美判断及整体把握事物的能力都得以提升，并逐步理解其文化内涵。活动课程结合书籍编写、论文撰写、观摩课展示等各项内容，课题研究逐步深入，与课程相辅相成。同样的课程还有琉璃艺术、面塑艺术、皮影艺术等，从制作过程到展示到社会实践，学生把祖国的物质文化遗产真正地传承了下去。这才是作为校外教师利用地域文化资源开展课程真正的着力点和意义所在。

地域文化资源在课程中的具体实施使课题的研究与学习活动更加具体化，培养了学生的人文素养，开发了一条学科课程的新思路，能够有效地指导教师教学，有效培养了学生的主体意识、探究能力和实践能力。

地域文化资源的开发与实践，丰富了校外教育教学的课程资源，促进了教师在参与教研和科学研究，在教师专业水平上的成长发挥了重要作用。地域资源独特的开发优势使中小学美术课程更加丰富细致，使学生更易于接受和理解，有效促进了学生传承并弘扬家乡的优秀传统文化。

参考文献

[1] 杨邦俊．不可或缺的地域文化教育［J］．中学语文，2010（31）．
[2] 杜钢．地域文化教育与比较教育研究．外国教育研究［J］．2003．
[3] 陈莹．挖掘地方传统　放飞美的希望［N］．美术报，2008－4－26．

蕴含在合唱中的修养培养

李建芝

在网上和日常生活中总能看到一些人的所作所为缺乏道德，让人不舒服，对社会风气的影响很坏。其实细细想来，这些人缺少的是个人修养。何为修养？简单说就是说话做事有分寸、有知识、有礼貌。一个人的修养要从小培养，才能贯穿一生，获益一生。修养是立人之本，是与别人保持良好关系的前提。儿童参加合唱社团，对儿童的全面成长帮助很大。在合唱团中充分利用合唱艺术的特点，培养儿童形成良好的个人修养。演唱技法的训练和合唱作品的学习对学生也是很好的修养培养过程。本文拟将合唱团成立三年来对学生修养的提升做全面的论述。

一、培养习惯，学会规矩

合唱团刚刚成立时，学生没有一点规矩，进出门拥挤，排练中说话，休息时在楼道内大声喧哗，干扰其他班级上课，真可形容为按下葫芦又起瓢。针对这些问题，我首先对学生提要求、立规矩。进出教室开门关门要轻，在别人已经开始排练时不要打扰，要安静进入，不能大声喊报告。在教室轻放物，轻行走，轻落座。书包、水瓶、衣服等随身物品统一放置，防止在排练过程中出现翻倒、洒水等现象。水瓶要轻拿轻放，瓶盖拧紧，衣服叠放整齐。这些要求提出后每次发现问题还要反复强调，慢慢地学生形成了良好的习惯。保证了安静的排练环境，也不再有其他班老师来告状的现象。

约翰·洛克说，礼貌是儿童与青年所应该特别小心地养成习惯的第一件大事。我要求学生来合唱团排练见到专家、老师要主动问好，离开要说再见。有任何个性化问题及时和老师说明，有事不能参加排练要私信请假并说明原因。经过对日常习惯的不断要求、强化，现在的学生习惯养成良好，在训练中踏实、稳定、有规矩。

二、尊重他人，学会学习

我要求学生在别人讲话时要悉心聆听，不打断别人讲话，不插话。教师讲解知识点时要专心听并思考。教师示范演唱时要专注看，思考教师的声音是如何发出的，在教师示范时不跟唱，不急于练习，要听清楚什么是正确的声音，要记住正确的音。同学之间交谈要轻声，音量控制在不能被第三人听见为宜。在其他人演唱时要安静、专注地欣赏别人演唱。

合唱的学习需要一个安静的环境，在分声部训练时尤为重要。我要求学生在其他声部演唱时保持安静，看自己的歌谱，可以在心里跟唱这个声部或唱自己声部，这样既训练了自己的和声、音准感觉，又学会了其他声部的旋律，更容易唱准自己的声部，使声音更和谐。

三、专注品质，学会合作

合唱排练中声音是最重要的，可以说声音好了，一好带百好。如何获得好听的声音呢？要用思想意识保持积极的歌唱状态，即高位置头声。这就要求学生肯动脑，专注于歌唱的状态，全身心地投入，以积极的思想意识主动提软腭，控制音色和声音的走向，同时还要始终保持腰部气息的支撑。这些都要全神贯注才能达到。

合唱中没有“我”，只有“我们”，学生在演唱中既要听自己的声音，也要听本声部同学和其他声部的声音，要随时确保声音的准确平直、音量的适当、和声的和谐。各声部之间要保持音量的平衡，声部之间要形成互相支撑的效果，达到和声的和谐共鸣。这些都要求学生和大家融到一起，合作才能共赢。合唱是大家心往一处想，要准确理解指挥的意图，大家把声音往一处凝聚，力度、速度等都要统一，因此要求专注，要有责任心，要保证出勤，按时排练。团结就是力量，让合唱团的每个人体会到团队的力量，只有在团队里才能体现更高的个人价值，跟紧团队才能不断提升，获得更高的成绩。

四、慢语轻声，学会细致

苏霍姆林斯基说：“劳动，不仅仅意味着实际能力和技巧，而且首先意味着智力的发展，意味着思维和语言的修养。”在合唱团的很多工作中，我都培养学生来做，选班委的条件就是愿意早来晚走为大家服务。当发现班委对团员简单粗暴、不够耐心时，我及时找班委谈心，告诉他们注意工作方法，态度要友善、和蔼、耐心，之后通过观察，班委们工作很到位。他们负责签到、收发曲谱、课间休息的巡视等等。

刚开始班委收发曲谱夹的时候拿很多，很容易摔掉，我要求他们每次少拿，多拿一次，不能贪多。收回的谱夹放在柜子里也是参差不齐，柜门都关不上，我要求班委把送过去的曲谱夹一点点码放整齐，不要慌张着急，要稳稳当当把事情做好。慢慢地孩子们形成了良好的习惯，遇事不急不躁，走路轻手轻脚，说话慢语轻声，做事周到细致。

五、提高修养，学会控制

可以说控制就是修养。一个人如果能很好地控制自己的言行和时间，这个人就是有修养的人，也必定是成功的人。声音的训练要求柔软、有弹性、有光泽。旋律是美好的流动，就如小溪是清澈、美好的，洪水是污浊、难看的。孩子都喜欢毛茸茸的小动物，因为喜欢，用手抚摸它的时候很轻柔很小心；这就如演唱一个乐句，要有控制地开始，要有控制地流动，句尾要轻收，这样才是动听的、美妙的。

为了让学生记忆深刻，我给他们演示家里来了客人，请客人落座，给客人倒水。有修养的做法是轻轻把水放在客人面前，表示对客人的欢迎；没修养的做法是重重地把水放在桌上，好像不欢迎。唱乐句的收，亦是如此。每一首合唱作品都是词曲作家的情感表达，因此要求学生唱出美好的感觉。美好是我们看待人和事的出发点，在歌曲内容的表达中丰富情感，从而陶冶情操，在合唱作品中体会到宽容、包容、温暖、感恩和爱。

六、意志坚定，学会从容

在气息训练时，用 CI 练习气息的对抗、腹部的支撑，但是学生往往越做越快，气息越来越浅，你追我赶，达不到练习的目的。这时候，我的要求是气息要沉，速度要稳，慢慢地，学生能够沉稳下来，气息直达丹田，达到了练习的目的。在呼气训练时，要求学生源源不断有控制地呼出，气息绵长，有源有支点。合唱排练是一个艰苦的过程，需要学生有坚强的意志和不怕困难的精神。例如识读五线谱，学生从不会到会，从不熟练到熟练、从慢到快，是一个漫长而艰苦的过程，学生要坚持不放弃。在演唱时要坚定自已的声部，不能跟其他声部走，保持声部的准确、清晰，这都要求学生意志坚定、从容不迫、细细道来。

艺术是人类智慧的最高表现，让儿童在合唱艺术里获得相伴一生的修养是教育者的最终责任。正如冰心所说：修养的花儿在寂静中开过去了，成功的果子便要在光明里结实。

走起来，让爱国之情化为爱国之行

杨　盈

门头沟区少年宫利用区域内丰富的人文和自然资源优势开展校外社会实践活动，为学生的成长和发展搭建社会实践的平台。

一、游学：走古道游“四湖”，看家乡变化

壮丽的山河铭刻着祖国的历史，处处名胜古迹记录着劳动人民的勤劳与智慧。为了让青少年从自然风光、名胜古迹中汲取营养，我们组织城镇青少年参加“走古道赏家乡优秀文化”社会实践活动，组织山区青少年和家长参加“游一湖十园”活动，让青少年了解家乡文明史和发展史。这不但使学生了解了家乡，激发了爱家乡之情，而且也把家乡丰富的人文历史普及到了社会之中，扩大了教育影响。

二、寻访：走进革命遗址开展寻访活动

寻访即寻找“昨天”的故事。我们带领学生走进田庄高小党支部旧址、京西地下情报所、京西古道、下苇甸皮影剧团、紫石砚厂等社会单位，走访了解历史的老革命、老前辈，向当地的馆长、讲解员调查采访，寻找历史，了解发展史，整理事迹，开展重温入团誓词宣誓活动。这些寻访活动提醒学生不忘过去，牢记使命，传承革命精神，做新时期的建设者。学生从活动中增强道德情感，加深对家乡、对人民、对祖国的感情。“家乡是美丽的，家乡是一本丰富的教科书，从我做起，从现在做起，我要继续写好这本书。”“有多少将士为了国家和人民的安全，

本文发表于《北京教育》2017 年第 9 期。

抛头颅洒热血，令我们敬仰。今天，人民军队驻守在祖国的边疆，他们像一座血肉长城，给中华民族带来和平和幸福，想到这里我的眼睛湿润了。”这是学生在寻访活动体会上写的真挚话语。

三、巡展：走进山区学校进行巡回展览

从无形到有形，从书本到情感升华，举办图片展是一条便捷的途径。我们先后在10所山区学校举办了“美丽京西沙画”“家乡的变迁摄影”“古道摄影”“美丽新城绘画”“永定河情怀书法”“机器人搭建”“航模制作”等主题图片巡回展览和现场制作活动，参加人数达3000多人次。展览的作品图文并茂，再配上讲解，既让学生感受到家乡的美，也让学生生发热爱家乡之情，培养他们的艺术素养。

四、咏怀：走进永定河畔开展咏怀活动

书法班、绘画班、声乐班、播音与主持班每年都会走近北京母亲河——永定河畔，开展“可爱的家乡”颂歌活动。在朗诵会上，学生们写家乡、唱家乡、描画家乡美好蓝图，抒发情感，展望未来。他们用朴实的语言道出心声：“家乡要腾飞，我们就是明天的先锋，莫让年华付水流，继往开来，用我们的双手，用我们的智慧、创造和汗水，把家乡建设得更加美好。”学生脚踏家乡的土地，眼望着家乡的河水，抒发对家乡的深挚感情。这样形式的活动既表达了学生对家乡的热爱，也锻炼了学生表达情感的能力。

社会是一个大课堂，通过实践活动，将爱家乡之情转化为爱家乡之行。

参考文献

[1] 孙春成．给语文教师的101条建议［M］．南京：南京师范大学出版社，2003.

ARTICLE

3

第三部分

拼搏奋进

依托“三个一” 助推校外教育供给侧改革

高玉明 杨 帆

长期以来，校外教育作为基础教育的重要组成部分，在社会教育中已经不可或缺。教育综合改革的逐步深化，既给校外教育带来难得的发展机遇，也提出了更加严峻的挑战，推动校外教育供给侧改革势在必行。

2016年5月，市教委公布《北京市教育委员会关于在全市校外教育机构开展“三个一”活动的通知》（京教函〔2016〕230号），《通知》指出：要在校外教育机构培育一批创新项目、建设一批特色项目、发展一批精品项目（以下简称“三个一”），以此来满足全市中小学生对优质校外教育和个性化学习的需求。门头沟区少年宫立足实际，围绕培育和践行社会主义核心价值观，充分发挥校外教育机构活动育人的主阵地作用，创新校外教育供给形式，全面推进“三个一”活动。

一、整合教育资源，推进“三个一”

“三个一”活动是北京市教委推动校外教育供给侧改革、促使全市校外教育机构优质发展的重要行动，也是满足全市中小学生核心素养提升需求、加快实现首都校外教育现代化的有力举措。

“三个一”活动项目的开展，一方面提高了校外教育供给的质量，使其更贴近学生的需求，做到既能满足学生个性发展的需要又能适应未来社会的需求；另一方面丰富了教育供给结构，形成为学生提供丰富多元、可选择的教育资源、教育环境和教育服务模式的新供给侧结构，替

本文发表于《中国校外教育》2019年第6期。

代和打破了原有单一的培养模式和统一的课程资源。门头沟区在推进“三个一”活动项目中提出，要围绕集团化建设、项目负责制、体验圈发展等理念创新校外活动供给形式，打造3～5项创新项目；围绕区域文化资源、少年宫及基地传统项目、师资特长发挥等领域，丰富校外教育供给内容，建设8～10项特色项目；围绕历史传统项目、特色发展项目、系统优质项目等成果，推进学生发展核心素养的落实，推出3～5项精品项目，从而形成丰富的、多元的、优质的校外教育活动项目和资源，为青少年学生提供一片健康成长的沃土，提升校外教育品质。

二、创新管理体制，保障“三个一”

少年宫把项目管理负责制作为创新型管理体制，在继续推进规范化、精细化管理的同时，所有活动项目实行项目管理负责制。

强化少年宫活动育人职能，建立各学科教师工作室。加大名师（专家）引进力度，实施工作室项目负责制，全力打造小百花艺术团，使之成为北京市品牌艺术团。

制定教师工作室发展方案、工作制度、社团章程、活动流程等，完善和深化项目管理负责制的运行框架，形成相对应的运行机制。

强化少年宫的服务观、质量观和效率观，不断修订各项工作制度，规范管理、活动、服务等行为，强化精细化管理，提升少年宫的办学质量和社会影响力。

三、构建项目体系，深化“三个一”

“三个一”活动的核心是项目建设。项目是校外教育机构育人的载体，是连接学生、教师、管理者的纽带。建设优质校外教育项目的过程，就是提升校外教育教学质量、促进校外教育机构优质发展的过程。门头沟区少年宫在推进“三个一”活动项目建设过程中，全面实施“N33”项目计划，即培育N个创新项目，建设三个特色项目，发展三个精品项目。

1. 培育N个创新项目

创新项目是新生事物。创新项目的培育不能搞“拿来主义”，不能盲目地模仿、照搬。我们鼓励教师学习先进的教育理念，结合自身的专业优势，整合区域教育资源，寻找特色鲜明的创新点，培育符合学生发展的创新项目。我们在项目建设的投入与保障上给予教师全力支持。

2. 建设三个特色项目

少年宫深入分析宫内情况，准确定位，加强资源整合，在原有优势项目、品牌项目的基础上进行重新整合，确定了三个特色项目。

一是科技项目。加大科技教师的引进力度，强化科技活动项目，开发科技课程，组织开展专题研修、实习实训、研究指导等专项活动，引导学生科学、有效地开展科学探究和工程设计，引进名师，成立京西科技教育基地，使科技活动项目成为少年宫发展新的增长点。

二是京剧项目。依托良好的基础，推动京剧艺术团的发展，与高校结合，积极开发京剧体验课程，创编有影响力的剧目，开展京剧培训，举办京剧国内外交流和专场演出等活动，建成北京戏曲艺术生源基地和实训教学基地，争创门头沟区第一支阳光少儿京剧团。

三是太平鼓项目。京西太平鼓属于国家级非物质文化遗产，为了更好地传承非遗项目，今后将大力推进太平鼓特色项目，开发太平鼓体验课程，举办太平鼓国内外交流和专场演出等活动，推动太平鼓团快速发展，积极申报非遗传承校。

3. 发展三个精品项目

精品项目是在培育创新项目、建设特色项目的过程中，重点发展起来的。精品项目的建设非短时间可以实现，既要有高水平的、稳定的师资队伍，有比较成熟的课程体系，又要有鲜明的育人效果，有较大的知名度和影响力。

一是小百花合唱团。继续聘请蓬勃教授为指导专家，针对合唱团学员特点创编训练教材和歌曲，举办在北京市有影响力的专场音乐会，把门头沟区少儿合唱团打造成为我区第一支北京市阳光少儿合唱团。

二是小百花舞蹈团。建立舞蹈名家资源库，通过专家引领、指导训练、节目创编等打造舞蹈精品社团。发挥少年宫教师的辐射作用，在区内建立舞蹈分团，涵养生源；搭建国内外交流展示平台，举办有影响力的专场演出并保持高水平的比赛成绩，力创北京市阳光少儿舞蹈团。

三是金帆画院。整合区域资源，开发有我区特色的蝴蝶画、石头画、草编等特色课程，继续聘请名家许巍巍进行专业指导，搭建平台开展国内交流，举办书画展，提升书画院的品质，切实发挥金帆画院的辐射引领作用。

四、搭建四个平台，助推“三个一”

1. 科研引领平台

我们依托“三个一”活动，强化科研引领，建构教师培养体系和课程建设体系，提升教师的科研能力、活动设计能力和组织管理能力，争取立项5项基于我区校外教育发展和问题研究的市级课题。

2. 专业提升平台

继续探索“立足校本、借力高筑、分层推进”的校本培训模式。积极推动“一篇文、一节课、一本教材、一次专家论坛、一次骨干讲堂、一次考察”六个一活动的开展，建设合唱、舞蹈等由校外教育名家名师领衔主持的、发挥孵化示范作用的校外教育名师工作室，形成校外教育教师队伍孵化培养机制。培养校级骨干教师8人，区级骨干教师4人，力争培养1~2名市级骨干教师或学科带头人。加强对我区科技、艺术教师的引领，提升我区科技、艺术的整体水平。

3. 校内外融合平台

教育供给侧改革的本质是实现丰富多元可选择的教育资源、教育环境和教育服务模式。发挥校外教研室作用，积极建立与校外教育联席会成员单位、社会大课堂资源单位的协作平台，加强对全区科技、艺术的研究、引领、指导和服务作用，发挥少年宫优势，做好山区少年宫活动站的培训与指导工作，借助门头沟区综合实践体验圈，形成新的增长点和品牌。

4. 合作交流平台

结合少年宫发展需要，在国内校外教育机构建立5~8家活动基地，开展校外教育交流，学习其他省市开展校外教育的有效举措和先进经验，扩展校外教育新视野，开拓校外教育工作新思路，提升研究、管理、培训等水平。继续加强青少年文化交流活动，搭建更多的平台，展示我们的教育成果、开阔学生的眼界，树立少年宫品牌。

用今天的改变走向明天，用明天的梦想激励今天。门头沟区少年宫依托“三个一”活动，建设优质活动项目，关注学生核心素养的提升，全力打造队伍精良、质量一流、特色明显、管理科学、孩子喜欢、家长满意、社会认可的青少年校外活动乐园，助力校外教育供给侧改革。

奋进新时代　争当引路人

李长军

百年大计，教育为本；教育大计，教师为要。教师是立教之本、兴教之源。教师承担着传播知识、传播思想、传播真理的历史使命，肩负着塑造灵魂、塑造生命、塑造人的时代重任。在步入新时代的今天，互联网、人工智能正在改变世界，也改变着教育。教师的概念发生了变化，学生学习的渠道也变宽了，时时处处都可以学习。但是先进的科学技术是替代不了教师对学生的传道授业的，学生的思想、世界观的养成，所学知识到能力的转化，都离不开教师的引导、讲解。教师是学生成长的引路人。

一、树立正确的学生观

第一，要热爱学生。“感化人心者莫先乎情”，教师对学生的热爱，会带来学生对教师的信任，这也是教育最重要的基础。著名的“皮格马利翁效应”揭示出，教师对学生真挚的爱和暗含的期待可以产生巨大的感召力、推动力，不仅能诱发学生积极向上的激情，而且影响着学生智力、情感和个性的成长。教育的主题就是爱，离开了爱，使用其他任何的方法都没有办法发挥作用。教育就是用爱的智慧去唤醒学生的智慧。

第二，要全面了解学生。新时代要求教师要面向全体学生，全面公正对待每一位学生，实施全面教育，促进学生在德智体美劳等方面全面发展。要从学生的实际出发，了解学生的爱好、性格、身体状况、学习、家庭等情况。要正确评价学生的优缺点，不夸大，也不轻视，对学生的大小错误，要认真研究分析，考虑年龄特征及性格、爱好等因素，有的放矢地加以正确引导。

第三，要尊重和信任学生。著名的教育家陶行知先生曾告诫说："你的教鞭下有瓦特，你的冷眼里有牛顿，你的讥笑中有爱迪生。"因此说，教师对学生的尊重与信任是非常重要的，要尊重学生的自尊心，要信任自己的学生，教师的尊重与信任是激发学生向上的巨大精神力量。

二、树立科学的教学观

"先生"与"导师"：在传统的应试教育中，教师被称为"教书先生"，主要职责是传授知识，把自己的"一桶水"分别往学生的杯中"灌"。这种照本宣科的教学模式，被学生描述为："教师写笔记，背笔记，讲笔记；学生听笔记，记笔记，考笔记，过后全忘记。"今天的教师要做"导师"，面对层出不穷的新知识，新学科，教师应具有引导、启发、激励的能力，努力做学生发展、成才的引导者和促进者。

"学会"和"会学"：在应试教育中，教师的主要任务是告诉学生"是什么"，学生学会"是什么"。即"授人以鱼"。新时代要求教师告诉学生"为什么"，学生也重在了解"为什么"。即"授人以渔"。教师要变"使学生知其然"为"使学生知其所以然"。具有应用启发式教学和培养创造力的能力。从学生的实际出发，教给学生方法，让学生学会自我教育。

"盲从"与"质疑"：应试教育引导学生追求所谓"标准答案"，学生死读书，读死书。新时代要纠正这种偏差，变"盲从"为"质疑"。要求教师具有培养学生创造力和发散思维的能力。运用渊博的知识、科学的头脑、先进的思想。帮助学生去发现真理、认识真理、坚持真理。

三、树立五育并举全面发展的人才观

要培育学生的思想品德素质。新时代到来之际，我们面对的不仅是技术革命的挑战，更为严峻的可能是道德危机的挑战。作为教育工作者，必须高度警觉，围绕"立德树人"这一根本任务，加强对学生进行思想道德教育，教育学生树立强烈的公民意识，培养良好行为习惯和文明的教养，锻炼形成坚忍的意志品格。培养学生成为有大爱、有大情怀的人，培养拥护中国共产党领导、拥护社会主义制度、为中国特色社会主义奋斗终生的人。

要培养学生的科学文化素质。教育的首要目的是人的健康和成才，而不是追求高分数、高文凭。教师把更多的关注放在教育的过程上，利用多元的评价而不是仅仅是分数关注学生，要从创造思维、自学能力、自我检测能力、动手能力等方面的发展全面关注。

要培养学生良好的身心素质。在德智体美劳等各项素质中，良好的身心素质具有核心地位。学生阶段正是一个人身体成长发育、个性心理品质形成的关键时期，应该把体育与健康作为素质教育的关键予以重视。心理素质的培养是素质教育的基础工程，教育工作尤其应及时了解和把握学生的心理倾向，采取有效措施创设良好育人环境，帮助学生形成和谐健康的个性心理。

在教育的全过程中，教师对学生的价值引导、人格塑造、知识传授、能力培养，起着至关重要的作用，而这些对教师自身的德行、责任感、教育观念等都产生了新的要求，需要有胜任力的教师来支撑。

参考文献

[1] 新教育理念的九大定律，体现了教育的智慧与远见 [EB/OL]. 360个人图书馆 http://www.360doc.com/content/19/0110/21/2609158_808019178.shtml，2019-01-10/2020-3-16.

[2] 范皑皑. 教师素质该怎么升级 [N]. 光明日报，2018-12-08.

开发校外美术教材　丰富活动内容

阚秋影

在实施教育供给侧改革发展的过程中，以扩大优质教育资源供给而言，美术教材的开发仍然存在着不足之处。由专业院校的专业教师开发的针对考级的教材非常多，但是这些教材并不能满足校外教育提升学生综合素养的需求。针对此问题，我在教材开发时，依据校外教育的教育特征及学生发展需求，在丰富活动内容的基础上，着重做到以下“五个结合”。

一、与传统文化相结合

新课程标准中提出“学科课程的主导价值在于传承人类文明，使学生掌握人类积累下来的文化遗产”。培养学生的审美修养，发展学生的创造能力，有利于民族文化的多样性发展，这是教育部提出的美术教育的价值所在。教师结合传统文化开展课堂教学，落实美术的教育价值是毋庸置疑的，但是在教学中，容易忽视儿童认知特点和美术教育的特征，将儿童的美术教育等同于离奇好玩，忽视儿童自己的认知、感悟和情感的表达，忽视儿童的审美启迪和美的形式语言，缺失教育的方向。基于以上问题，我着重关注传统文化的艺术美，从中挖掘课程建设素材，探索艺术教育与传统文化传承相结合的内容。

近几年来门头沟区少年宫开展的与传统文化结合的课程主要有蝶翅画、太平鼓、皮影、琉璃、汉服等，并开发了相应的教材如《蝶翅画》《太平鼓》《中国画初级教材》《中国画中级教材》等。通过不同的表现技法及丰富的活动设计，让学生保持持久的兴趣，并将传统文化传承下去。皮影课程中，学生通过实践活动了解皮影的历史、发展和意义，并制作皮影、表演皮影、画皮影。琉璃艺术传承了近千年，故宫的瓦依然熠熠生辉，同学们通过了解琉璃的历史价值和工人的辛勤劳作、实践琉璃制作等，激发了对本民族文化的热爱。类似的传统文化课程，很多校外美术教师都在做积极的探索。《童心画趣绘北京》由东城、西城、朝阳、市宫几位老师共同编写，展现的是“校外艺术教育与传统文化的传承”这一成果，内容包括画长城、北海、紫禁城、天坛、胡同、京剧等等，通过丰富多彩的课程、不同的绘画表现手法，让孩子们了解北京传统文化，提升学员的美术技能和综合素养；丰台区少年宫的面塑、陶艺等课程，也是对我国传统文化的继承与发扬。传统文化教育不仅仅体现在内容上，还有技能上的探索以及教法上的创新，只有这样才能够适应儿童发展需求，更好地传承发扬优秀的传统文化艺术。国画以传统的笔墨技法见长，在教授传统绘画技法与题材时，或许老师们也遇到过和我一样的困扰：学生不易理解，兴趣渐失。此时老师往往会质疑：传统还要不要？答案是肯定的，必须要，因为传统笔墨技法是中国画之魂。由我主编的《中国画教材》中，我以传统的笔墨技法为载体，按照学员的认知能力，以游戏式的水墨体验以及小故事、童谣、衣食住行、传统文化、家乡美景等学员生活中常见的事物和学员感兴趣的内容为依托，通过灵活的教学手段提升学生对传统国画的认知，让学员在兴趣中学习。因此我在教授儿童水墨画技法时逐渐明晰，教师必须准确把握和理解儿童水墨画教学特点，传统中有自己，引导启发儿童用已有的水墨画知识和技能表达自己的所思、所想、所感。在表现题材、表现手法上是没有疆界的，要凸显校外教育的活力，可以有梅兰竹菊，也可以有汽车洋房，可以从我们身边孩子们熟悉的任何事物中，寻找如何传承传统文化的宝贵经验。这也是我编写国画教材的主旨。

二、与区域资源结合

地域文化资源的开发和利用是中国教育学会“十一五”重点规划课题，全国有二十多个省市参与了该项课题的研究。地域文化是特定区域的生态、民俗、传统、习惯等文明表现，它在一定的地域范围内与环境相融合，因而打上了地域的烙印，具有独特性。这种独特性就是最具特色的课程表现内容，具有独特教育作用。开发和实践这些文化资源，体现了校外教育的广泛性和社会性，将极大弥补和完善校内教育，丰富教育内容，提高教学效果。结合区域文化资源的地方人文环境、民俗传统，吸收本地区优秀的美术文物资源及自然环境资源实施美术教育教学并开发校本教材，是我多年教学中一直关注和实践的重点内容。

地方资源除了具备独特的教育作用，在开展教学时，也更易于实施，凸显特点，所以我将日常教学、社团建设、“三个一”项目、课题研究和教材编写紧密结合在一起，将地域文化引入教学活动中。在开展活动前针对地域文化进行全面的考察，筛选有价值并可实行的、符合学生年龄特点和需求的内容，比如京西古道的历史文化、自然风光、劳动情境；琉璃的历史价值、制作过程和样式；民俗文化的由来、特色；古村落的建筑特点等等，之后根据这些文化资源的特征进行分析，并设计出相应的主题课程。这些课程并不局限于某一绘画技法，而是将这些文化融入写生、制作蝶翅画、陶艺、剪纸等综合的技能训练，通过这些课程，学生不仅了解到地域文化的知识，同时生发出学习的主动性与积极的情感。我所开发的教材《蝶翅画》充分利用了我区的蝴蝶养殖资源、蝶翅画专家资源与地域文化资源，将蝶翅画这一中国传统文化引入教学中，通过系统的蝶翅画技能传授，围绕地域文化开展项目与课题研究，最终将教学经验与实践成果总结，完成教材的编写。在我开发的《中国画初级教材》当中包含了水墨画家乡大山大水、风土人情、千年的茶马古道、新城区永定河畔的发展蜕变等同学们熟悉的生活情境。在运用地域资源开展课程设计到编写教材的过程中，很多老师都给了我很大的启发和借鉴，让我受益匪浅，如北京儿童活动中心的龙念南老师曾经开展的画画北京城的系列课程；北京市教育学会“十一五”规划立项课题成果《同心墨趣画北京》一书；无锡少年宫李晓红老师的吴文化系列课程等等，老师们结合地域文化资源引导学员将自己的审美、对生活的认知和感悟融入创作，通过不同的美术技能进行情感的抒发和表现，实现了美术教育创作之本。

三、与学生生活结合

著名教育家陶行知指出：“生活即教育，教育是从生活中来，从生活中展开。”生活是最好的老师，艺术创造必须要建立在儿童的现实生活基础之上，才能够让孩子传达出最真实的情感，创作出最完美的作品，才能够提升学生的素质教育。

在我开发的《中国画初级教材》中，我从学员的生活出发，以学生的视角和心理设计课程，激发学员的兴趣，让他们学会自己去表达生活中所见、所思、所想、所感，提升理解力并把笔墨技法的提升贯穿始终。教材中有熟悉的人物写生创作《妈妈爱美丽》《老师和我们在一起》《相遇兵马俑》，十二生肖系列创作，最喜欢的花卉系列，还有《雨中盛开的花伞》《公交站》《我的生日》《热闹的水果市场》等内容。这些课程表现的都是日常生活中同学们曾亲身经历过的情境，所以他们可以很轻松地组织画面，自然也会传情达意地生动描绘出这些场景。如吕子涵同学《雨中盛开的花伞》这幅作品，明亮的雨伞和阴沉的天气，运用淡墨表现雨和地上的水洼，还觉得不够，用白色痛快地画上几笔来强调雨滴，小作者将雨中的情境很好地展现出来，又将墨与色运用得恰到好处。还有展现早上人们上班、晨练、学生上学等不同场景的“晨曲”主题创作，同学们通过自己的视角将所见情景表达出来，观察各不相同，充分体现了学生的学习能力，笔墨技法也自然而然地融入其中。透过《我的生日》主题的各幅画作，能感受到每位同学开心快乐的心情，在这些美好的画面中，墨与色只是孩子们眼中所见，作为教师的我们只需在恰当时候给予专业技法的引导就足够了。中国画的精髓是“直抒胸臆”，儿童的不拘一格和天真烂漫恰好与中国画的内涵相契合。毕加索曾说：“我用一生的时间去学习像孩子一样画画。”儿童画的好在于没有道理，却又特别对，是天真的真正价值体现。

四、与学生兴趣结合

兴趣是最好的老师。教材的编写，在内容、形式以及传达笔墨技法的过程中要紧紧围绕学生的兴趣点展开，着重采用趣味的、游戏式的教学内容和方法，尊重少年儿童的天性，以人为本，使儿童在开心快乐的氛围中自觉地掌握一些笔墨技法。

我开发的《儿童趣味水墨》《中国画初级教材》《蝶翅画》、参与编写的《中国传统美术——少年儿童课外美术教材》这几本教材都是从学生的兴趣入手，教师通过每一次精心设计的活动、多样的教学手段、温馨的课堂氛围，激发学生兴趣，让学生乐于表现，并将自己的真情实感融于画面，流淌于笔端。如《大嘴巴的故事》活动中，我通过鳄鱼的故事来表现主题，由欣赏真实的鳄鱼到拟人化的图片引导和语言引导，激发学生兴趣：将凶猛的鳄鱼变成贪吃的大嘴巴鳄鱼，扛着长长的鱼竿，鱼竿上、嘴巴里、尾巴上都挂着大大的鱼，让人看了忍俊不禁。《一树一世界》活动围绕一棵参天大树展开，将生活与想象、与学生的兴趣点结合。我提问道："你在大树下做过什么有趣的游戏呀？你在大树下想做什么呢？你看到过大树周围发生哪些好玩的事呢？"同学们兴高采烈地说出自己的答案，表达着自己的想法。最后画面所展现出来的是成人无法想象的童趣世界：枝繁叶茂的大树下一顶红色的帐篷，几个小朋友捉迷藏，还有的爬上了大树；树下一头牛高高地竖起身体向上张望着，仿佛也要爬上大树；一个美丽的小女孩趴在草地上认真地看着蚂蚁；还有的孩子正靠在大树下呼呼睡大觉……这许多个画面有孩子们对生活的刻画，更多的是对记忆中最感兴趣画面的重现和期盼，这种兴趣激发了孩子们主动去探索，去实践，唤醒孩子们内在的创造力。这种自主性强的教学方法，使作品充满了无尽的可能性，可以让学生在实践中产生愉快的情绪和体验，从而使学生学习绘画的兴趣更持久。因此，在绘画中培养学生的兴趣是尤为重要的。

五、与中外名作结合

艺术无国界。活动与中外名家名作相结合，着重于将每一个时代艺术作品所包含的历史、文化、思想、信念、价值观、社会关注点、风俗等等，借由课堂活动传达给学生，让学生明白自身的与众不同，完善自己的美术技能，感知和分享每一种文化的精髓。同时，教师将这种精髓在课堂中通过多样的教学方法进行横向与纵向的有趣的迁移，给学生更广阔的发展空间。

在活动中如何挖掘可利用的中外名作，更好地创造课堂效果并加大课堂的广度与深度？我主要采用了这样的方法：根据艺术作品的不同形式及学生的年龄特点设计活动。如《中国画初级教材》中的《波点女王》，通过欣赏日本绘画大师草间弥生高彩度对比的圆点花纹这一绘画形式，让学生从中找到基本的圆点绘画元素，进行水墨作品创作。创作中将这一过程游戏化，通过无穷无尽的圆点来感受艺术家的"符号"，体会其所要表达的独特的艺术语言；这一主题也可以用多种绘画形式去表现，如手工粘贴，陶泥制作，综合材料等，实现活动的同课异构或同课多构的方法，当然其中必须注重学生年龄特点，因材施教，进行"同主题的异项表现"。著名少儿美术教育专家崔苓老师说："模仿不是目的，而是为了更好地创造。"这句话给了我很大的启示，如她所示，我在《中国画中级教材》的《意临黄筌写生珍禽图》活动中，和学生一起欣赏感受画面中 24 只小动物的神态、动作、墨色等特征，将这一工笔写生作品根据学生的年龄特点设计成以写意和线描相结合的表现方法，抓住动物的特征，描绘其外形，运用所学笔墨技法。然后再引导学生根据自己的主观喜好加入背景进行作品的再创作，将学生的感知深入表达，引发更多创造可能。

综上所述，教材的开发要与自己的课程研究紧密结合，创造出更多适合儿童发展的活动内容，探索出更多行之有效的教学方法转化与输出。这样一来，教师将可以开发出合适的教材，为少儿美术教育的成长之路开拓更为广阔的艺术表达。

参考文献

[1] 北京市教育学会校外教育研究会，北京市校外教育研究室．同心墨趣画北京［M］．北京：学苑出版社，2011.

“文舞相融”传承中华优秀传统文化

——从古诗词中走出的少儿舞蹈创编活动

高 卉

“以学生为中心”的教育理念注重开发校外舞蹈活动的新途径，将中国优秀传统文化与少儿舞蹈创编结合，形成符合学生发展和校外舞蹈活动建设的创新活动形式。将中国古诗词与少儿舞蹈创编的跨界融合，使得学生在“文舞相融”的艺术境界中传承中华优秀传统文化、树立文化自信；在“文舞相融”中掌握舞蹈创编技能、提升创新实践能力；在“文舞相融”中走入中国意境文化、培养艺术鉴赏情趣、提高审美意识。

中国古诗词是中文独有的一种文体，有传神的形象、丰富的意境、特殊的格式及韵律。少儿舞蹈创编活动重点是改变活动思维、创新活动形式和内容，让学生成为活动的主人。“模仿、即兴、节奏创编”这三种创新活动形式与古诗词中描绘的形象、传达的意境以及独有的诗词韵律节奏进行跨界融合，从古诗词中找到与少儿舞蹈创编的结合点进行研究。

一、从古诗词中走出的舞蹈形象创编

古诗词的形象是诗歌中最基本、最关键的要素。诗歌形象是指诗人借以表达思想感情的具体可感的物象或画面，可以是人，也可以是花鸟鱼虫等景物。欣赏诗歌形象包括识别形象、感悟形象的象征意义、把握形象的特征和认识形象的社会价值。少儿舞蹈创编活动的第一阶段就是“模仿”，让学生在生活中提炼形象素材，结合舞蹈元素，利用肢体表现模仿的形象。在这个阶段，将古诗词中的形象筛选后分类为人物、植

物、动物，其中重点部分是对人物、植物的模仿。人物的模仿主要突出在对人物所处时代、所处环境背景的感悟，进而捕捉人物最生活化、最本质化也最贴近学生视角的特征进行舞蹈创编。植物模仿的重点则在于古诗词中所塑造的植物的精神，换句话说就是用舞蹈所特有的肢体动作，拟人化地展现古诗词中表达的植物。比如“墙角数枝梅，凌寒独自开。遥知不是雪，为有暗香来”，学生在“模仿”的活动中通过对梅花形象的捕捉切实感受到诗人对梅花不畏严寒的高洁品性的赞赏，用雪喻梅的冰清玉洁，又用“暗香”点出梅胜于雪，说明坚强高洁的人格所具有的伟大魅力。学生对白居易的《池上》第二首中塑造的小娃娃进行模仿时，“小娃撑小艇，偷采白莲回。不解藏踪迹，浮萍一道开”就是最贴近学生视角和生活的调皮可爱形象。以宋朝诗人杨万里创作的一首《小池》为例，深入剖析古诗词中的形象模仿活动：“泉眼无声惜细流，树阴照水爱晴柔。小荷才露尖尖角，早有蜻蜓立上头。”在诵读过程中，诗中所描绘的场景与作业资料搜集的图片对应。学生分小组对泉水、荷叶、蜻蜓三种形象进行形象模仿捕捉 ，教师启发学生运用古典舞动作。学生用圆场来表达泉水，盘腕来表达波动的水面，小舞花来表达荷叶，波浪手来表达飞舞的蜻蜓。教师对学生的动作进行肯定和鼓励，并强调动作与诗中形象的完美融合，肯定学生发挥想象力创新舞蹈形式的活动。古诗词中的形象是“静”，舞蹈创编活动中“模仿”的形象是“动”，将中国优秀传统文化“动静结合”，便是舞蹈创新活动的一种。

二、从古诗词中走出的舞蹈意境创编

古诗词是情与景、心与物交融而形成的，王国维《人间词话》“境非独景物也，喜怒哀乐亦人心中之境”说的便是诗的“意境”。古诗词的意境美是千姿百态的，有的雄伟壮阔，有的绚丽纤细；有的悲凉凄婉，有的豪放旷达；有的含蓄典雅，有的景象万千。一首诗就是一幅画或多幅画，除了物还有蕴含其中的情感。舞蹈之所以美，最重要的是它在塑造形象、抒发情感的同时表现出了意境，这是舞者将情与景结合在一起的肢体表达。由此可见古诗词与中国舞蹈在意境上的追求是相交融的。通过对古诗词的意境分析，融入舞蹈创编的第二个阶段“即兴”。即兴训练最重要的一种是环境即兴，即通过随机指定的环境氛围引导学生不由自主地跟随主体意识去舞蹈，换句话说就是在意境中自由地舞动，进而编创出符合意境且有一定情感表达的舞蹈动作。“意境”在古诗词中是诗人的思想、情感同客观的景象事物相统一而产生的境界，比如高适的《别董大》“千里黄云白日曛，北风吹雁雪纷纷”营造的是送别时的凄凉意境；王维的《山居秋暝》“明月松间照，清泉石上流。竹喧归浣女，莲动下渔舟”诗中意境空明澄澈，恬静优美，余韵无穷。“意境”在舞蹈创编即兴活动中则是舞者内起于心、外化于行的舞蹈肢体表达所营造的“只可意会不可言传”艺术境界。通过分析古诗词的“意境”进行少儿舞蹈创编即兴活动，运用“闭眼听世界”的游戏方式进行活动导入，本身闭上双眼是无法观测到外界环境的，但在舞蹈即兴创编活动中，闭上眼睛用心去感受诗中意境是将学生的想象力发挥到极致。只有真正用心体悟意境的同时才能听到诗中所营造的声音，进而将学生带入到诗中的意境进行舞蹈肢体创编活动。巧妙地把古诗词的“意境”转化为学生自己的理解，并加以想象丰富，进行舞蹈语汇的展现，是舞蹈创新活动的一种。

三、从古诗词中走出的舞蹈节奏创编

古诗词中描绘的形象和意境，配合诗词独有的韵律，使得古诗词“平仄声声念、经典永流传”。节奏是舞蹈生命力的源泉。舞蹈离不开节奏，只有舞蹈动作与节奏做到完美的结合，才可以被称作完整又美妙的艺术。节奏能给动作以活力，是运动的脉搏，是情感与动作的中介和桥梁，像古诗词诵读有抑扬顿挫一样。舞蹈中的节奏应当看做是大自然的节奏、人的生命节奏和情绪节奏等特殊形式的审美反映。

古诗词朗读节奏大致可按照音节、意义、重音、语调进行划分。如何将古诗词中的朗读节奏与舞蹈节奏的创编跨界融合起来呢？我们以一首古诗来重点分析。

《望庐山瀑布》（李白）常规诵读节奏：

日照｜香炉｜生紫烟，→　　　（舒缓型）

遥看｜瀑布｜挂前川。→　　　　（舒缓型）

<u>飞流直下</u>｜三千尺，↑　　　　（高亢型）

（快）　　△△△

疑是银河↑｜落九天。↓　　　　（高低相间低沉型）

舞蹈创编节奏的小组活动形式：

（一）按照古诗词原有的朗读节奏划分动作节点，即“日照”对应动作一、“香炉”对应动作二、“生紫烟”对应动作三……“落九天”对应动作十。

（二）将十个舞蹈动作创编完成后，进行节奏拆分，先朗读一遍古诗词，再进行严丝合缝的动作节奏演示。

（三）分小组将古诗词重新拆分节奏型，将新的节奏型通过诵读的方式与舞蹈动作融合，动作的节奏完全按照口中所读的诗词节奏，进行对应的舞蹈节奏创编。

（四）同一首古诗词不同的诵读节奏就会创编出舞蹈质感丰富的舞蹈动作。

古诗词与少儿舞蹈创编活动的跨界融合，旨在“文舞相融”感受中国古诗词的形象意境韵律之美，提升创新精神和实践能力，让传统和现代握手，使其在舞蹈旋律中焕发新的生命力，用舞蹈传承中国优秀传统文化，使之扎根在学员的心田里，形成对中国文化的认同感，使中华民族的基因、文化血脉延续发展。

参考文献

[1] 马玮．王维诗歌赏析［M］．北京：商务印书馆国际有限公司，2017.

[2] 徐建生．关于青少年宫开展校外教育活动的几点思考［J］，素质教育论，2007（4）.

[3] 葛晓音．山水有清音：古代山水田园诗鉴要［M］．北京：北京出版社，2018.

[4] 吕艺生．素质教育舞蹈［C］．上海：上海音乐出版社，2015.

[5] 王玫．传统舞蹈的现代性编创［M］．上海：上海音乐出版

社，2017.
[6] 肖苏华. 当代编舞理论与技法［M］. 北京：中央民族大学出版社，2012.
[7] 李培裕. 诗情画意：中国古典诗词意蕴与花鸟画意境的契合［M］. 北京：人民出版社，2018.
[8] 吕艺生. 舞蹈：作为素质教育［M］. 上海：上海音乐出版社，2015.

读 《我的音乐教学》

姚 旺

假期里我细细品读了王双有老师撰写的《我的音乐教学》这本书，颇受启发。虽然我教学的科目为专项的器乐——钢琴，并不是中小学的音乐课，但是作者对于音乐教学中一些共性问题的观点，给予我很大的指导意义，并使我对自己的钢琴教学有了更深层次的思考。

在这本书中，作者首先对声乐和器乐的教学进行了比较系统的归纳与指导，接着对音乐教学过程中如何培养学生的音乐技能、基础知识、音乐感受能力、音乐审美与鉴赏能力展开了详细的论述与分析，最后着重强调了作为音乐教师应具备的素质和能力。

下面我根据王双有老师在书中提出的一些观点，结合自己的教学实践来谈一谈我自己的心得与感悟。

王双有老师在第二章第一节中写到让学生在器乐教学中通过三种途径感受器乐的美，分别是乐声美、标题音乐美和无标题音乐美。

第一种——乐声美。音乐是声音的艺术，每一件乐器都拥有自己独具特色的声音。我在课堂上会有意识地引导学生去聆听自己弹奏的声音，通过运用不同的触键法，琴声时而清脆时而低沉，时而高亢时而柔美，学生都感受到了音乐的美妙，并十分享受钢琴独有的丰富音色。

第二种——标题音乐美。最近给学生布置的两首钢琴曲目是格里格的《蝴蝶》和黄虎威的《阿坝夜会》，这两首曲目都是标题音乐的代表作。格里格的《蝴蝶》，用丰富的和声语言、活灵活现的附点节奏加跳跃进行的织体结构，让你仿佛看到蝴蝶在草丛中翩翩飞舞的样子。黄虎威的《阿坝夜会》是一首体裁较小的作品，全曲节奏明快，旋律朗朗上口，充满了动感与热情，作品取材于阿坝地区藏族的民间音乐，生动描绘了人们在篝火晚会上载歌载舞的热闹场景。学生在学习这两首作品的时候，首先是被标题所吸引，内心确立了音乐的基调。这个基调启发了学生们的想象力，引导着他们的思路，为后面深入研究学习作品做了很好的铺垫。

第三种——无标题音乐美。学生平时学习的许多练习曲、奏鸣曲都是没有标题的，其实音乐本来就是内心感情的一种抒发和表达，这种纯粹的音乐更能够使学生自由地发挥自己的想象。例如，车尔尼 Op. 599 No. 21 是一首三拍子圆舞曲性质的练习曲，学生们在学习的时候不可以只是把它作为训练双音连奏的练习，要将技术与情感统一起来，把圆舞曲的特征和情感通过严格的奏法、句法、节奏等很好地表现出来。

王双有老师接下来谈到了学习器乐的目的与意义。他认为器乐进课堂可以完善音乐课的整体教学，使学生们借助器乐更好地去领会感受音乐课本的内容，并将教学内容准确地表现出来，从而全面提升学生的音乐素质。他认为学习器乐的意义在于，学生可以领略乐器演奏的欢乐，器乐演奏可以激发学生思维的多向性，促进学生多种器官协调发展，提高学生的各种音乐能力。在这些观点上我与王老师有很多共鸣，在此我对于学生学习钢琴的目的与意义做几个方面的归纳与梳理。

第一，培养坚强顽强的意志品质。演奏钢琴需要相对熟练的技术技巧，需要有规律的、科学的、恒久的训练，而这种训练需要毅力、耐力和吃苦的精神。钢琴的学习对于培养孩子坚强的意志、顽强进取的品质，以及踏实、严谨、科学、认真的作风，都有十分积极的作用。学好钢琴会让人变得做事专一，能够投入大量时间来做一件事。

第二，培养良好的心理素质。学好一门乐器，不仅平时要下功夫苦练，还要敢于上台，善于发挥。在演奏时，要全身心投入音乐表现中，不要考虑与演奏无关的其他事情。要勇于参加各类演出、考级、比赛，使上台成为经常性活动，并将其作为学习过程的一个必要组成部分。

第三，培养协调性。钢琴的弹奏需要脑、手、眼、耳、腿脚的协调并用，多层次、复线条以及各种技巧动作的训练使得学习钢琴对于儿童早期多种能力的开发具有十分积极的意义。

第四，提高个人修养与文化修养。孩子从小受到良好的音乐教育，不仅能提高音乐素养和艺术素养，同时对一个人的文化素养、道德、情操和性格的形成也起着潜移默化的影响。

王双有老师在第四章中全面分析了音乐基础知识教学与基本技能的训练，在第二节中重点对“挖掘知识中的深刻内涵”进行了较详细的归纳讲解，将教师的讲授法分为讲述法、讲解法、讲演法和讲读法四类，在此基础上将知识的内涵划分为节奏与情绪、速度与情绪、音程与和弦、五线谱与图像、视唱练耳教学中的情感因素和曲式知识中的情感因素。我觉得王双有老师的归纳讲解系统而且富有新意，下面我按照这几个方面，结合我的教学实践，展开谈一下我的心得。

第一，节奏与情绪。节奏是音乐的一个不可或缺的因素，固定节奏和音乐型节奏是音乐作品的艺术特色之一。例如《瑶族舞曲》左手伴奏音型就是一个四分音符加两个平均的八分音符，节奏型很简单，但是生动形象地刻画了瑶族姑娘舞蹈时候的婀娜姿态。

第二，速度与情绪。音乐的速度快慢不一，人们会随着速度的不同而产生情绪的变化。几乎每一首乐曲的开头都会标记表示速度的音乐术语，如：Largo－广板（46～50）、Adagio－柔板（56～65）、Andante－行板（73～77）、Allegro－快板（110～132）等，这些音乐术语基本确立了全曲的基调。热烈、活泼、欢庆等情绪使人振奋，适宜用稍快的速度来表达；甜美、优雅、歌唱等情绪适宜用中等速度来表达；悲伤、沉重、回忆等体现压抑情绪的，适宜用稍慢的速度来表达。

第三，音程与和弦。每一种不同性质的音程与和弦，在曲子里所表现的明、暗、浓、淡的色彩是不同的，人们的感受也会不同。例如大三和弦与小三和弦就有色彩上的对比与反差，大三和弦的色彩基调是明亮、开朗的，好像是蓝天白云的感觉；反之小三和弦的色彩基调是暗淡、压抑的，好像是阴雨绵绵的感觉。

第四，五线谱与图像。优美的音乐旋律有它自己起伏有致的旋律线条。音乐激动高亢的时候，旋律线条大多是密集的、跳跃的；音乐舒缓柔美的时候，旋律线条大多是平缓的、松散的。

第五，视唱练耳教学中的情感因素。在教学中，我们不仅要求学生将视唱曲中的音高、节奏准确地演唱出来，还要将其中的乐句走向、旋律起伏、音乐风格和特点表达出来，把视唱曲的内涵挖掘出来，使它更加艺术，给人以美的享受。

第六，曲式知识中的情感因素。中国的诗句结构中讲究起承转合，在音乐上它有着同样丰富的意义，它暗含着情绪逻辑上的延续和转变。王双有老师通过对曲式知识中一段体、二段体和三段体的分析，让学生学会从音乐本身着手，在培养学生分析乐句乐段的能力的同时更加理解乐曲的内涵，启发他们的思维，使学生更加热爱音乐。

将八节气古诗词融入中国画教学中的实践研究

乌日娜

二十四节气是世界非物质文化遗产，是中国的传统文化，蕴含着民族精神、民族气节和审美意识，它与人民的生活息息相关，对人民的生产生活具有指导作用。本研究选择二十四节气中最具有代表性的“四时八节”为研究对象，是将二十四节气内涵融入美术学科开展教学实践的初步探索。中国画和中国诗词都是中国美学和文艺理论的重要范畴，二者都崇尚意境，重视审美意识。将八节气的诗词融入中国画的教学当中，一方面可以让学生通过诗词感受节气的内涵，另一方面可以通过中国画的形式来表现诗词内容，体会诗词的意境。将非物质文化遗产融入美术教学活动中，是新时代教育教学课程的研究方向和主题；将中国节气诗词与中国画相结合，更是美术学科与语文学科的跨学科融合。这一实践能突破学科的边界，引导学生更加自由、灵活、深入地学习中国传统文化。

一、将节气诗词融入美术教学实践的重要性

（一）将节气诗词融入美术教学是学习和理解的手段

二十四节气与人们的生活息息相关，文人墨客创作的节气诗词丰富了诗词的内容和人民的生活。比如说立春诗词“春到人间草木知”，立夏诗词“一夜薰风带暑来”，这些内容丰富、形式多样的节气诗词，一方面是诗人对节气生活方式的认同和对生活体验的主观情感的流露，另一方面节气诗词广为传诵，不仅丰富了劳动人民的精神生活，更是扩展了节气知识的宣传途径。节气诗词与美术教育相结合，能够使学生更好

地理解诗词的内容，在美术教育教学的过程中学习诗词，在诗词的学习过程中感受美的意境。

（二）诗词与绘画的关系

张彦远在《历代名画记》之“序画之源流”中指出：“记传所以叙其事，不能载其容，赋颂可以咏其美，不能具其像，图画之制，所以兼之也。宣物莫大于言，存形莫善于画。”由此可见古代的文学与绘画一样，大多数也都是作为礼教的宣传工具。学术界一般认为将诗与画最早结合的人是唐代著名诗人、画家王维，他的山水画将诗与画融为一体。苏东坡说：“味摩诘之诗，诗中有画；观摩诘之画，画中有诗。”到了宋代文人画，诗词与绘画的关系就更加紧密，在画中题诗更能凸显画中所言意境，如唐寅在《秋风纨扇图》的左上角题有一诗：“秋来纨扇合收藏，何事佳人重感伤。请把世情详细看，大都谁不逐炎凉。”诗不仅描绘了画中的情景，还讽刺了世态炎凉，加深了画中意境。直到今日，诗词与绘画都存在着千丝万缕的关系，题诗于画上也仍是当今中国画创作的重要落款形式。

诗是一种听觉艺术，画是一种视觉艺术。也就是所谓的“诗为有声之画，画为无声之诗”。这两种艺术在转化和相融合时，需要我们对于诗词有深刻的研究和理解，通过自身的主观思想和认知对诗的内容和情感进行再升华，从而创作出新的视觉艺术。

二、节气诗词融入美术教育中国画教学的可行性

自古以来，诗词歌赋一直承担着重要的社会文化功能，也是人们表达个人情感的重要载体，或表达家国情怀，或书写对自然万物的热爱。中国画也是文人墨客传递情感、表达自我的重要工具。诗词与中国画都承载着中国人独特的哲学观念，都是对自然与生命的体悟，尤其是文人画，更是将诗书画印做到了完美的融合。将诗词融入中国画的教学，让孩子们在诵读的过程中体会其中的内容与感情，再用中国画的表现手法传达出诗中的意境，更是能加深孩子们的感悟，是一个将感情内化再释放的过程。

（一）教学实践中传统文化中诗词的教学需要

诗词在学生甚至是成年人的学习生涯中扮演着重要的角色。学习诗词不仅是对文化知识的摄取，更是丰富精神世界的重要方式。诗词中的美感与意境，是客观事物与思想感情的完美融合。节气与学生的生活息息相关，节气诗词的学习与理解，能加深学生对节气气候、物候、民俗等内容的感受，能加深诗词与生活之间的联系，能激发和培养学生对传统文化的热爱。

（二）教学实践中丰富美术教学内容多样性的需要

传统的中国画教学大多以年代、技法、风格为划分依据，通过知识和技能的讲解，引导学生临摹作品或者完成主题创作。随时教学改革不断深化，中国画教学形式与内容也呈现多样化发展。将节气诗词融入到中国画教学之中，既体现了诗词与绘画在形式、情感上的想通性，又给予了学生巨大的想象和表现空间。这是传统文化课程的创新实践形式，丰富了中国传统文化中中国画教育教学实践的内容，是课程设置与开发的需要，也是新时代教育发展的需要。

（三）教育实践中提高教师传统文化素养的需要

信息化时代背景下，传统文化在教育中扮演何种角色，如何发挥其价值，是值得教师们思考的课题。同时，教师的文化素养也决定在教学活动中，是否能深入阐发传统文化的精髓。这就要求教师们不断学习，提高自己的文化素养，加深自己对传统文化的理解，基于学科特点，注重教科研一体化，在实践中教学内容不断丰富。

（四）教学实践中丰富学生传统文化知识的需要

美术教育活动中，需要引导孩子们认识理解与美术相关的知识和文化，将节气诗词融入美术教育教学当中，丰富孩子们对于诗词的认识，更加理解创作者的所见所思所想。这样的教学过程，不仅仅是眼睛看到的、耳朵听到的，还有身心感受到的，用情境刺激孩子们的心理意识，感受节气带来的美，最后通过创作的形式表现出来，诗与画互相渗透。将节气诗词融入美术教育教学中，能不断地传播传统诗词的文化内涵，加深孩子们对传统诗词文化的理解。

（五）教学实践中落实学科核心素养的需要

提高学生美术学科核心素养是新时代课改的要求，以诗意为情境，让学生体会诗词创作的背景和表达的内涵，是提高文化理解的重要手段；通过中国画技法与形式的渗透，引导学生掌握知识与技法，是对美术表现能力的培养；学生通过理解、感受，创作出体现诗中意境的作品，能够提高学生创意实践的能力；对于相关作品的欣赏、分析和评价，能够增强学生图像识读能力和审美表现能力。在教学活动中，以学生为中心，通过诗与画中的意境之美，让学生感受中国文化的魅力，落实学科核心素养。

（六）教学实践中跨学科探索的需要

讲授诗词中的文化深意本是语文学科的范畴，中国画创作的知识与技法属于美术学科范畴，虽说诗书画印一体，在中国画的讲解中免不了对诗词的讲解，但是往往缺乏深度。本研究将节气诗词与中国画相结合，并不是让学生完成简单的诵读之后就开始创作，而是引导学生深度学习诗词的创作背景，逐字识读与分析字词的意思，能说出诗词的表现手法和传递的情感。打破语文学科和美术学科之间的壁垒，让学生在情境中探索文化内涵，感受中国传统文化的深意，将零散的知识联系起来。

结　论

通过对节气诗词的学习和认识，学生能在诗词的学习过程中了解节气文化。通过用中国画的表现技法表达诗词意境，学生能更加深刻地理解诗词内涵和诗词意境。这是一个将诗词、节气、美术相结合的教学实践，需要教师自身不断地扩展文化知识，需要学生不断地发掘美术的创作能力、诗词的鉴赏能力、节气知识的学习能力。美术教育教学的实践不仅仅是“怎么画”的简单教学模式。应该运用传统文化这把钥匙构建良性的立体的教学模式，使传统文化能不断地传承和发展；使学生获得思考和创新能力；使教师教学能不断地提高自身文化知识和扩展能力。

参考文献

[1] 宗白华. 张彦远及其《历代名画记》[J]. 学术月刊，1994 (1).

[2] 齐社祥，袁淑俊. 李仲蒙情物交感说发微 [J]. 陕西师范大学学报 (哲学社会科学版)，2001 (1).

[3] 陈龙海. 中国线性艺术论 [M]. 武汉：华中师范大学出版社，2005.

品味鲜活案例　感受高尚人格

李建芝

第一次与孙蒲远老师的书相遇是在几年前，从友人的书架上看到的，一读深受启发、欲罢不能。这次又遇到，实属惊喜。

我这次拿到的是她的《班主任之歌》。虽然校外教育的班主任与学校的班主任工作差异很大，但在育人和方法上却是一样的。学习她的做法，可以大大提高自己的育人能力和教师素养，可以把本职工作做得更出色，使更多的孩子受益。

一、她的案例鲜活，具有很强的借鉴价值

她的每一个案例都描述清楚，尤其对孩子内心精神世界的支持，是我一直以来认为是只可意会不可言传的，她却详细地描述了出来，让我有相见恨晚之感。

她把一年级的孩子爱上学看得比什么都重要，小心、精心地维护着孩子们的爱好。她说一个孩子能高兴来上学，就稳住了多个家长的心，就能使他们安心工作，也是为社会安定和国家建设做贡献。面对有缺陷的孩子，她极力保护孩子的自尊心，还千方百计地发挥他的才能，让孩子身上的一点点闪光的东西发扬光大。离异家庭给孩子造成精神世界的创伤很严重，她给予孩子无微不至的关怀，用一篇催人泪下的作文教育了全班所有的孩子。她给后进生以特殊的爱，“让每个孩子都抬起头走路”是苏霍姆林斯基的教育名言，他的主旨就是给每个孩子树立自信心。她告诉我们要承认差异、允许差异，工作起来就主动得多、客观得多、冷静得多。她为了唤起一个态度冷漠孩子的集体荣誉感，不怕失掉班级获奖的机会，她在面临选择时，选择的不是参赛名次而是教育契

机，因为这个教育契机的寻找过程极为艰难和漫长，需要高度专注，不能有丝毫懈怠。她给有才气却因长得不漂亮而丧失很多外事露脸机会的孩子树立信心。她既爱干净漂亮、聪敏伶俐的孩子，也爱其貌不扬、脏兮兮、傻乎乎的孩子，虽然这很不容易。她点滴强化孩子的进步，看似不经意，却很专注、很用心。她能爱伤害她的家长的孩子，这简直是不可为而为之的事，但她还是以博大的心胸做到了，也得到了家长的爱戴。

二、她的人格高尚，值得我终身学习

她认为作为班主任思想境界应该高，而这个理念也真切地指导了她的行动。她说："班主任的繁忙就是我生活的充实；班主任的辛苦就是对我的磨练；处理孩子们的各种问题就是我的一种乐趣；孩子们的进步和家长们的信任就是我最大的幸福；工作中的困惑正是我教科研要解决的专题。"她认为班主任工作是孕育灵感的苗圃，是发挥才能的用武之地，是实现自我价值和创造精神财富的最佳选择。我被她的思想境界深深折服！

她在工作中遇到的案例鲜活，当然也是我们曾经遇到过的，我们却没有想办法用心去解决它，这就是思想上的差距。这一切都源自她对学生的爱。爱学生是师德的根本和实质。师爱高于母爱，师爱比母爱更广阔、更深沉、更理智、更伟大。师爱源于教师对民族对国家的一片赤子之心，是出于民族责任感，是热爱祖国的思想感情的自然流露。师爱是一种高尚的感情。孙老师对师爱的理解和解读使我如醍醐灌顶，升华了我的思想，陶冶了我的情操。

三、学习她的经验，提升自己的育人水平

教育的根本宗旨是育人，班主任是和孩子直接接触的人，对孩子的影响尤为重要。我既是声乐班主任又是合唱班主任，肩负着 160 多个孩子的教育教学和管理工作。不断地从他人身上学习优点是自己不断成长的基础。看了孙老师的书，我发现自己还相差很远，提升的空间还很大。

我在教学中遇到过这样一个案例。一个同学喜欢唱歌，声音、形象都很好，我收她进了声乐班，但初次上课我就发现她听力不好，听单音模唱都唱不准。经过一段时间的训练，她又考入了合唱预备团，虽然她音准条件不好，我还是想通过训练使她能提高，毕竟孩子这么小就否定她唱歌是很残忍的事。但在合唱训练中我却忽视了对她自尊心的保护，在听力抽测时她唱不准，同学嘲笑她的眼神和表情让她越来越不敢唱，后来竟然不敢来上课了。我及时找到她的家长了解情况，深悔自己太大意了。通过读孙老师的书，我才意识到是我的问题，对每个孩子的心理承受能力关注不够，让她已经产生了心理阴影。我告诉她的家长让她来上课，我不再抽查她，也不再考核。我首先教育孩子们不要嘲笑同学，要多给予鼓励。对她我也是特殊关照，在她没把握时不叫她唱，在她有把握时第一时间让她展示，树立她的自信心。她们班的声乐课排在全天的最后一节，我让她家长每次晚十分钟来接她，在只有我和她的时候单独给她练听力。我发现这孩子不是听力问题，而是不擅长用脑。每次十几分钟的练习，她说比上一天课用的脑子都累，要使劲听，使劲想，用心唱，才能唱准。我笑着说，其实做什么事都是一样，都要勤于思考，学音乐如此，学其他学科亦如此。音乐是听觉的艺术，在练听力的时候我总结出多年的经验要点：听清楚→想明白→唱准确，但是很多孩子完全没有理解我反复强调的提示语的用意。通过听力训练，她会用脑了，能专注了，大眼睛也闪闪发亮了。再上课时，她竟然主动举手，这一刻，我感到莫大的欣慰。我们要做一个有心人，让我们的教育工作既在进行，也能随时修正、借鉴和传承。

四、学习她的经验，提高自己的职业责任感

孙老师之所以能把自己的工作做得如此出色，是因为她对本职工作有高度的使命感和责任感。她认为，教育好一个学生就是为国家为社会培养了一个合格的人，这是对社会的责任，是对国家的贡献。国家的繁荣需要各行各业的人共同努力。

我从事的校外声乐教学，对孩子的科学指导不仅对某一个孩子有利，还要发挥辐射力度，提高区域认知水平。一天一个家长领来一个孩

子，说是在其他私人机构学了一段时间，想转到我的声乐班。我说你唱首歌我听听，刚唱了两句，我不得不打断他，因为这孩子完全是又紧又挤喊出来的。家长说她也发现了，而且那个老师还总是让他给其他孩子做示范，其实是在强化错误，这很可怕。家长发现问题严重，听同学家长说我教得好，所以慕名来找我。我说他的演唱完全没有方法，而且喉咙的肌肉已经有记忆，发声就会挤，要先练放松，慢慢调。一张白纸好作画，画完的画再改就很难了。我们需要同心协力一起努力，慢慢把错误的歌唱状态忘掉，再重新建立正确的声音概念，建立有腹部气息支撑的声音。在过程中他可能感觉不会唱歌了，或者声音很弱，自信心受挫，这都是重塑必经之路。通过一年多的磨练，他重新找到了歌唱的感觉。妈妈把他现在唱歌的录音和以前的对比，他说妈妈别放了，以前的真难听。他在这次校级艺术节选拔赛中脱颖而出，并得到了校长的表扬。我们教育工作者，要有使命感和责任感，才能更出色地完成我们的本职工作。

我会把这本书放在枕边，每天读一读，不断强化、进步，信心满满地投入以后的工作和生活。如果我们每一位教师都能把工作做得如她一样出色，那么我们培养出的每一个孩子都是闪着光的，国家的强盛和民族的伟大复兴就指日可待了。

挖掘儿童声乐教学中“美”的声音

朱智楠

歌曲是最容易被人接受的音乐体裁，古人云：“丝不如竹，竹不如肉”，而童声又是人声中最自然、最美好的声音。锻炼孩子们的歌唱能力，提高孩子们对音乐的感知能力，培养孩子们的审美情趣也就成为艺术教育中十分重要的组成部分。歌唱是“气”“声”“字”“腔”“情”五个部分有机结合的整体，下文将我对这五个部分在教学实践中的粗浅认识分别阐释。

一、“气”——美的开始

气息训练作为声乐学习中的重中之重，自古以来便是学术界与不同声乐流派间“争辩”不断的源头。“腹式呼吸法”作为众多呼吸法中具有科学依据的方法为学习声乐的人们解决了许多歌唱中的问题。想将声音完美呈现，首先需要养成良好的呼吸习惯。“从生理角度上说，歌唱的原动力是气息，正确的呼吸不但是歌唱技巧的基础，而且也是重要的艺术手段。也有人夸张地说，歌唱的技巧就是呼吸的技巧。”①歌唱中的气息训练除增强学生的歌唱能力外更要符合音乐表达的要求，绝不仅仅是机械的训练。所以，将气息这一概念分解为吸气与呼气两个动作，可以让学生更准确地完成每一个步骤。

1. 吸气

在初学的学生中，吸气似乎成为最易出现问题的环节。刚刚接触声乐的孩子们会将吸气完成得十分夸张，甚至出现肩膀上提、吸气声音

---

① 杨鸿年：《童声合唱训练学》，人民音乐出版社 2002 年版。

大、踮脚等现象。其主要原因是认为如果不夸张地吸气，在接下来的歌唱中会出现气不够用的情况。这是一种错误的理解，歌唱中的吸气应该是自然、放松且从容的。在初学阶段，教师可以将乐句划分得细碎一些，这样可避免学生担心气息量不够，减轻他们心理上的压力，将吸气仅作为歌唱中的一个环节即可。

在教学的实际操作中，为学生做示范是十分必要的。示范能够使学生直观地感受到吸气时身体的变化，并不断引导学生身心放松。

2. 呼气

我个人在教学中将呼气作为完整呼吸过程中强调次数最多的环节，且取得了较好的效果。举一个简单的例子：将身体比作一个水杯，只有将杯中的水全部倒出，才能注入新的水。学生通过“水杯”的比喻，能够理解运用气息的重要性，调动了呼气的积极性。

在练习中，尝试让学生在没有准备的情况下直接呼气（倒出杯中的水），在呼气结束后，身体呈等待状态，吸气也就变得更加自然了（注入新的水）。如此，经过多次重复形成良性循环，学生便能够自然地运转，将吸气与呼气一气呵成。良好的气息循环可使声音更加丰满，音乐更加流动，并增强声音的可控性，也可避免孩子们过多使用声带，是科学发声的第一步。

二、“声”——美的个体

声，更多指声音或音色。每个人都有属于自己的音色，声乐教师最重要的功能是引导学生运用自己的音色歌唱，而不是每个孩子的声音都一样。它与歌曲最终呈现出的效果也是部分与整体的关系。一首完整的歌曲是由旋律、节奏、歌词、（演唱者的）音色、表演等元素构成的综合的整体，这时的“声”仅仅是歌曲中的一个部分，也是决定歌曲成败的关键，只有充分发挥部分的作用才能得到高质量的整体。

初学者的教学中“声”可以行走在“气”的后面，这样可达到气息先行、气息占据主导地位、气息包裹着声音的丰满效果。气息的重要性前文已有说明，在此不再赘述。随着学生愈加熟练地掌握歌唱的技巧以及各部分机能的提高，随时调整声音与气息的比例与顺序，使声与气互为依托，最终呈现出气与声最契合的点，达到良好的共鸣效果。

三、“字”——美的内涵

汉字的魅力是无穷的，她与音符的巧妙结合描绘出一幅幅色彩斑斓的音乐画面，决定着歌曲的内容与基调，可称之为歌曲的“魂”。音乐的创作要服从于歌词，这一点自18世纪格鲁克歌剧改革就已明确。他提出：“音乐从属于诗歌与戏剧，要使音乐达到促使剧情发展的作用，追求真实地表达人物的情感，绝不应为了毫无意义的歌唱技巧的炫耀而妨碍剧情的发展。把那些打断情节的、多余的装饰通通去掉。”同样，艺术歌曲[①]这一体裁的确立也标志着歌词对歌曲产生的重要影响。基于“字”在音乐中的重要地位，理解歌词与强调歌唱中的咬字也就成为教学中不可或缺的环节。歌词是歌曲的重要组成部分，同时，它又是直接传递歌曲信息的媒介。如果学生在不能理解歌词的情况下学唱歌曲，那便成了机械的教学、形式主义的教学。我个人在教学中将咬字的练习分别布置在学唱歌曲前的朗读歌词、学会歌曲后处理歌曲的环节中。

1. 朗读歌词

在新授环节中学生若要一并学习旋律、节奏、歌词并与歌唱技巧结合，显然是十分困难的，学习效果也会大打折扣。不若引导学生朗读歌词，在读的过程中熟悉歌词，这既能减轻学唱歌曲的难度，也能为学生创造主动思考歌词内容的空间，相信一定是有助于学生学习歌曲的。

2. 处理歌曲

中国歌曲在咬字上是十分考究的。不仅要求演唱者把字唱清楚，更要充分考虑到字与字之间的衔接、乐句的划分等因素，具体表现为演唱者对声调、语调、汉语音韵中的十三辙等技巧的把握，只有这样才能充分展现汉语言文化的生动气韵。所以，教师在日常训练中需要运用多种维度强调咬字，潜移默化地影响学生。从开口音做起，从歌曲中的第一

---

① 艺术歌曲：艺术歌曲是一种独立的艺术体裁，其歌词均取材于经典诗词，钢琴与声乐的分量是相同的，旋律与钢琴声部由同一位作曲家完成，该体裁在歌曲中具有极高的艺术价值。

个字做起，引起学生的重视。

学生在初步掌握歌曲之后把握音乐风格，进而正确传递歌曲信息、自主完成二次创作，就成为更高级的学习目标。同一首歌曲由不同的演唱者呈现是能够表现出不同素养的，这也是考验学生是否能够高质量完成歌曲的重要依据。

四、“腔”——美的空间

声音是物体振动产生的声波，歌唱中的物体振动实则是指气息在腔体中的震动。在课堂中我经常引导孩子们想象自己的口腔里有一座“小房子”、肚子像气球、唱出的每个音符都像一颗颗水润的葡萄……意在用具象的实物引导学生想象，鼓励学生脑海中有画面，逐步树立声音的空间感。

腔体在歌唱中甚至是在一个字的演唱中都不是一成不变的，由于音高在级进或跳进、上行或下行，腔体要随着音高的变化而变化，听者才会感受到统一与平衡。简言之，音高越高，需要的空间越大、气息量越多则振动频率越高，这也就是为什么歌曲中的高潮部分经常分布于（该作品音域）高音区；反之，歌曲的开始常常低吟浅唱，音域集中在自然音区，歌词的密度较大，其腔体自然也要随着音高的变化而调整腔体状态。

五、“情”——美的呈现

一首经典的歌曲，一定具备极高的艺术价值，经得起时间的淘洗，能让大多数人引起情感上的共鸣。中央电视台热播的《经典咏流传》节目中，一首《苔》道出了许多正在努力奔跑的平凡人的心声。“白日不到处，青春恰自来。苔花如米小，也学牡丹开。”虽然词作者是远在清代的诗人袁枚，但与我们仍能够产生强烈的情感共鸣。这首短小而精炼的歌曲使我陷入对音乐教育的深思，也给予我许多创作的灵感。学生经过科学严谨的训练并熟练掌握歌唱技巧是为了演唱能更动听，但无论如何高超的演唱技术都是转瞬即逝的，孩子们走出课堂后能记住的是张嘴就能哼唱出来的旋律与歌词中的小故事，它们悄悄地在孩子们的心田里生根发芽，所以任何技术都无法凌驾在歌曲的“情”之上。孩子们如果经过理解歌词、识谱、处理歌曲、反复练习直到能够完整演唱《春天的孩子》，并且从歌声中能够想象着和风荡荡、杨柳依依的美好景象，我想，这首歌曲的教学就是成功的。

歌唱是由“气”“声”“字”“腔”“情”五个部分构成，其中前四者是声乐教学中的主要内容，亦是如何使声音更美的手段；但学会表达歌曲中所蕴含的情感，最终学会聆听美、歌唱美、感受美，这才是学习歌唱的初衷。

课改下校外美术教材的开发与实践

阚秋影

一、教材背景

《全日制义务教育美术课程标准》力求体现素质教育的要求，加强学生学习活动的综合性和探索性，注重美术课程与学生生活经验紧密关联，使学生在积极的情感体验中提高想象力和创造力，提高审美意识和审美能力，增强对大自然和人类社会的热爱及责任感，发展创造美好生活的愿望与能力。基于此要求，结合我在教授儿童水墨画课程的实践总结，我对开发校外水墨画教材做了深入的思考。校外教育没有教材，我们可见的艺术类教材，大多是由专业院校的专业教师开发的针对考级的教材，其内容并不符合《美术课程标准》的育人宗旨，也无法满足教育供给侧改革在扩大优质教育资源供给上对校外教材的需求。这些教材尤其无法满足我宫发展校外教育的实际需求，我区大部分是山区，独特的地理特点形成了区域内学生的心理、认知与学习特点。针对以上问题，我编写了水墨画宫本教材，依托地域文化和学员的学习特征，采用案例的形式编写，围绕趣味性开展活动，希望本书不仅仅可以让专业教师有所借鉴，也能够让非专业的家长甚至学生都在美术学习的理念上有所收获。

二、教材主旨

中国画以传统的笔墨技法见长，在教授传统绘画技法与题材时或许老师们也遇到和我一样的困扰：学生不易理解，兴趣渐失。此时往往会质疑，传统还要不要？答案是肯定的，必须要。传统笔墨技法是中国画之魂。教师必须准确把握和理解儿童水墨画教学特点，传统中有自己，要引导儿童用水墨语言把自己真实的感受表达出来，在表现题材、表现手法上是没有疆界的，要凸显校外教育的活力，可以有梅兰竹菊，也可以有汽车洋房，可以从我们身边孩子们熟悉的任何事物中，寻找如何传承传统文化的宝贵经验。所以我在水墨画教学中是以传统的笔墨技法为载体，按照学员的认知能力，营造游戏式的水墨体验，以小故事、童谣、衣食住行、传统文化、家乡美景等学员生活中常见的事物和感兴趣的内容为依托，让学员在兴趣中学习，通过灵活的教学手段提升学生对传统国画的认知。这也是我编写国画教材的主旨。

三、教材框架

（一）确立教材的框架结构

根据编写教材的主旨暨指导思想，并结合我宫的课时安排、学生年龄、学习程度等，明确教材的内容，并紧紧和教学实践结合在一起，设置由浅入深的知识及培养学员主观的情感表现为框架的主线。同时，将引导学员主动观察、分析、体验的多种教学方法和趣味性贯穿于全书的每一课，由此不断提升学员的技能及自我认知的情感体验。基于校外教育课时安排及教学理念，确立宫本教材《中国画初级教材》分上、下两个学期编写，每一学期概括为五个部分，每一部分根据教研目标和学生需求又包含着相应的几个课时。如：第一部分“游戏水墨，认识笔墨”由《游戏在水墨世界》《盛开的美丽花朵》《大师的水墨游戏》《小蝌蚪找妈妈的路上》这四次活动共 8 个学时组成，活动的题目拟定力求生动，体现活动的要点。搭建好教材的框架，使我在教学与教材编写时更具系统性和科学性。

（二）确立每次活动的设计要点

1. 教学目标和教学要点

每一次活动的教学目标、教学要点明确具体。《中国画初级教材》主要针对 6 ~9 岁学生编写，根据学生学习程度、年龄特点和身心发展规律，深入浅出地引导学生有序走进中国画，再通过符合学生学习心理规律和教学规律的内容设计，使学生了解笔墨技法，培养良好习惯，掌握学习方法，好学、乐学、会学，实现教学目标，解决教学要点。

2. 教学过程——包含学习与传承、观察与讨论、名作赏析、创作练习

弘扬中国优秀传统文化，逐步积累。在教学过程设计中，以一些与活动内容相关的中国绘画发展历史中的故事、名家轶事、绘画流派和文人精神为引子，让学员在欣赏与讨论中，养成民族自信和文化传承意识，提升学员的综合素养。通过名家名作欣赏、讨论、分析，启发引导学员创作思路。动手实践过程中采用自主、合作、探究、教师引导等方式，使学生中获取和掌握水墨画的知识，养成绘画兴趣，智力得到发展，形成良好的思想、情感和品格。

3. 展示学生作品并评价

教材中学生作品要精选，突出主题，形式多样，凸显每次活动中教师的“教”与学生的“学”的内在价值过程。作品的构图、画面表现形式要丰富，能够给参考者不同的启发。教师对学生作品给予细致点评，有助于参考者体会、鉴别。作品排版要给人以设计感和美的感受。

四、教材内容

在确立教材框架、明确活动内容及实践教学当中，我不断总结和反思教材的不足与优点，着重于以下“五个结合”来总结教材选材编写的思路。

（一）与传统文化结合

新课程标准中提出“学科课程的主导价值在于传承人类文明，使学生掌握人类积累下来的文化遗产”。培养学生的审美修养，发展学生的创造能力，有利于民族文化的多样性发展，这是教育部提出的美术教育的价值所在。

水墨画是我国传统文化的代表之一，传统主要体现在内容和表现技法上。根植于传统水墨画的灵魂，我根据学生的年龄特点采取相应的教

学方法，深入思考和探究水墨画教学当中的多种教学手段。在教材中我将水墨画与多种传统文化形式相结合，形成“你中有我，我中有你”的学习模式，灵活运用水墨技法表现不同传统文化，如水墨画皮影、画影人、画皮影表演现场、画关于皮影的创作等等，反之也可以用皮影制作传统国画的内容，别具韵味。同学们在学画皮影中，还了解到皮影历史、发展、意义，制作皮影，表演皮影，在趣味的水墨画学习中提升了学生的综合素养。表现十二生肖、京剧人物、彩灯、彩陶这些传统文化的水墨画创作也是形神兼备，如表现十二生肖的《猴年画猴》一课，同学们大块的笔墨、稚拙的用笔、有趣的画面，将水墨画的特点表现得淋漓尽致。

（二）与区域资源结合

地域文化是特定区域的生态、民俗、传统、习惯等文明表现，是最具特色的课程表现内容，具有独特教育作用。开发和实践这些文化资源，体现了校外教育的广泛性和社会性，将极大地补充和完善校内教育，丰富教育内容。

这一内容是我重点表现的部分，一方面是因为实施方便，特色突出，另一方面是因为我一直结合教材编写和课题在做关于地域文化的系列课程，不仅仅是面对大山大水的写生，还有一些针对我区的传统文化如皮影、琉璃的水墨写生创作和社会实践活动。我所负责的蝶翅画社团也是围绕我区地域文化展开的。更重要的是，学生写生时会主动思考构图、墨色运用等专业技能，提升较快。当然其中也会遇到很多问题，这就需要授课教师专业引领，根据学生画面进行恰当引导，由此循序渐进。如教材中的《水墨家乡》《给大山穿衣》就是结合了家乡的建筑特点、山水的特征来表现画面；《京西古道》课上，同学们听老师讲解古道历史，踏着千年的茶马古道深深的马蹄窝，兴致盎然地走古道，触摸马蹄窝，兴奋地把自己的脚放进去比比大小，带着这种兴奋和趣味的体验，我相信同学们在画画时一定会有不一样的感受；《永定河畔》《皮影》《琉璃》这些作品表现的是同学们熟悉的家乡的文化，学员在笔墨运用上也变得自然了。很多老师也着重于依托家乡特点开展教学活动，如无锡少年宫的薛金炜老师的水墨作品，真的是应了描写江南那句诗："淡妆浓抹总相宜。"

（三）与学生生活结合

著名教育家陶行知指出："生活即教育，教育是从生活中来，从生活中展开。"生活是最好的老师，艺术创造必须要建立在儿童的现实生活基础之上，才能够传达出孩子最真实的情感，创作出最完美的作品，才能够提升学生的素质教育。

生活是最好的老师，因此我设置了同学们熟悉的系列内容，激发学员的兴趣，让他们学会自己深入观察，提升理解力，并且把笔墨技法贯穿始终。如吕子涵同学在画《雨中盛开的花伞》这幅作品时，明亮的雨伞和阴沉的天气形成了强烈的对比，运用淡墨表现雨和地上的水洼，还觉得不够，又用白色痛快地强调了正在飘落的雨滴。小作者将雨中欢乐的情境很好地展现出来，将墨与色运用得恰到好处。还有展现早上人们上班、晨练、学生上学等不同场景的"晨曲"主题创作，同学们通过自己的视角将所见情景表达出来，内容各不相同，充分体现了学生的学习能力，笔墨技法也自然而然地融入其中。"我的生日"画面中，我们能感受到每位同学的开心。墨与色是孩子们眼中所见，作为教师的我们只需在恰当时候给予专业技法的引导就足够了。还有熟悉的人物写生创作《妈妈爱美丽》《老师和我们在一起》《相遇兵马俑》、生肖系列创作、花卉系列等内容，都是以学员的生活视角和心理认知出发设计课程。中国画的精髓是"直抒胸臆"，儿童的不拘一格和天真烂漫恰好与中国画的内涵相契合。毕加索曾说："我用一生的时间去学习像孩子一样画画。"儿童画的好在于没有道理，却又特别对，是天真的真正价值体现。

（四）与教研工作结合

教研是以促进学生全面发展和教师专业进步为目的，切实提高全体教师的专业素质，增强教师的课程实践能力。

众所周知，教材的具体内容来源于课堂教学活动，其中包含着老师们的教学经验总结及教学方式方法的展现。在《中国画初级教材》中，我将教材的编写紧紧和教学实践结合在一起，首先选择合适的班级，根据学生的学习程度，详细列出一学期或者一年的教学计划，为每一次活动明确具体教学内容、目标、重难点等纲目。每学期以16次活动为例，根据实际情况，将全书分为上下两个学期，每一学期包含15次活动内容，共计30学时。每一次活动结束后我会及时进行活动反思，思考已有的教学计划是否有需要提升的地方，并及时调整。这一思考过程体现的是教师自我提升的教研能力，真正落实了教研的实际意义，促使每位教师都能够逐步成为研究型的专业教师。反思之后，再按照教材已经确定好的形式详细编写。这种将教材与教研紧密结合的编写方法，具有便于教师紧跟时代发展、及时总结教研成果、及时收集学生作品、提升工作效率等优点，这是我在编写教材中的一点探索。

（五）与课题研究结合

课题研究，就是将教师在教学实践中的点滴思考，通过相对集中的主题，以科研的角度去重新审视，发现问题、思考问题，并形成解决问题的策略的过程。

以我们少年宫来说，几乎每位专业教师都有自己的“三个一项目”和课题研究，结合项目和课题编写教材、开展教学、建设精品社团一直是我们在做的，这样就使研究更有目的和计划，起到事半功倍的效果。每位教师都能够深入研究自己的课题，并且不断总结教学经验。《中国画初级教材》是我不断深入总结此前的不足、做新的教学实践探究的研究过程的成果展现，也是督促自己不断学习成长的手段。那么具体如何将课题研究和教材的编写结合起来？我是这样做的：确定问题——制定方案——组织实施。根据课题的研究内容来明确教材编写的内容，制定教材编写的内容及形式，之后围绕课题教材编写的需求积累资料并整理、撰写。以我的课题《蝶翅画》的教材编写为例，根据课题研究，我将教材内容确立为基础蝶翅画制作技能部分和结合地域文化开展的社会实践活动及蝶翅画作品创作部分，之后制定详细的教材纲要和相关的课程计划等内容，最终完成教材的编写。因此以课题研究促进教材开发是一个行之有效的途径，能够大大促进教师的工作效率，不断提升教师开发教材的能力。

五、编写教材的收获

教材的编写有收获的欣喜，也有不足的遗憾，这种不足恰恰是我在今后工作中提升的阶梯和动力，它促使我不断思考教学内容的方式方法，督促我从多角度思考问题，深入学习相关的理论，不断提高。将工作的各方面向最优化转变，提高工作效率，实现从“经验型”到“研究型”教师模式的转变。

以上是我对自己编写教材的点滴思考，其中的教学内容是我在儿童水墨画教学中的阶段性思考，希望能使老师们有所参考。教材中的不足是我接下来在教学中深入探究与学习的动力，恳请各位专家和老师们多多指正！

百花舞俏娃

——门头沟区少年宫小百花舞蹈团活动

高 卉

门头沟区少年宫小百花舞蹈团成立于2014年9月，是门头沟区教委全力打造的品牌社团。依据北京市“三个一”优质项目建设标准，“百花舞俏娃”活动项目于2015年正式启动。针对舞蹈团学生的年龄特点以及传统的教学模式，项目组改变传统的教育理念及活动模式，坚持“以学生为中心”，开发少年宫舞蹈团学生活动的新途径，将中国舞蹈素材与舞蹈创编相结合，通过舞蹈与民族文化的融合，使传统和现代握手，形成符合校外教育机构舞蹈团发展且具有一定教育性、示范性、科学性和实用性特征的舞蹈团活动。

一、规划与计划

（一）依据基础

依据《关于全面深化课程改革落实立德树人根本任务的意见》《2016年国家教育改革和发展规划纲要》《国家“十三五”时期文化发展改革规划纲要》等相关文件精神，根据《北京市教育委员会关于在全市校外教育机构开展“三个一”活动的通知》（京教函〔2016〕230号），门头沟区少年宫深入分析小百花舞蹈团的学生特点，结合舞蹈团当前的发展需求，申报“百花舞俏娃”活动项目，着力培养学生的创新精神和审美情趣，引导学生在活动中进行探究式学习，培养学生的团队协作能力和实践能力。

（二）理念目标

本项目以立德树人为根本任务，坚持活动育人、实践育人，坚持兴趣培养和个性化教育，打造一支精品舞蹈团。项目积极探寻活动创新方法，提升创新实践能力；搭建多样活动平台，践行社会主义核心价值观；加强团结协作意识，培养艺术鉴赏情趣；夯实舞蹈功底，弘扬中华文化。

（三）结构内容

"百花舞俏娃"活动项目的学员年龄处于 7～12 岁，都对舞蹈有浓厚的兴趣，且都有一定的基本功，掌握了部分民族舞蹈知识。项目坚持"以学生为中心"，依托"向日葵""小兰花""小荷花"和"太平鼓"四个舞蹈分团，关注学生创造力实践力的提升，培养学生创新精神和审美情趣的发展，设定了舞种动作元素与创编技法活动相结合的课程体系。课程建设以立德育人为根本宗旨，分为元素和创编两个模块。元素模块包括古典舞、民族民间舞和非遗京西太平鼓；创编模块包括模仿、即兴和小组创编。元素是基础，创编是提升，两个模块相互融合，不可分割。元素模块的原创教材有《舞蹈》和《太平鼓宫本教材》，项目实施过程中对照教材进行舞蹈元素课程的学习。《舞蹈》按照学生舞蹈基础不同，从易到难分为初级、中级、高级；《太平鼓宫本教材》详细记录了非遗传承京西太平鼓的基础知识和动作套路；项目组核心成员在实践中不断总结经验，正在编写教材《舞蹈手册》，它集舞蹈元素和创编于一体，对于项目的深入开展有很大的促进作用。目前舞蹈团正在使用的教材《太平鼓宫本教材》荣获市级一等奖，《舞蹈》中级、高级教材荣获市级三等奖。

"百花舞俏娃"活动项目统筹利用社会资源，将社会资源转化为教育资源，与华夏未来少儿艺术中心（天津）建立长期的合作关系，利用暑期带社团学员赴天津参加华夏未来艺术中心的夏令营活动。小百花舞蹈团多次登上国家大剧院的舞台进行展示交流，将国家大剧院转化为项目社会资源，并与北京电视台有长期合作，将电视台的资源转化为教育资源，获得了很好的声誉，有较强的示范性，为本项目进行系统深入的研究奠定了良好的基础。

分团如下：

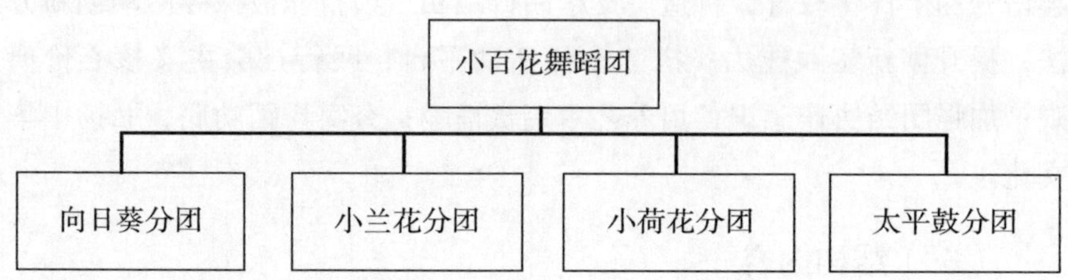

课程体系如下：

“百花舞俏娃——小百花舞蹈团”项目课程体系（三年）

<table>
<tr><th>课程类别</th><th>课程分目标</th><th colspan="2">课程内容</th><th>课程实施对象</th><th>课时</th><th>对应教材</th></tr>
<tr><td rowspan="6">元素</td><td rowspan="6">了解中国古典舞、民族民间舞和非遗京西太平鼓的历史背景、舞种特征；掌握舞蹈的基本技能。以学生为中心，采用模仿、体验、探究的方法提高学生自主学习的能力，促进学生的全面发展。提升民族自豪感，热爱中国文化；了解民族的艺术瑰宝，培养学生良好的爱国情操和审美情趣。</td><td rowspan="2">古典舞</td><td>基训</td><td rowspan="2">向日葵分团
小荷花分团</td><td rowspan="2">二十课时</td><td rowspan="4">《舞蹈》初级、中级、高级</td></tr>
<tr><td>身韵</td></tr>
<tr><td rowspan="2">民族民间舞</td><td>东北秧歌
胶州秧歌
云南花灯</td><td>向日葵分团
小兰花分团</td><td>十课时</td></tr>
<tr><td>藏族
蒙古族
维吾尔族
朝鲜族</td><td>向日葵分团
小兰花分团</td><td>三十课时</td></tr>
<tr><td rowspan="2">非遗京西太平鼓</td><td>基础知识</td><td rowspan="2">太平鼓分团</td><td rowspan="2">一百二十课时（三年）</td><td rowspan="2">《太平鼓宫本教材》</td></tr>
<tr><td>基本动作与套路打法</td></tr>
</table>

续表

<table>
<tr><th>课程类别</th><th>课程分目标</th><th colspan="2">课程内容</th><th>课程实施对象</th><th>课时</th><th>对应教材</th></tr>
<tr><td rowspan="9">创编</td><td rowspan="9">了解舞蹈创编基本知识，掌握创编技法并在实践活动中运用娴熟。“以学生为本”，运用体验、探究、合作的方法努力给学生创造创新的环境，关注学生创造力、实践力的提升。培养学生的实践创新能力，树立正确的价值观、科学的思维方式和优良的品格。</td><td rowspan="3">模仿</td><td>动物模仿</td><td rowspan="3">四个分团</td><td rowspan="3">三十课时</td><td rowspan="9">《舞蹈手册》（正在编写中）</td></tr>
<tr><td>植物模仿</td></tr>
<tr><td>人物模仿</td></tr>
<tr><td rowspan="3">即兴</td><td>环境即兴</td><td rowspan="3">四个分团</td><td rowspan="3">三十课时</td></tr>
<tr><td>音乐即兴</td></tr>
<tr><td>动机</td></tr>
<tr><td rowspan="3">小组创编</td><td>舞句</td><td rowspan="3">四个分团</td><td rowspan="3">六十课时</td></tr>
<tr><td>舞段</td></tr>
<tr><td>舞蹈作品</td></tr>
</table>

二、支持与保障

（一）师资队伍

“百花舞俏娃”活动项目核心成员有六名，均在编在岗。少年宫主任和培训部主任引领项目发展方向；核心教师四人，其中三名具有硕士研究生学历，分别具有舞蹈创编和研究能力；外聘教师四名，辅助舞蹈团建设，具有丰富的教学及带团经验。

项目长期聘请北京舞蹈学院民族民间舞系潘志涛教授、北京舞蹈学院编导系肖苏华教授、中央民族大学舞蹈学院马云霞教授、京西民间艺术团首批非遗传承人贾丽霞为指导专家。项目重视对教师专业素质的培养，定期举办讲座，并邀请舞蹈演员现场指导授课，每年定期组织 1 ~ 2 次短期培训，不断提高教师专业水平。

（二）场地设施

“百花舞俏娃”活动项目有着优质的硬件资源：专业舞蹈教室5间，200平方米多功能厅一间以及可容纳500人的剧场一个。学员可以在剧场进行模拟演出，增强舞台表演力。同时，小百花舞蹈团丰富的演出资源能够帮助学生提升艺术鉴赏力，丰富学员的舞台演出经验。

（三）制度建设

项目组落实项目负责制，各社团负责人作为第一责任人，全面负责本社团的日常训练与管理工作。充分发挥负责人的核心和模范作用，不断完善各项规章制度与措施。强化过程管理，落实每一项规章制度和考评办法。通过制定舞蹈团教师管理职责，每次实践活动制定安全预案，加强各项规划落实的日常检查与监督。从精细化管理到精致化管理体现在舞蹈团工作的方方面面。

（四）经费投入

本项目坚持公益性原则，门头沟区少年宫每年投入资金约百万，用于学员日常培训及演出的服装、道具、餐费及车费等，保证舞蹈团有序、高效运转。

三、方法与过程

（一）教学条件

本项目根据学生发展情况，不断研究舞蹈团创新活动途径，制定了详细的教学计划，定期开展舞蹈团教研活动。通过课题《少年宫舞蹈社团活动创新研究》对项目进行深入探索，改变活动思维，创新活动形式和内容，让学生成为活动的主人，培养创新精神和实践能力。依照“模仿、即兴、小组创编”这三种创新活动形式，开展“自导自演的实践活动”。通过动作元素——舞句——舞段——舞蹈作品，不断提升学生创编能力，了解舞蹈创编的全过程，同时学习舞蹈创编的方法与技巧。

在具体活动过程中，教师一方面结合当今热点，选取素材，配合多媒体等现代信息技术，让学生跟上时代发展，了解前沿科技在教学中的运用。通过舞蹈微视频、短视频开发线上课程，让学生不出家门也可以进行舞蹈元素的学习，并通过视频“回课”的方式掌握学生的学习情况和创编能力的提升。同时，采用“走出去”与“请进来”的模式传承传统民族文化，增加舞蹈知识内涵的广度与深度，让学生增强文化自信，感受中国文化的丰富与精彩。

（二）项目实施过程

本项目依托四个舞蹈分团同步进行，每个分团根据项目三年规划和课程目标进行学期计划。分团每学期的学习内容都涉及舞蹈元素和舞蹈创编两部分，元素和创编密切相关不可分割。通过学习掌握舞蹈元素知识，再运用元素素材进行舞蹈创编活动，这是一个在传承中创新、在限定中发展的新活动形式。

从项目启动以来，每次创新活动均以“主题式创编”为契机，并通过模仿、即兴、小组创编、自导自演实践活动以及传承民俗文化采风等多样化的活动形式及内容，结合本宫舞蹈团学员的实际进行实践与研究，从而培养学生的自主创新能力，推动舞蹈团创新活动的开展。“主题”的筛选过程本身就对树立学生正确的价值观起着重要作用，确定积极、和谐、能发扬中华民族优良历史传统的主题是活动关键。活动通过模仿、即兴、小组创编的新形式来进行舞蹈团创新活动的研究。这三种形式对培养学生的创新能力是循序渐进的过程。第一阶段“模仿”是让学生在生活中提炼形象素材，充分利用自己的肢体能力去体现表达出模仿的形象；第二阶段“即兴”是通过随机播放的音乐或指定的范围让学生不由自主地跟随主体意识去舞蹈，换句话说就是自由地舞动；第三阶段“小组创编”是创新难度较高的阶段，是指创编题材新颖、立意清晰、贴近生活、符合学生视角的舞蹈作品。

以舞蹈剧目《青稞熟了》《图们江畔果实香》为例，从生活中提取元素，采摘苹果梨、收割青稞，这些都是表现人们劳动的场景，学生在参与创作的过程中切实感受民族风俗习惯、地域特点以及文化差异，从生活劳作的元素中寻找到贴切且富于艺术感染力的舞蹈动作，更好地展现团结、和谐、友爱互助的美好景象。以舞蹈剧目《暖暖的企鹅》为例，教师先通过命题的形式确定了“希望”的主题和“企鹅”的形象，学生们通过已有的记忆，搜索“企鹅”的形象进行“模仿”，从生活动作中提炼元素变化发展，加入主题情绪形成独有的舞蹈动作；接下来教师播放准备好的音乐，学生根据音乐的调性和感觉“即兴”，最后分小组根据“希望”的主题，创编符合企鹅形象的舞蹈动作。剧目中“企鹅蛋”代表新生，引申为希望，就是出自学生的想法，起到了画龙点睛的作用。

在每一次活动后，根据学生的实际反馈不断调整教育教学内容，做好课后总结与反思，不断探索更加适合学生的创编内容与提示方法。真正激发学生学习探索的兴趣，做到兴趣与教学结合起来，将被动灌输转变为主动探索。提升学生创编实践的积极性。通过创编活动，帮助学生了解世界、认识世界。不仅开发想象力与创造力，了解创编技法与舞蹈内容，还增强学生创编实践能力以及处理信息的能力。

四、成绩与效果

（一）学生收获

通过舞蹈团的系统培养，学员的舞蹈专业素养得到了显著提升，社会发展所需要的创新实践能力、团结协作意识以及审美情趣也得到了很大的提高，为终身学习与发展奠定了坚实的基础。舞蹈团学生在各自的学校均为文艺骨干力量，承担着本学校舞蹈展演交流的任务。大部分学生被评为市、区、校级三好学生，多名学生获得“红领巾奖章”等荣誉称号。舞蹈团学生的培养大大扩充了我区舞蹈艺术人才的储备，提升了我区舞蹈艺术水平。

本项目组学生创编排演的剧目《青稞熟了》获 2015 年北京市阳光少年艺术节比赛金奖，《图们江畔果实香》《鱼戏》获 2015 年北京市阳光少年艺术节比赛银奖；《古扎丽古丽》获 2016 年“舞动北京”门头沟分赛区一等奖；《鼓 · 乡情》《暖暖的企鹅》《少女萨吾尔登》分别获

2017年北京市阳光少年艺术节比赛银奖。《鼓·乡情》获2018年“舞动北京”市级二等奖；连续三年赴韩参加中韩青少年国际交流，两次登上国家大剧院的舞台参加市民新春晚会，参与市区级演出交流二十余次。

（二）教师成长

本项目以学生为本、关注学生创新精神和实践能力的教育理念，促进了教师队伍的飞速发展。舞蹈组教师成为少年宫核心中坚力量，理论素养与专业素养融合并稳步提升。2017年舞蹈组申报了北京市课外、校外“十三五”科研规划课题《少年宫舞蹈社团活动创新研究》。在项目建设过程中，舞蹈组教师屡获佳绩，编写的《太平鼓宫本教材》荣获市级一等奖，张晶雪老师的《舞蹈社团制度建设的思考》获北京市“京美杯”征文三等奖，尤利娜老师的《舞蹈兴趣小组活动渗透传统文化的探索》获“京美杯”三等奖。舞蹈组教师获2018年北京市校外教育机构教师基本功展评二等奖一个，三等奖一个；获2018年门头沟区校外教师基本功展评一等奖一个，二等奖一个。高卉老师的文章《浅谈少儿舞蹈的创作》于2017年发表于《北京教育》。在专业成长的同时，教师个人发展也有显著提高。张晶雪老师作为门头沟区政协委员，参政议政；高卉老师作为门头沟区教师代表参加北京市委宣传部组织的“百姓宣讲团”活动，宣讲个人工作事迹。

（三）机构、学校发展

随着少年宫舞蹈团的不断发展壮大，小百花舞蹈团已成为门头沟区校外教育一张靓丽的名片。项目的建设提升了少年宫整体教学质量、办学水平和综合实力，学生舞蹈素养的增强以及专业水平的提升促进了少年宫综合实力以及核心竞争力的提升。

项目在实施过程中与校内紧密结合，发展成效惠及本区多所学校，舞蹈团的学生分布在本区近三十所学校，舞蹈团的课程成果促进校内舞蹈团的发展，进而推动了门头沟区校内校外舞蹈专业的发展。在项目理念的指导下，小百花舞蹈团项目与学校教育深度融合，对学校舞蹈教育有指导推动作用。项目组成员带领大峪一小舞蹈团荣获 2015 年北京市中小学生艺术节舞蹈展演金奖；大峪二小舞蹈团荣获 2017 年北京市中小学生艺术节舞蹈展演金奖。

（四）社会影响

依托项目的发展，舞蹈团得到了家长及社会的高度认可。舞蹈团年培训人数在 2000 人次左右。作为少年宫的品牌社团，三年来多次承接大型活动的演出任务，参与市区级演出交流二十余次。2014 ~ 2016 年赴韩参加中韩青少年国际交流；2016 年、2018 年在国家大剧院受邀参加市民春晚。北京广播电台、千龙网、门头沟区电视台等媒体均对小百花舞蹈团进行报道，并给予高度的赞誉。

伴随着“三个一”优质项目建设，“百花舞俏娃”活动项目提升了学生的创新精神和实践能力，促进了舞蹈教师的专业成长，满足了校外教育多样化创新型的发展需求。

在二十四节气美术教学中落实学科核心素养的实践研究

乌日娜

2015 年开始，中国的课程进入了“核心素养”时期。2017 年，高中美术课程标准修订组提出了五大美术学科核心素养，即图像识读、美术表现、审美判断、创意实践、文化理解。五个核心素养在教学实践中不能割裂，它是一个有机的整体，因此在教学中要整体地看待美术核心素养。

二十四节气文化是我国非物质文化遗产，2016 年联合国教科文组织已将“二十四节气”列入世界人类非物质文化遗产代表作名录，是中国优秀文化的重要组成部分。二十四节气美术课程以美术技法为载体，以二十四节气的气候、物候、农耕和民俗为内容，它与生活息息相关，具有丰富的、可开发的资源。首先，二十四节气蕴含着民族精神、民族气节和审美意识。它具备两个关键因素：传统文化内涵和丰富的视觉感受。其次，二十四节气所涉及的内容广泛，很多艺术家都以二十四节气相关内容为题材进行创作，这些审美意象丰富多彩。通过欣赏不同文化背景下的艺术作品，不仅能够给学生带来审美愉悦，也能感受其中蕴含的人文精神。最后，学生运用多种艺术表现形式进行创作，能够提高学生美术表现和创意实践的素养，美术学科的五大核心素养都能通过二十四节气美术教学传递给学生。通过系列课程的开展，激发学生感受美、欣赏美和创造美的能力，引导学生学习和传承非遗文化，建立文化自信。

一、课程内容的指向性设计

教师通过对教育教学的理解，从美术学科核心素养的五个方面出发，进行课程内容的设计。课程内容设计框架如下。

二十四节气	体验	分析	表现
	身体感受 视觉感受 民俗参与	收集资料 整合资料 归纳资料	语言表达 文字表达 字体表达
美术教学	感受	迁移	创作
	收集美术相关资料并整理 名家美术作品 民间美术作品	分析名家美术作品 分析民间美术作品	美术作品 手工作品 文创产品
核心素养	吸收	理解	运用
	图像识读 文化理解	图像识读 审美判断 文化理解	创意实践 美术表现

1. “图像识读”素养指向的课程设计。“图像识读”是指获得美术知识和有益信息为目的的对图像的观看、识别和解读。图像是信息的载体，美术本身也是视觉艺术，任何美术作品中都免不了对视觉符号的观看、识别和解读。在二十四节气美术教学中，图像识别内容包含两个方面，一是选择具有代表性、艺术造诣高的作品，引导学生进行欣赏，如欣赏齐白石的《玉兰》；二是二十四节气相关图像资料的搜集、整理和现场采集。如在活动“春分——玉兰花开”中，带领学生走进大自然，感受春分时节玉兰花开的美景，共同完成玉兰花的摄影作品。

2. “美术表现”素养指向的课程设计。“美术表现”是运用一定的媒材、技术和美术语言创造图像。二十四节气美术教学活动中，引导学生运用不同的艺术表现形式，如中国画、色彩构成、手工艺制作等形式进行主题创作。如在活动“清明时节雨纷纷”中，分析诗中出现的元素，如行人、酒家、牧童等，分别讲授这几个元素的绘画技法，引导学生运用中国画的笔墨技法表现《清明》这首诗的意境。

3. “审美判断”素养指向的课程设计。“审美判断”是对美术作品和现实中的审美对象进行感知、评价、判断与表达。在二十四节气美术教学中，引导学生结合现实中的形象，对名家作品进行赏析。如在活动“寒露——秋菊有佳色”中，引导学生欣赏菊花，并对比分析朱耷《瓶菊图》、齐白石《菊酒延年》、潘天寿《盆菊》、黄永玉《赏菊图》中的菊花形象和现实中的菊花形象有什么异同，分析画面的内容、构图、笔墨运用规律和色彩搭配等，说出自己喜欢的作品，并简单介绍喜欢的原因。在作品分析中也加入不同时代画家的作品对比分析，同时代中外画家作品的对比分析，同一题材不同形式表现的作品分析。将美术知识编织成网，建立起知识的联系，加深学生的学习效果。

4. “创意实践”素养指向的课程设计。“创意实践”指在创新艺术的主导下的思维和行为。“创意实践”这一素养并不单单指向美术学科，而是要注重培养学生的创造能力。在二十四节气美术教学中，注重拓展学生的思路，如引导学生运用绘制思维导图的形式，发散思维，拓宽思路。在手工艺制作表现二十四节气的系列活动中，引导学生分组制定各小组的设计思路和计划，鼓励学生设计出具有创意的、符合主题的作品。

5. “文化理解”素养指向的课程设计。“文化理解”主要是指从文化的角度看待美术作品和现象，认同中国传统文化、尊重传统文化的多样性。对于美术学科来说，可以通过作品感知当时的社会文化，也可以通过文化的特征，理解作品的内涵。二十四节气与人们生活息息相关。我们可以通过表现节气物候的作品感受到时代信息。齐白石先生有大量的表现节气内容的作品，在美术教学活动中，引导学生对这些作品进行赏析，通过作品感受到当时的社会环境和生活，并用自己的艺术语言表现同一题材的作品，通过创意实践和美术表达，能够表现出当下的时代气息。文化是一个很重要的角度，从文化角度看事物是整合的，在二十四节气美术教学中加入节气诗词内容，引导学生用画笔描绘诗词意境，不仅可以加深学生对古诗词的理解，也能通过诗词感受时代气息。课后拓展环节引导学生运用多种形式传承节气文化，如画节气贺卡、在少年宫大厅宣传节气文化等形式传播节气文化，让更多的同学、老师、家人加入到传承节气文化的大家庭中，感受中华民族文化的魅力，增强民族自豪感。

二、学生的多样化学习方法

核心素养体系下，以培养“全面发展的人”为核心，从学生角度出发，研究“学”的方式，提倡以学生为主体的综合式探究学习。高质量、高水准的学习方式必然体现出自主性、合作性和探究性，强调小组合作。

1. 发现式学习。发现式学习是探究性学习的一种，有利于学生个性的发展，强调发现，重视学生的主观能动性。如二十四节气美术教学中，在课前预习的环节，引导学生关注大自然的变化，主动发现节气的气候、物候等变化，并用自己的方式进行记录，在课堂上与同学们分享成果，从而提高学生的主动观察能力。在名作赏析环节，引导学生从艺术风格、时代背景等方面进行分析，提高学生的分析能力。

2. 体验式学习。体验式学习方式是指从阅读、听讲、研究、实践中获得知识或技能的过程，这个过程注重学生的亲身体验。教师通过任何可用感官接触的媒质为道具，以学生为主题，创造出值得学生回忆的教学情境，加深学生的学习印象，从而提高学习效率。如在活动“冬至——九九消寒图”中，老师和学生都穿古代服饰、在教室墙上贴上印有古代窗子的展板，创设情境，带学生“穿越”回古代，在“窗子”上画有创意的《九九消寒图》。这充分激发了学生的学习热情，学生能够积极投入，学习效果显著。

3. 合作式学习。合作式学习是通过小组形式来组织学生之间以及教师与学生之间进行讨论、交流和学习，从而对学习内容有比较深刻的掌握和理解，提高学生的沟通交流能力。如在活动“立夏时节芍药花”中引导学生用小组合作长卷的形式，完成芍药花的写生作品。作品完成后，教师与同学们一起缓缓打开长卷，当长卷缓缓打开的时候，我们看到了每个同学的个性和对芍药花的理解，当长卷全部打开的时候，我们看到的是生机盎然的夏天。这进一步加深了学生对活动主题的认识。

师生共同修改后的部分长卷作品

三、多元的教学评价方法

美术核心素养的五个方面是一个整体，不能割裂开来，要在整个课程实施过程中综合看待学生的表现。2014 年美国新修订的《国家核心艺术标准》提出了“基石性评估模式”。基石性评估是让学生用已获得的知识和技能来达到最重要的业绩标准，以此起到固定课程的作用。在二十四节气美术教学活动中，通过真实情境，引导学生学会运用学到的知识和技能。突出评价的整体性和综合性，从而提高学生的核心素养。

1. 综合考量，教师采用多元检测方法。从学生积极参与比率、学生艺术实践完成比率、学生自评、学生对节气和相关知识理解的比率、拓展任务完成的比率、学习任务单完成情况等方面进行评价，注重过程中点评，鼓励学生敢于创新、大胆表现，突出其艺术特点。

学生学习任务单

任务单（一）	1. 立夏节气是每年的几月几日？ a. 5 月 5 日左右　b. 6 月 21 日左右　c. 9 月 23 日左右 2. 立夏节气，都有哪些风俗活动呢？ 3. 你能说出立夏三候是什么吗？

2. 创设情境，鼓励学生自我评价。通过现场场景或虚拟环境等方

式展示学生作品，学生以语言或文字发表鉴赏报告。学生参照根据目标制定的评价指标，对自己的学习态度，行为过程和结果进行自我反思和相互评价。

构建二十四节气美术课程，开展以二十四节气为内容的美术教育教学活动，既能丰富校外美术教学活动的内容，又能从实践中落实美术学科核心素养。希望在研究过程中能不断完善教学课程设置，丰富教学内容，从课题研究入手，进一步促进校外美术教育质量的提升，培养出更多热爱和了解中国传统文化的高素质人才。

参考文献

[1] 奚传绩，尹少淳．普通高中美术课程标准（2017 年版）解读［M］．北京：高等教育出版社，2014.

[2] 尹少淳．尹少淳谈美术教育［M］．北京：人民美术出版社，2016.

[3]［美］泰勒．课程与教学的基本原理［M］．北京：中国轻工业出版社，2014.

[4] 刘月霞，郭华．深度学习：走向核心素养（理论普及读本）［M］．北京：教育科学出版社，2018.

舞蹈兴趣小组活动渗透传统文化的探索

尤利娜

舞蹈是通过肢体语言由内而外的抒发和表达个体情感与思想的。其作为传统民间文化艺术的重要载体，该如何将传统文化渗透到舞蹈教学当中，并发挥继承与传承的作用尤为关键。作为教师，我们在教书育人的过程中，秉承着德与智共同施教的原则，要将“中华传统文化”渗透到舞蹈兴趣小组活动中，以教养德，以德育美，采用不同的教学方法，巧妙地创设深入学生心灵的情景，让孩子们在身临其境中引发内部动力，引起他们对自身行为的反思，从而认识自我，改变自我，使其个性得到良好的发展。

一、选择主题，遴选剧目，在模仿中渗透中华传统文化

常规的舞蹈教学模式大多以模仿为主，老师做学生看，模仿着老师的动作参照性的学习。这种授课模式虽然陈旧老套，却简单直观，非常适合教学引入的初阶段。在我的舞蹈兴趣小组活动中，首先选择的也是这种模式。随着教育改革大潮的变迁，中华传统文化这个题材的成品剧目选择多多，通过细致的挑选，选择了《我学弟子规》这个舞蹈作为模仿的主题内容。这个舞蹈的歌曲引用了孩子们耳熟能详的《弟子规》课本内容作为配词，在学习的过程中，便于学生们掌握节奏，加之言语贴切的舞蹈动作，可以进一步推动她们对《弟子规》内容中所表述的含义有更加透彻的理解，从而借助丰富的肢体语言，巧妙地表达和抒发内心的情感。

在观看学习之前，给孩子们提前留了功课，让她们熟背《弟子规》，回课的时候谈一谈自己对其内容理解。这个环节的设计，是为了

调动学生们的积极性，温习所要学习掌握的知识点。课堂上根据孩子们对内容理解的叙述，给予肯定和升华。依照提出问题、思考问题、回答问题、变现内容的步骤逐一实施。在模仿教学的同时，不断潜移默化地将传统文化的深刻含义点滴渗透在其中，给孩子们普及尽孝道、守忠义……是何寓意，依附于这样一套较为完整的教育结构施教，突破了学生们在校内死记硬背的学习模式。运用丰富的肢体语言重温《弟子规》，孩子们学完这个舞蹈，激动不已。有的孩子说："老师，我原来怎么背都背不出来，现在一边跳着一边背着，觉得特别轻松。"还有的学生说，她从中有所感悟，更深刻地明白了作为一个女儿该怎样去孝顺爸爸妈妈，如何尊敬师长。孩子们在体验中收获着快乐。

二、确立主题，改编剧目，在主动学习中渗透传统文化

在模仿《弟子规》成品舞蹈的基础上，要使中华传统文化的精髓继续渗透到舞蹈小组教学实践中。主要途径是通过确立一个主题性很强的舞蹈作品，结合当前所学知识和内容，以学生为主体，对成品剧目进行改编。通过这种教学模式，去挖掘学生们内在的原创力，想象力，让孩子们从被动的学习转变为主动的学，增强其创新意识，并培养她们对舞蹈的创编能力。

这一教学环节，是被动模仿的升级，只有主动创造才能发现更多的美，领悟更深层的蕴意。例如在教学活动中，让学生自愿结合为几个小组，先组织她们观看一个完整的舞蹈作品，挑选出一段突出主题的舞段内容反复播放几次，设计一些问题，作为创编的路线进行指引。比如：在这一乐段当中表现的是什么内容？这些人物塑造的有哪些角色……在充分了解所要编创的内容前提下，让学生开始进行改编，但是主思路不变，要给学生们一个框架和范围，之后再由老师进行指导、加工和修改。孩子们非常兴奋地自由选择自己的搭档，积极行动起来。有模有样的分工合作，通过一旁观察，发现学生的创造力和合作意识真的很强大，有的负责打节奏、有的拿起纸和笔边做动作边设计队形变化，还有的同学充当起老师的职责，画龙点睛，总结矫正……看着这个改编剧目的场面，好似将我领入到了一个排练现场的情境之中。她们跳着、说

着、笑着，在这个过程中将自己所学的专业知识和技能巧妙运用，相互之间默契的配合显得是那么的和谐。课间休息的时候，意犹未尽的孩子们依然一边做着动作一边交流传统文化主题所渗透到舞段当中要表达的内容和心得。从孩子们张张笑脸、眉飞色舞的表情上，能够深深地感受到，这种学习氛围的创设、形式内容的改变与充盈，令她们愉悦。

通过实践摸索，体悟到这样的教学的模式既能避免学生死板模仿，从中又能发现，其实孩子们往往能创造出很多优秀的舞蹈动作和所要变现的内容。在教学引导过程中，不断强化传统文化主题内容的相关概念与动作如何巧妙结合，在完成技术动作的同时，将传统文化的内容灌输在其中，令学生的情感、道德价值观再度升华。更重要的是，从这个实施的过程中发现学生们普遍喜欢这种具有一定开放性和自由的全新教学方法，达到了寓教于乐的良好效果。

三、设立主题，编创剧目，在创新中渗透中华传统文化

伴随着教育改革的大潮推进，积极倡导开发学生原创性思维模式，已成为了培养学生核心素养的重要因素之一。在以往的舞蹈兴趣小组活动当中，基本上都是让学生参与并完成个别舞段的创编内容，为了进一步发掘学生主观能动的创编意识和激发她们的学习热情，可以试图大胆尝试，以学生做主、教师为辅的形式，完成舞蹈剧目的创编。让学员通过此项活动内容的创设进一步提升专业能力和素养，收获成功的喜悦。

例如，在授课实施的过程中，选择传统文化精髓当中的“礼、让、爱、敬”这四个字作为主要题材，所创编的舞段情景内容围绕着主题当中的其中一个字开展讨论。（将学员分为四个组，每个小组选择“礼、让、爱、敬”其中的一个字进行创编主题）以叙述故事的形式展开联想和构建。在实施过程中，老师的辅助工作要及时细致，依照了解剧情内容、创设情景、捕捉元素、进行思考、分工设计、整理动作、调整队形、完整组合，展示和自评互评等步骤逐一实施，开展小组活动，通过不断磨合推敲，最终完成作品当中的舞段内容。

当今的舞蹈教学强调素质教育为核心，更加注重的是人格的自我完善和发展，它区别于一般技能性训练，而是要将舞蹈视为一种历史文

化，视为人类文明和审美的一种形式。传统文化教育的理念经久不衰，在当今社会不断向前发展的大潮下，传统文化知识作为人类文明与艺术的瑰宝，需要代代相传。

参考文献

[1] 万平. 教育是温暖的 [M]. 北京：北京出版社，2010.
[2] 孙蔚. 关于将传统文化渗透在舞蹈教学中的几点思考 [J]. 科教导刊，2016 (13).

《拜厄钢琴基础教程》新解

姚　旺

中国的钢琴教师对于《拜厄钢琴基础教程》已经很熟悉了，20 世纪 50 年代，中国钢琴的启蒙教育就是用德国拜厄的《钢琴基本教程》，且一直沿用至今，有很高的教学价值。但钢琴学术界对这本教材的理解和认识存在一定的差异，对于教材的内容和形式也是褒贬不一。

钢琴启蒙阶段对于教材的选用是至关重要的，但教材是教学的手段而不是目的，如果只是机械地教学而不注重思考，不能够灵活运用教材，那么学生的收获只能非常有限。所以关键还是在于钢琴教师如何最大限度地用好教材，吃透教材，将全新的教学思想和教学理念注入教材中，并运用到课堂教学上，以赋予教材新鲜的生命和活力，同时也培养了学生良好的学习习惯以及多方面的能力。

下面我把对《拜厄钢琴基础教程》在教学过程中做的探索和尝试，做如下几方面的归纳。

一、视谱能力

本教材最开始的部分是左右手单独触键练习及双手练习，这部分用断奏奏法或连奏奏法均可。左右手单独触键练习均为 24 条，为固定位置的五指练习。双手练习也是 24 条，前 12 条是同指不同键，后 12 条为同键不同指，此处练习让学生通过观察高低声部关系和旋律线条走向，从而训练学生快速读谱的方法很有效果。例如，第 19 条、25 条，双手旋律方向有同向也有反向，并且均以相隔六度开始，是很有趣味的视奏练习，可以对比着进行学习。

二、对键盘手位的熟悉

第 3～31 条，是双手固定位置 do－sou 的练习；第 32～34 条，37～40 条是双手固定位置 sou－re 的练习；35～36 条，是右手 do－sou，左手 sou－re 的固定位置练习；41～43 条，是双手固定位置 la－mi 的练习。以上可以看出，第一部分从第 3～43 条，均是双手固定位置练习，可以用来很好地训练手指与键盘的默契度。

在课堂上，我们可以将学生手的上方用纸遮挡起来，用余光扫不到琴键（可以称之为“盲弹”），使学生充分将触觉、听觉与视觉很好地进行结合。这样学生的眼睛始终盯住乐谱，用耳朵分辨弹得是否正确，同时将键盘位置深深记在脑中并与音符所在位置对应起来，用手指慢慢体会感受琴键之间的距离与位置关系，使学生能够很好地改善琴键乐谱两头忙，或者低头只顾看键盘、对键盘位置不熟悉而导致的演奏不连贯的状况，大大提高学生的学习效率。

三、配合协作能力

本教材开始部分的三手练习，第一部分第 3～11 条，第 32～34 条，第 41～43 条，第二部分第 44 条，第 63～64 条，第三部分第 86～87 条，均带有教师弹奏部分，是很好的四手联弹练习，但是这是普通意义上的四手联弹。

本教材的第一部分每一课均可以用来训练学生配合协作能力，这部分大多数练习均为 16 小节，短小规整且训练目的明确，每一条之间又有着关联，可以进行对比练习。

教学中由老师弹奏高或低声部，学生弹奏另一声部。有时候学生单独弹奏整曲时，节奏音准准确，分句清楚鲜明，也能够连贯流畅演奏。可是当老师弹奏一个声部，学生只弹奏另一声部时，虽然单手弹奏弹得容易了，反而节奏混乱、速度前后不统一，分句划分更是顾不上。这就使得师生合作这项训练在钢琴教学中尤为重要，尤其是在启蒙教学中，学生不仅仅要把本声部演奏好，同时还能够很好地倾听其他声部，在音乐上合作、协调，充分调动学生们的听觉，音乐与技巧兼顾。这样可以为学生今后进一步接触四手联弹作品，或者与他人合作，与其他乐器配合，打下扎实的基础。

四、移调能力

尽早训练学生的移调能力，会使学生的内心听觉得到很好的开发，初步建立调性的概念，进而全面培养学生的演奏技能。教材第一部分第3～43条，均为C大调的固定位置五指练习，是非常好的移调训练素材。我们可以让能力不错的学生进行半音移调，如：C大调向上半音移调为升C大调，或者向下半音移调为降C大调，让学生在复杂的键盘手位中，将听觉与触觉进行有效的结合；也可以音程移调，比如C大调移调为G大调或F大调。

由于第一部分的曲目都很短小规整，易于快速掌握，学生第一周将曲目旋律熟练演奏并背奏下来，第二周就可进行两种移调方式的练习。这样运用不同的调演奏出来的效果肯定是不同的，学生会在对比中感受到调性之间色彩的差异，进而培养他们对调性的敏感度和音乐的感受能力。这样的练习学生既觉得有趣，又觉得是一种挑战，并且他们的综合能力也会得到快速提升。

五、乐谱结构的分析观察能力

学生拥有对乐谱理性的分析能力是非常必要的，这对学生很好地感受音乐、理解作品是很有帮助的。这就要求学生在快速读谱的基础上，通过对比旋律走向的特点、伴奏织体的变化，进行乐句段落的划分，体会乐曲中的模进，理解作品的简单曲式，进而从整体上把握乐曲结构。

本教材的第一部分第3～43条曲式结构简单规整，学生能够快速找到规律，划分出乐句的结构。例如：第18条，四小节一句，共四句，是abcb’结构，第二句和第四句旋律相同但是左手伴奏部分不同，第二句左手为双音，第四句左手是与右手相隔六度的同向进行的复调。例如：第15、19、25、29、33、40、42、43条，四小节一句，共四句，第二句与第四句完全相同，均是abcb结构。

教材的第二、三部分比第一部分曲目程度略深，篇幅稍长，但是也很适合学生用来分析作品结构。例如：第60、77、78、80、81、89、90条，八小节一句，共三句，均为规整的aba结构，而且b段与a段对比强烈，有几首还进行了转调，学生将教材曲目结构特点结合音响色彩，会更加容易感受理解音乐内容。

六、和声伴奏织体的学习

教材的第二和第三部分，大部分曲目运用分解和弦伴奏音型和柱式和弦伴奏音型，最后程度较深的几首涉及到了左手低声部保持音加分解和弦伴奏音型，例如：第88、91、97、100、102、105条。

学生在学习第二第三部分的时候，主要掌握这两种伴奏音型，要求尽量做到自如转换，并能够根据拍号或者节奏的不同进行灵活调整。例如，学生学习第48、52、55、58、59、61课时，教师弹奏旋律部分，要求学生将左手分解和弦伴奏部分弹成和弦的形式，这样既能够训练视奏读谱能力，又能够让学生快速了解乐曲和声的结构，同时无形中教师演奏了2~3遍的旋律学生脑海中已经有了模糊的印象。这时学生和老师交换声部，学生视奏旋律部分，教师则按照乐曲原谱伴奏进行演奏，这样学生在浓厚的兴趣中能够以最快的速度掌握全曲。这时候教师再将乐曲中出现的伴奏音型的特点进行讲解并归纳，使学生真正做到理性与感性、理论与实践的结合。

学生这种综合能力的掌握十分重要，这会大大提升他们对钢琴学习的兴趣。学生们在学校的音乐课上会学习各种类型的歌曲，他们在钢琴上弹奏这些歌曲旋律时，总会想自己去尝试伴奏，这样能力的培养给了他们无限的创造力和可能性。虽然启蒙阶段学习的伴奏音型很基础，但是能够做到熟练运用到编配其他小乐曲中，也是十分不易的，这需要长期不断地练习并用心体会。

以上是我在教学《拜厄钢琴基础教程》过程中的一些思考，希望能够对同行们的教学有所启发。

用歌唱教学活动培养学生爱国情怀

李建芝

演唱歌曲时要努力做到声情合一，因此具有很强的带入感，让人瞬间达到情感共鸣，达到陶冶情操的效果，把深埋在心底的情绪瞬间喷薄而出，这一点唯有歌唱能够达到。

一、在学唱歌曲的过程中深挖内涵，引导教育学生

音乐学科丰富的情感特征，是爱国主义教育的最佳方式。在日常的声乐课堂上，每学习一首歌曲，我都对词曲作者、歌曲创作背景和歌曲内涵进行全面了解，梳理出思想教育的切入点。比如《我爱妈妈的眼睛》这首歌，歌曲旋律优美，朗朗上口，表达了孩子感受到妈妈对自己深厚的爱和包容。教学中，我大力介绍了曲作者施光南，他是“人民音乐家”，创作了许多脍炙人口的作品，至今广泛流传，教育了一代又一代人。我边举例边唱，学生对他肃然起敬，在学唱时更加投入。

在声乐教学过程中通过讲解歌词，深挖歌曲的爱国主义精神，对学生进行教育。比如歌曲《祖国像妈妈一样》：“我是田里一棵苗，祖国的怀抱是温床，她敞开温暖的胸怀，哺育我健康地成长。啊，祖国！啊，祖国！给我幸福雨露，给我美好理想！感谢你亲爱的祖国就像妈妈一样。”通过对唯美歌词的朗读，感受歌曲起伏的旋律、高亢嘹亮的声音，有很强的带入感，再演唱时学生饱含深情，演唱投入，从眼神到表情都能感受到是内心情感的流露，声情并茂地演唱歌曲。

教师的任务是通过生动的讲解、真心的热爱，把他们带入某种情绪中，帮助学生了解作品表现的情绪和内涵，直到理解。例如学习《读唐诗》这首歌，我根据歌曲里提到的唐诗，和学生一起大声朗读，并让学

生说说诗作表达诗人怎样的思想和情怀。通过声情并茂的示范，让学生直观感受作品的魅力，激发学生热爱、学习、传承唐诗。在学唱歌曲时，学生对每句歌词背后承载的内涵就有了较深刻的理解，歌词记得准确清楚，演唱时声音、情感饱满。

二、策划艺术实践活动，加深学生对作品的理解

我根据歌曲表达的内涵，把歌曲分为不同的专题：爱国的歌，妈妈的歌，春天的歌，绿化环保的歌，交通安全的歌，保护动物的歌，互助友爱的歌等。在母亲节组织《感恩母亲》活动，让学生唱歌给妈妈听，如歌曲《妈妈和我》《采一束鲜花》等，感谢妈妈的辛勤付出。组织学生去敬老院慰问老人，孩子正处在人生的春天，所以我们的主题是《春天的问候》，孩子们唱了大量春天的歌，如《春晓》《把心儿种在春天里》等。小主持人问老人会唱春天的歌吗？老人们说听过《春天在哪里》，孩子和老人一起高兴地唱起来。

三、利用乡土资源，了解家乡历史，树立远大志向

我区是革命老区，在抗日战争时期是重要的抗日根据地，为抗战胜利做出了巨大贡献。我带领学生们去参观光荣院中的展览，听讲解员讲解我区的抗战历史，在抗日战争中发挥的重要作用，战士们的舍生忘死精神，艰苦奋斗的革命意志等，对孩子们都是深刻的教育。孩子们围坐在抗日老英雄身边，听他们讲打仗的故事，因为都是亲身经历，所以讲得很投入、很生动，孩子们听得专注。在唱《儿童团放哨歌》时，孩子们的眼神坚定有力，动作英姿飒爽。孩子们还为抗战老兵演唱了《红星歌》《映山红》《国旗国旗真美丽》《我仰望五星红旗》《祖国祖国我们爱你》《挂国旗》《共产儿童团歌》等。老人说，现在的孩子还愿意学唱抗战时期的歌曲，还唱得这么好，很是令他欣慰。充分利用区域优势和社会资源，开展丰富多彩的实践活动，让学生在活动中增长知识、开阔眼界、陶冶情操、提高能力、健康成长。通过了解家乡的抗战历史，在产生自豪感的同时，落到要努力学习，做一个对社会有用的人，为建设祖国尽自己一份力量的志向上。

四、参加国际赛事活动，把为国争光植根在孩子心中

我带领合唱团走出国门，参加国际合唱赛事。在新加坡国立音乐学院，学生们以清澈悦耳的童音、积极饱满的歌唱状态展示了两首风格迥异的作品，得到了评委的高度评价。比赛过后，合唱团的学生们还聆听了不同组别、不同风格的精彩展示，感受到了不同国家和民族的合唱风格，开阔了艺术视野，确立了更高的学习目标。

充分利用歌唱的专业特点和无可比拟的带入感，组织学生开展丰富的艺术实践活动，是教育者的责任。

关于构建“八节气”美术教育实践课程的思路

乌日娜

二十四节气是世界非物质文化遗产，是中国的传统文化，是民族的生命，没有文化，就没有民族。博大精深的中国传统文化是各地的文化传统在长期历史过程中逐渐融合而成的，它蕴含着民族精神、民族气节和审美意识。选择二十四节气中的具有明显的节气和季节性特征的“八节气”开发美术教育实践课程，能让学员了解认识民族文化，增强民族自信；通过“八节气”美术教育资源的利用和实践，把艺术教育和创作融入现实生活体验中；进一步丰富和拓展了校外教育的小组活动、社团活动的教育形式。

一、“八节气”美术教育资源的概述

（一）“八节气”美术教育资源的辨识性较强，有利于学生认识非遗文化

“八节气”产生于生活，源于人们对生活的观察，具有形象性。美术教育与艺术创作都来源于生活，将具有代表性的“八节气”引入到美术教学活动当中，引导学生主动探究和思考，通过课程的学习，进一步地了解节气的物候、气候、民俗等相关知识。通过长期的学习与积累，对中国非遗文化有自己理解和认识。

（二）“八节气”美术教育资源的延续性较强，有利于学生传承非遗文化

中国有五千年的悠久历史，经过漫长的实践和经验积累，存留下丰

本文发表于《中小学教育》2020 年第 11 期。

富的中国优秀传统文化。在美术教育教学的实践中，将“八节气”的知识与美术教育相结合的方法，更有利于非遗文化的传承与发展。

（三）“八节气”美术教育资源能将文化积淀与美术学科相结合，有助于学生提升文化自信

将中国传统文化资源与艺术教育教学实践相结合是传统文化的传承和发展方向，也是艺术教育事业的创新实践和综合扩展。“八节气”美术教育实践课程的开发研究既是美术教育教学实践过程，同时也是传统文化的传承与发展过程，从学生对传统文化基础知识的学习到对传统文化知识具有自我感悟和认知，学生的教学实践不断地被认可，通过引导学生在艺术实践中表达非遗文化，从而不断地增强我们学生的文化自信。

二、“八节气”美术教育实践课程的内容

构建“八节气”美术教育实践课程中“八节气”指的分别是：春分、秋分、夏至、冬至、立春、立夏、立秋、立冬，“八节气”确立于春秋战国时期，战国后期的《吕氏春秋》中出现了日夜分、夏至、冬至、立春、立夏、立秋、立冬等称呼。其中，除了日夜分指代春分和秋分两个节气，其他叫法已经跟后来完全一致。选取“八节气”为媒介开发美术资源，是因为它在温度、色彩、气候等方面有着明显差别，是影响人民生产和生活的最具代表的节气，既是传统文化和艺术文化，又是自然科学、社会科学。

在可查阅的文献中我们发现，二十四节气早在公元600年前就已经传到了日本，其绘画大师大田垣晴子将二十四节气、七十二物候绘画成为《四时绘：二十四节气风物录》，融审美性与可行性于一体，影响着他们的生活，是我们学习和参考的资料，但这一研究没有深入到教育领域进行传播和推广。“八节气”美术教育实践课程的构建能很好地实现“节气知识”和“艺术文化”相结合走进教育领域。在我国研究二十四节气的书籍和资料很多，如高倩艺编写了《二十四节气民俗》、董学玉、肖克之编写了《二十四节气》，这些文献都是二十四节气科学实践

的经验总结，既有民生、民俗又有科学、艺术、传统文化，是属于系统性的关于二十四节气的研究著作。

三、“八节气”美术教育实践课程的设计

构建“八节气”美术教育实践课程，是探索性地将传统文化转化成有意义的视觉形象，并进而转化成美术教育资源的模式和途径，丰富了美术学科的课程体系和内容。这是将无形的传统文化中的审美因素转化成美术课程开发所能利用的物质资源，即视觉形象（美术形象和语言），最终转化成美术课程。通过“八节气”美术教育资源的利用和实践，能让学员了解认识民族文化，增强民族自信；从节气的生活体验与感知中，做到传统文化和艺术文化的学习与认同。

在构建“八节气”美术教育实践课程中，主要采用文献研究法和实践研究法，其中文献研究法是梳理、挖掘与节气相关的文化和内涵，整理相关资料，为构建课程研究提供文字支持。实践研究法是在美术教学活动中开展“八节气”系列课程，从学生接受程度、参与程度、八节气内容与美术课程结合的紧密程度等方面进行反思，完善教材内容。

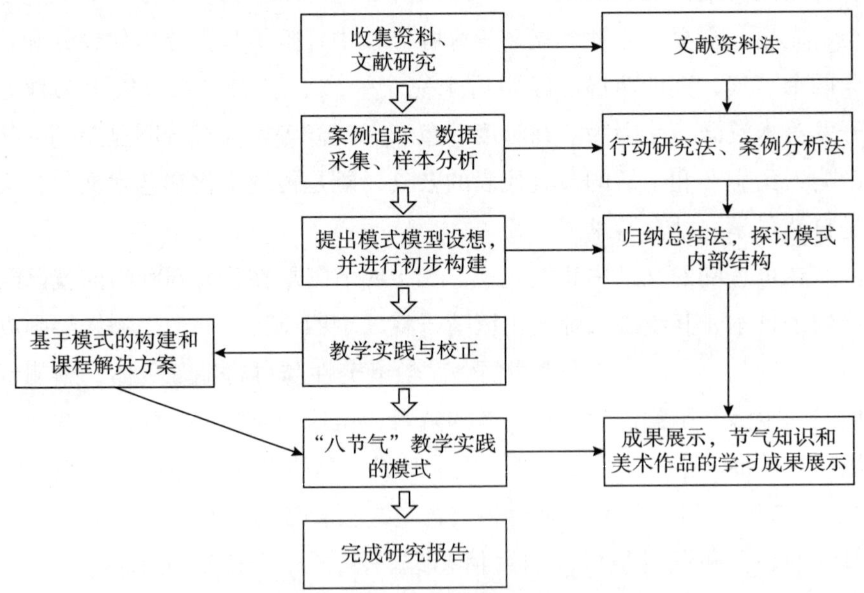

图1 基于模式的构建和课程解决方案

四、构建“八节气”美术教育实践课程的重要性

二十四节气是古人智慧的结晶，现在也是民族文化的重要组成部分，具有不容磨灭的文化价值。作为中国人特有的时间知识体系，“二十四节气”不仅深刻影响着人们的思维方式和行为习惯，而且鲜明地体现了人与自然和谐相处的能力。所以，“二十四节气”是中华民族文化认同的重要载体。在二十四节气中“八节气”具有明显的季节特性和识别特征，所带给我们的，不只是对生产生活的指导意义，还有人类应该敬畏自然、亲近自然、尊重自然、保护自然的积极态度，这种文化价值是永远也无法磨灭的。

参考文献

[1] 大田垣晴子. 二十四节气风物录 [M]. 南宁：广西美术出版社，2014.
[2] 高倩艺. 二十四节气民俗 [M]. 北京：中国社会出版社，2010.
[3] 董学玉，肖克之. 二十四节气 [M]. 北京：中国农业出版社，2012.

在声乐教学中传承传统文化的实践探索

朱智楠

中国，是一个诗的国度，也是一个具有五千年历史的文明古国。古诗词作为传统文化的重要组成部分更是中华民族文化遗产中的璀璨珍珠和艺术瑰宝。然而目前“快餐文化”这一流行趋势给青少年造成一定的影响，他们对吟唱古诗词知之甚少。作为新时代的校外声乐教师，在声乐教学活动中以古诗词作为学生演唱的内容，运用音符描绘中国古典文化，将祖国优秀文化遗产继承并发扬光大是我们义不容辞的责任。

基于这样的思考，在“三个一”教育教学活动项目推进中，我创办了“诗词乐坊”社团，开发了以中国传统节日为时间线索、取材于经典诗词并根据学员特点创作适合学生歌唱的《咏经典》教材，融合多种表现形式开展系列声乐教学活动。通过音乐与经典诗词的融合，让与中国传统节日相关的经典诗词穿越时光的长河，在音乐旋律中焕发新的生命力。用歌声传承经典、传承优秀文化，使之扎根于学生的心田，形成对中国传统文化的认同感，将传承传统文化内化于心、外化于行。

一、《咏经典》不仅是传承，更是文化自信的重要表现

歌唱诗词并不是当代人的发明，古时就有诗人将诗词拿来吟咏歌唱。《毛诗序》中说道：“情动于中而行于言，言之不足，故嗟叹之，嗟叹之不足，故咏歌之，咏歌之不足，不知手之舞之，足之蹈之也。”这说明诗与歌的关系密不可分①。“和诗以歌”的诗乐传统在中国的历史十分悠久，中国古代的著名诗篇《诗经》《离骚》就是吟唱出来的。

---

① 刘跃进：“强调诗乐教化的《毛诗序》”，《文史知识》，2016 年 1 期，第 90 页。

经典古诗文词句优美、韵律和谐、意蕴深远，是中华文化的璀璨明珠，也是民族传统的重要载体。

回看20世纪初“学堂乐歌”时期，便是以选曲填词为主要创作形式，即选取国外现成的曲调，直接填写我国的诗词，中国近代音乐教育也由此发轫。2018年2月，《经典咏流传》的诗词音乐文化节目在央视一套开播。节目中经典诗词、民族音乐元素与动感的节奏碰撞出新的火花，在现代化的舞台上绽放别样光彩。它们中有《三字经》《将进酒》《天净沙》等经典诗词，结合当下流行的配器风格，使音乐形式丰富，更让这些经典再度成为时尚和流行。时代发展到今天，我们重提古诗词吟唱并非单纯的复古，而应重新审视其价值并为其赋予新的含义，在继承的基础上进行创新和发展。中华文化的风骨与魂魄融入每一位华夏子孙的血液，自信地闪耀于世界舞台。

二、《咏经典》不仅要符合学员的实际能力，而且要具有鲜明的民族音乐特点

进行中国传统节日诗词的吟唱，首先要解决两大问题：古诗词的选择和音乐旋律的创作。古诗词的选择要适合学员的认知特点和审美情趣，有助于学生树立正确的世界观和人生观。在中国，大家熟知的传统节日有10个左右，而各个朝代围绕这些节日的诗词多达几千首，从这么多的古诗词中我们要选择一些具有教育意义的经典佳作吟唱，既要精妙绝伦、脍炙人口，又要迸发出智慧的火花和哲理的闪光。如有关春节的诗词：“爆竹声中一岁除，春风送暖入屠苏。千门万户曈曈日，总把新桃换旧符。”再如关于端午节纪念屈原的“竞渡深悲千载冤，忠魂一去讵能还。国亡身殒今何有，只留离骚在世间。”其中深刻的思想内容及高度凝练的语言已经融入到我们的血液之中，经历代而不衰。

从旋律创作而言，《咏经典》的旋律不能成人化，在耳熟能详的民歌、戏曲等民族民间音乐中深度挖掘，提炼极具民族音乐的元素进行创作和改编，使作品充分展现中国民族民间音乐的风格和特点；从符合诗词韵律而言，要充分考虑到文字声调与音高的结合、韵母发音与歌唱中咬字的结合以及歌词内容的情节发展等；从歌曲的整体结构而言，其风

格既要服从于诗词内容，表现正确的感情基调，又要根据学生的年龄特点以结构完整、主题清晰、节奏明快的音乐语言表现作品。

在此基础上也可以根据诗词内容的表现需要，在音乐伴奏中加入现代音乐元素，体现音乐文化的多元化和创新性。在字正腔圆、抑扬顿挫、徐疾有度、声情并茂的低吟浅唱之中体验中国古典诗词的深邃魅力，感受中国民族音调、黄钟大吕华夏之声。

三、《咏经典》不仅学得快，而且记得牢，利于传播

“独在异乡为异客，每逢佳节倍思亲。遥知兄弟登高处，遍插茱萸少一人。”王维的《九月九日忆山东兄弟》在演唱中更增添别样韵味，不禁使人陶醉其中。古诗词作品的创作与演唱十分考究，很多作品中需要运用传统五声调式的音高元素，方能展现语言的抑扬顿挫。所以，当学生演唱古诗词歌曲时，不仅能体会到诗词的语言之美，更能在传统曲调的艺术之美中汲取养分。

学唱歌曲前，我和学生们会先讨论诗词的含义与意境，甚至尝试营造出诗人创作的氛围。这种生动的方式更能激发孩子学习古诗词的兴趣，让孩子们学得快，记得牢。古诗词的韵律很适合孩子们诵读，能增强孩子学习的积极性，也展现出歌曲强大的教育功能。我希望将传统文化与声乐结合起来，用民族的音乐元素来传承优秀传统文化，我的探索取得了初步的成功。我还要继续搜集整理《二十四节气诗词经典》《春夏秋冬诗词经典》等，把它们谱成歌曲满足学生唱诵的需求并加以推广。

在“三个一”创新项目中创办“诗词乐坊”社团，展开《咏经典》校外声乐教学中的探索，无疑具有积极的意义。

参考文献

[1] 刘跃进．强调诗乐教化的《毛诗序》［J］．《文史知识》，2016（01）．

浅析学生体验在群众活动中的重要性

韩金军

现在，课改正在全国各学校全面铺开。课改则重点强调学生在学习中的体验、探究。作为一名校外群文活动教师，在策划设计群文活动的过程中如何让学生在活动中进行体验，进而达到教育学生的目的，为此，我也作了大胆的尝试。所谓“体验”简而言之是指通过实践来认识事物。让学生通过在活动中亲身体验从而把做人做事的基本道理转化为自身的内在行为习惯，进而全面提高自身素质。为了把他们真正培养成我们活动的小主人，在我所开展的活动中狠抓活动过程的体验性这一环节，使他们在活动中的主体地位得到加强。

一、重视学生在活动中的体验性

我也曾经策划设计过不少的群众活动，一路走来反思这些活动，感觉有些活动还有提升的空间，活动过程往往就忽视了学生的亲身体验，通常是教师直接告诉学生什么是应该做的，什么又是不能做的。将学生当成了提线木偶，轻视了体验过程，过多地重视了结果。在活动过程中有时会直面学生：“你这样做对吗?”“不对。”“那你为什么还这样做?”“知道应该怎么做吗?”“看我怎么做。”“那你还不赶快做。”实际上，这样的结果往往也就忽视了学生的自我情感、亲身体验等心理过程，教师太重视最后的活动效果，往往让学生直接地模仿、背诵、记忆。那么这样的结果又有什么实际教育意义呢?结果就是扼杀了学生的直觉、童心和实践过程，学生感到活动没意义，导致学生参与积极性不高，往往达不到活动的预期效果。反思这些不太成功的活动，我深刻意识到，在策划设计群众活动之初，就应该多设计一些体验探究性活动并将这些活动融入到整个活动中，多设计策划符合学生身心发展规律的具有儿童情趣和时代气息的实践活动，让他们在家庭、学校、社会和大自然多个方面去体验、去实践、去感知生活，获得最真实的切身感受，明白最深刻的实践道理，养成良好的行为习惯，掌握生活中最实用的本领，进而提高自身的整体素质。

让学生在活动中多多进行体验，将实践活动贯穿到整体活动中，是校外活动教师应该具备的一种全新的教育理念，它要求在设计活动时融入体验的思想，体现体验的方法和要求。目前大多数学生普遍存在的现象是：知道事情的表象多，但体验的事情少。直面学生成长过程中的这一薄弱环节，校外教师应该大有可为。这就要求我们校外教师在设计策划群众活动时必须强调把体验作为开展活动最基本的环节之一，重视学生在活动中的体验性，关心他们是否都有体验，都体验到了什么，今后更想追求怎样的体验。体验，还是一种通过主体认识，改变主体的心理世界而进行的过程。这一心理过程，不仅仅是情绪、情感的过程，还可以由知识、思维、注意力以及其他心理机制共同作用而完成。它不仅能帮助人们达到认知和理解，而且是人们生存的一种方式。“在实践中体验”是教育思想不断深化的一个标志，标志着我们更加注重学生的主体地位，注重教育的过程。这一过程的可贵之处就在于他完全属于个体行为，任何他人无法替代。因此从某种意义上说，体验是教育的目的与归宿。

二、引导少年儿童在活动中用心体验

作为校外群文活动教师，在策划设计活动时，要精心策划、周密组织，通过不同形式、设计多种活动，引导学生们在活动中用心去体验、用心去感受，自觉地将全面发展的要求转化成自我体验、自我要求。通过多年的活动实践，我觉得学生的体验活动可以分为本体性体验和角色模拟体验两大类。我们开展的活动也可以分为两大类。一是常规性的，即基本的教育活动，如我们开展多年的“心中有祖国，心中有他人”活动以及扫墓、植树等社会实践活动，小发明、小制作、小考察、小论文等活动，组织这些活动目的就是让学生们学习长辈的高尚品德，增强他们的社会责任感，并且体验友情、体验爱心、体验成功的喜悦。另一类活动则是利用特定时间、地点，营造特定的氛围，让学生通过模拟某些特定的社会角色，进而达到角色模拟体验的目的。如开展“当一天考古队员”“我是一名小小营业员”“学做消防员”等活动。使学生通过对一个个具体工作的实践体验，了解三百六十行的光荣与艰辛，了解劳动的甘与苦，了解这些角色的意义及职业要求，从而培养起热爱劳动、尊重知识等思想品质，为日后走进社会打下良好的根基。

三、通过体验教育发展少年儿童的积极性和主动性

“体验教育”，改变了以往只注重有形的活动内容和形式，而忽视少年儿童心理变化的思维定势。同时，由于“体验教育”有意识地遵循了少年儿童的认知特点，由浅入深，由表及里，循序渐进，所以使少年儿童在活动中的心理状态变得更为积极和主动。近几年来，各级校外教育机构倡导的探索性活动之所以方兴未艾，也是因为活动使少年儿童的体验性有所加深。

通过我们设计策划不同形式的群文活动，让学生在实践中去感受、去体验，在实践活动中完成品德的重塑。习惯的形成是品德重塑的基石，这就像我们成年人使用新买的手机一样，只看说明书不如亲自去实践，多实践几次自然也就掌握使用方法了。强化学生在活动中的体验，也是要在活动中突出学生的主体地位，帮助学生在活动实践体验中去寻找一种岗位，扮演一种角色，获得一种感受，明白一种道理，养成一种品质，学会一种本事。通过实践，我认为在策划设计活动时多让学生去体验、去感受、去认知，学生就乐于参加、兴致就高，效果也非常好。所以，作为群文活动教师在策划设计活动时，要创设不同环境，设计不同体验尽可能地将学生的情感激发出来，让学生在活动中体验探究，在体验探究中去感悟、去成长。

参考文献

[1] 周龙兴，宋进喜．体验的教育学意义与学习主体的确立［J］．上海教育科研，2002（04）．

[2] 吴珊. 让小学生在实践中养成道德好习惯——全国少工委推进“体验教育”[N]. 中国青年报, 2005-08-09.

[3] 中国儿童少年活动中心·校外教育学[M]. 北京: 学苑出版社, 2002.

[4] 课改之下让体验探究成为少先队活动中的主旋律[EB/OL]. 原创力文档网 https://max.book118.com/html/2018/0410/160968831.shtm, 2018-04-10/2021-3-16.

[5] 让学生体验成功[EB/OL]. 豆丁网 https://www.docin.com/p-1167016284.html, 2015-05-31/2021-3-16.

ARTICLE

4

第四部分

春华秋实

弘扬国粹　传颂美德

——京剧社团建设初探

李长军

2004年，中共中央国务院颁布了《关于进一步加强和改进未成年人思想道德建设的若干意见》要求深入进行中华民族优良传统教育，弘扬和培育以爱国主义为核心的伟大民族精神，并把弘扬和培育民族精神作为思想道德建设极为重要的任务。2008年2月，教育部办公厅发布《关于开展京剧进中小学试点工作的通知》。《通知》要求："决定将京剧纳入九年义务教育阶段音乐课程之中，在已修订的《义务教育音乐课程标准》中增加有关京剧教学的内容，确定了15首京剧经典唱段作为中小学音乐课的教学内容，根据不同学段学生的具体情况，将15首京剧唱段安排在一至九各年级。"京剧进校园由此推开。

门头沟区少年宫作为本区域唯一的公办校外教育机构，与学校教育互为支撑，构成基础教育的重要组成部分。少年宫充分发挥辐射、带动、引领的职能，整合区域社会资源，搭建活动平台，丰富教育活动。2014年9月开始，与区域内专业机构合作，聘请中国戏曲学院客座教授李崇林、北京戏曲艺术职业学院王文端老师作为指导专家，成立京剧社团。社团建设之初，我们借鉴李崇林教授在博鳌论坛《京剧艺术的第四大翅膀——校园国剧》讲到的"纵观京剧发展史，其表演形式在不断的发展及特定的时代背景中已经形成三大翅膀：第一大翅膀是优秀经典的传统剧目；第二大翅膀是高质量新编的历史剧目；第三大翅膀是焕发生机的现代戏剧目。'校园国剧'即将为京剧艺术插上第四大翅膀。"确定以"校园国剧"原创剧目为社团建设和发展的抓手，衔接讲台和舞台，让孩子们进一步体验京剧艺术的魅力，感受京剧表演的神韵，继承和发展民族的艺术文化。

几年来，先后有600多名学生参加京剧社团，覆盖区域十多所中小学。三届北京阳光少年艺术节参演的六个节目，获得金奖5个，铜奖1个。高子天、梁龠然、王皓宸同学分别于2017、2018、2019年度获“中国少儿戏曲小梅花荟萃”京昆业余组金花称号。不仅如此，孩子们还走进社区，走进国家大剧院，走进中央电视台，走向了全国，让京剧艺术在青少年一代焕发光彩。

“校园国剧”的所有剧目，均取材于中国历史中的经典故事，每一个小故事都包含了中华民族传统的道德规范与积极向上的正能量，经过艺术化的创编后，结合时代要求继承创新，既适合孩子们的表演和欣赏，又具有艺术性与思想性。让中华优秀传统文化实现创新发展，焕发蓬勃生机，展现独特魅力，以一种新的方式走进孩子们的生活。剧目的选材既有中华五千年以来的优秀经典故事，又有地方特色文化，贴近生活，易懂易行，以小见大。现从三个方面举例如下。

一、小剧展示好品格——课本剧

1.《孔融让梨》（此剧获2015年北京阳光少年艺术节戏剧展演金奖）

该剧取材于中国古代东汉末文学家孔融的故事，教育人们凡事应该遵守公序良俗。《三字经》中“融四岁，能让梨”即出于此。该剧通过小演员们俏皮的对白和极富传统特色的戏曲唱词，把故事背后的道理传递到广大青少年的内心。正如在赛后的点评中，专家提到：“孩子们学习京剧时间不长，但通过原创剧目的形式，用中华民族的大文化承载着中华民族的大文明，希望同学们在学习京剧的道路上，在悟道中历练，在品味中享受。”

2.《砸缸记》

北宋时期的司马光在跟小朋友一起玩时，看到一个小孩跌入装满了水的水缸中，围观的人都很害怕，只有司马光沉着冷静，搬起一块石头，砸破了水缸，救出了小孩。司马光在北宋时期成为著名的教育家、思想家。

3.《英雄王二小》

抗战时期，放牛娃王二小每天都边放牛边为八路军打探敌情。有一天，王二小看到鬼子又来袭击了，但是找不到路，鬼子让正在放牛的王二小带路，王二小急中生智，把鬼子带入八路军的包围圈，鬼子被八路军全部歼灭，王二小却被鬼子杀害。

二、小剧明示大道理——美德故事

1.《上任》（此剧获2017年北京阳光少年艺术节戏剧展演金奖）

本剧描写的是乾隆年间的故事，“按察司”派官员姚梁到各地查贪官污吏。姚梁的母亲担心姚梁不能秉公执法，用香蛋被人偷盗这个事情，告诉他此次前去的责任，一定要知道法大于情。姚梁领会了母亲的意图，秉公执法，受到老百姓的尊重。

2.《陶母拒鱼》

东晋名将陶侃在青年时做过管理渔场的小官，一日，他用瓦罐装满干鱼，派人送到家里孝敬母亲。陶母将干鱼退回，并严厉批评陶侃公私不分，称其如此放任，今日贪鱼明日贪财，长此以往定会铸成大错。陶侃听完，十分悔恨，将此事写于公案之上，时刻警示自己。日后，陶侃成为东晋重臣，始终勤于职守、为官清廉，并以此事教育后代，深得百姓赞扬。

3.《青核桃》（此剧获2019年北京阳光少年艺术节戏剧展演金奖）

司马光少年时，和他姐姐一块剥核桃，青核桃的皮非常难剥。这时老家院指点司马光，用开水烫过后青核桃的皮就好剥了。可是后来司马光告诉姐姐剥青核桃皮的方法是自己想的。目睹了一切的司马池（父亲）严肃批评了司马光，并以北宋词人晏殊诚信的故事教育了他。晏殊十四岁时，有人把他作为神童举荐给皇帝。皇帝召见了他，并要他与一千多名进士同时参加考试。结果晏殊发现考试题是自己几天前刚练习过的，就如实报告，并请求改换其他题目，晏殊的诚实品质得到了皇帝的赞赏并委以重用。

小小剧目告诉我们为人做事以诚信为本，这是五千年中华传统文化沉淀下来的道德精华，这也早已成为了我国人民的立身处世之根本。

三、小剧引领好风尚——知家乡颂家乡

1.《琉璃赵》

位于北京门头沟琉璃渠村的“琉璃赵”家，自元末明初，就烧造上等琉璃，专供宫廷。琉璃的烧造之法，特别是釉的原料与配方在当时是绝对保密，“赵家一代只传一子，虽兄弟姐妹亦所不传”。清乾隆年间，赵邦庆之子赵士魁考中武进士，上任江西总兵，无法传承祖传手艺，赵邦庆便将烧造秘方传给其侄赵士林，打破“只传一子”的传统，将手艺流传了下来。该剧介绍了九龙壁的来历，展示了琉璃瓦制作的过程，详细描述了琉璃赵几百年来所作出的贡献。

2.《拜砖》

该剧取材于北京门头沟潭柘寺。元代时，元世祖忽必烈的女儿妙严公主原是一员战将，跟随父亲东征西杀。但她不忍再见血流成河、尸骨如山的场面，毅然皈依佛门，替父赎罪，并祈求人间不再有战乱，祈求百姓平安。她每天都要跪拜观音，时间久了把一块方砖都磨出了脚窝。直到今天，妙严公主跪拜观音的方砖，还在潭柘寺的大殿之内，成为潭柘寺非常珍贵的文物。

京剧是我国传统文化的艺术瑰宝，是我国实现“弘扬民族艺术，振奋民族精神”战略目标首先要抓住的“龙头剧种”。“校园国剧”以京剧为载体，弘扬国粹传颂美德，既在青少年中普及京剧，又弘扬中华民族传统美德，传递向上向善价值观，是对青少年进行爱国主义、集体主义和社会主义核心价值观教育的有益形式。

参考文献

[1] 教育部办公厅关于开展京剧进中小学课堂试点工作的通知［EB/OL］. 教育部政务网 http://www.moe.gov.cn/srcsite/A17/moe_794/moe_624/200802/t20080213_80578.html，2008-05-09/2021-1-28.

[2] 中共中央国务院关于进一步加强和改进未成年人思想道德建设的若干意见（2004年）［EB/OL］. 中国文明网 http://www.wenming.cn/zil-

iao/wenjian/jigou/zhonggongzhongyang/201202/t20120221_513307. shtml, 2012-02-21/2021-1-28.

[3] 炳宇艺术雕塑. 中华传统美德——孔融让梨[EB/OL]. 搜狐网 https://www.sohu.com/a/336034391_120263151, 2019-08-24/2021-1-28.

[4] 庆元旦线上惠民文艺系列演出精彩呈现[EB/OL]. 北京市门头沟区人民政府网 http://www.bjmtg.gov.cn/mtg11J008/c102330/202111/85d976f1558b41ce8a20a4acdc0d192b.shtml, 2021-01-01/2021-1-28.

[5] 傅凯华. 推动中华优秀传统文化创造性转化创新性发展[N]. 光明日报, 2021-11-25.

八节气美术课程开发的实践研究

乌日娜

引 言

二十四节气是指干支历中表示季节、物候、气候变化以及确立“十二月建”的特定节令。本文中的“八节气”指的是：春分、秋分、夏至、冬至、立春、立夏、立秋、立冬，选取“八节气”为媒介开发美术资源，是因为如果按照4季度，时间跨度显得太长，不足以精细地反映出大自然及社会民俗的变化；如果按照二十四节气，则时间跨度有显得太短，不足以区分两个节气之间的不同。而八节之间的时间约为45天左右，处于北纬35～40度地带的北京，在温度、色彩、气候等方面各节均有着明显差别，影响人民生产和生活最具代表的节气，其中既有自然科学、社会科学的因素，又有传统文化和艺术文化的因素。

自“二十四节气”在2016年列入人类非物质文化遗产代表作名录以来，二十四节气文化的研究、二十四节气相关课程的研究呈明显增长的趋势，这说明了社会民众开始注重节气文化的传承。将节气作为重要的课程资源和主题纳入课程开发之中，通过系统的课程框架，引导学生探究节气背后的文化和故事，已经成为很多中小学校，甚至大学的特色发展途径。从知网搜索节气与课程相关的内容可以看到，该领域已经有很多学者在研究，其中涉及学科众多，选取角度多样，凸显了当下教师高水平的教科研能力。除此之外，“二十四节气”相关的儿童绘本、读物也种类繁多，如故宫博物院宣传教育部出版的《哇！故宫的二十四节

本文发表于《艺术教育》2022年第1期。

气》，将诗词典故融入节气故事，动植物依据节气物候出现，兼具专业性与趣味性。因此，将节气引入到教育活动中是一个具有现实意义和讨论价值的话题，我们应该充分挖掘其中的教育价值。

本人将美术学科与节气相融合，进行深入挖掘，研究的内容分为三个部分。一是筛选、整理节气美术资源，构建美术资源体系；二是开发“八节气”美术宫本教材的研究，三是宫本课程的教学实践研究。通过研究，既能够丰富校外美术课程改革的理论实践，实现对校内课程的补充和提高，也能够在长时间的积累和渗透之中，加深学生对中国非遗文化的理解和认识，提高学生的文化自信。

一、“八节气”美术资源的筛选、整理，建构美术资源体系的研究

“八节气”中蕴含着丰富的美术资源，本着贴近现实生活需要的原则，筛选、整理“八节气”中的美术教育资源，建构资源体系。

（一）收集与整理

收集与整理资料是建构二十四节气美术教育课程的第一步。通过搜索网络引擎和阅读大量的参考文献，从节气由来、气候特点、风俗活动、风俗食物、农事活动等方面出发进行资料的搜集，全面地了解二十四节气。在此过程中重点研究与节气相关的气候特点和动植物活动。以清明为例，节气清明与节日清明都是在同一天，那么对于资料的搜集可以从两方面出发，既要了解节日的起源和习俗，又要对节气的气候、物候和农事活动做全面的了解，重点研究清明时节气候特征给自然带来的变化，如天气特点和植物生长特点等。最后，将获得的资料进行整理，在这些内容的基础上进行美术教育课程内容设定的探索。

<table>
<tr><th>节气名称</th><th>与文化的融合</th><th>实践的方法</th></tr>
<tr><td>立春</td><td rowspan="8">农耕文化
生态文化
民俗文化
民俗文化
艺术文化
技艺文化
建筑文化</td><td rowspan="8">采风
写生
中国画
插画
油画
插花艺术
陶艺制作
蝶翅画制作
创意制作</td></tr>
<tr><td>立夏</td></tr>
<tr><td>立秋</td></tr>
<tr><td>立冬</td></tr>
<tr><td>春分</td></tr>
<tr><td>秋分</td></tr>
<tr><td>夏至</td></tr>
<tr><td>冬至</td></tr>
</table>

（二）整合与提炼

整合与提炼是建构二十四节气美术教育课程的中心环节。如何将大量的资料转化为适合学生学习、能够培养学生审美能力与创新能力，能够培养学生核心素养的美术课程是本环节的主要研究内容。所以在课程的设置上既要考虑到文化性的知识渗透，体现节气的特点，又要在激发学生学习兴趣的基础上提高创作能力。在课程设置方面，知识性的渗透要全面，让学生了解节气相关的知识，培养学生热爱传统文化的情感。绘画的题材可以选择与节气相关的一个知识点即可。还是以清明为例，知识性的渗透可以从节日清明与节气清明出发，通过多种教学手法，让学生了解节日的起源等内容。绘画的题材可以灵活多变。清明时节的气候特点是雨水比较大，那么从气候特点出发，我们可以以“清明时节雨纷纷”为创作主题，表现下雨的场景。清明时节恰逢春笋和竹子茁壮成长，所以也可以以春笋和竹子为绘画内容，进行课程设定。清明时节又有踏青的习俗，那么也可以以伙伴们结伴出行去踏青为表现内容，进行课程设定。

节气	时间点	习俗	动植物	课程内容设定
立春	2月3~5日	1. 鞭春牛（春耕开始立春的仪式。） 2. 吃春卷，吃春饼。	1. 迎春花鹅黄色的花瓣，百花之中，它开花最早，所以被叫做迎春花。	1. 迎春花的画法。 2. 画春牛。
春分	3月20~21日	1. 放风筝。 2. 春分竖蛋。	1. 海棠花开放。 2. 燕子。	1. 海棠花的画法。 2. 燕子的画法。 3. 风筝的制作手工。
立夏	5月5~6日	1. 立夏称人的习俗，立夏这天称重就不会因为天气逐渐炎热而消瘦。 2. 立夏煮蛋。	1. 芍药五月花神。 2. 农田卫士青蛙。 3. 灌溉施肥，阳光相对充足，植物生长繁茂，是农作物成长的关键时期。 4. 雨后蚯蚓从土里爬出来。	1. 青蛙的画法。 2. 画彩蛋。
夏至	6月21~22日	1. 夏至吃面。 2. 正午测量影子。 3. 观北斗星。	1. 杏成熟。 2. 石榴花。 3. 鹿角。	1. 石榴花的画法。
立秋	8月8~9日	1. 七夕节，又名七巧节。 2. 称重，与立夏做对比。 3. 贴秋膘。	1. 向日葵盛开。 2. 桃子成熟。	1. 向日葵的画法。 2. 桃子的画法。
秋分	9月22~23日	1. 中秋节，农历八月十五，嫦娥奔月的故事。 2. 五禽戏，华佗。	1. 石榴。 2. 梨子。	1. 石榴的画法。 2. 兔子的画法。 3. 模仿五禽戏。

续表

节气	时间点	习俗	动植物	课程内容设定
立冬	11 月 7 ~ 8 日	1. 补冬。	1. 青蛙和蛇，动物藏起来开始冬眠了。 2. 梅兰竹菊四君子。冬寒兰立冬前后开放。君子，兰友，兰谊，兰章。	1. 兰的画法。 2. 冬眠的青蛙。
冬至	12 月 21 ~ 23 日	1. 冬至吃饺子，纪念张仲景。 2. 祭祖。 3. 九九图。	1. 山茶花。 2. 四不像。	1. 饺子的画法。 2. 认识九九图。

二、开发“八节气”美术教材的研究

（一）筛选、整理“八节气”中美术教育资源，形成教材大纲

建构资源体系的基础上，按照校外美术小组活动的需求，逐步开发教材《八节气的笔墨意趣》《八节气的手工艺制作》和《八节气的色彩表现》。其中前两本教材是以单独课程的形式出现，两个节气之间的活动内容都结合各自节气特点进行设置，但是没有前后逻辑的衔接。在第三本《八节气的色彩表现》中，则是以大单元课的形式进行编写，逻辑紧密，活动更加开放，充分调动学生的学习积极性。每本教材的主题设计大纲如下。

八节气的笔墨意趣		
节气	课程名称	主题内容
立春	立春——春天在哪里	以小燕子为内容的主题创作。
春分	春分——玉兰花开	以玉兰花为内容的主题创作。
立夏	立夏——蛙声一片	以青蛙为内容的主题创作。
夏至	夏至——一起来吃面	以面条为内容的主题创作。

续表

八节气的笔墨意趣		
节气	课程名称	主题内容
立秋	立秋——盛开的向日葵	运用墨、色结合的绘画形式，通过小组合作的方式完成向日葵作品。
秋分	秋分——多子多福大石榴	学会画不同形态、有前后遮挡关系的石榴，并进行主题创作。
立冬	立冬——幽香的兰花	学会运用笔锋的提按画盛开的兰花，并加入节气的其他特点进行创作。
冬至	冬至——九九消寒图	学会画个性化的、梅花图式的九九消寒图。

八节气的手工艺制作

节气	课程名称	主题内容
立春	立春花争艳	设计并运用衍纸工具完成花卉作品。
春分	春分风筝飞	设计并制作一个风筝作品。
立夏	立夏芍药香	完成芍药花插花作品。
夏至	夏至荷花开	用超轻粘土捏制荷花形态，进行创作。
立秋	立秋向阳开	用不织布完成向日葵贴画作品。
秋分	秋分菊花美	用石膏版画的形式完成以菊花为主题的作品。
立冬	立冬雪花飘	创作剪纸雪花作品，用于室内装饰。
冬至	冬至心儿暖	用扎染技巧制作围巾。

八节气的色彩表达

章节	课程名称	主题内容
1	色彩基础	学习色环、色相、明度、纯度等知识，学会调色方法。
2	节气知识梳理与色彩采集	学生以小组为单位，完成节气知识梳理表，小组成员选择心中最具代表的节气画面，进行色彩采集。

续表

章节	课程名称	主题内容
3	名作赏析与色彩采集	学习名家表达相关节气印象与画面的作品，并对名作进行色彩采集。
4	节气作品创作	选择自己喜欢的节气，进行色彩创作。
5	采集色彩在创作的二次运用	概括自己作品的图形，并按照名家色彩或节气意象色彩进行二次创作，增强对色彩的敏感程度。

（二）教材以学生获得为目标，突出学生学习的主动性

教材中的每一节课都从感受节气、学习节气知识、学习名家名作、了解绘画步骤、完成主题创作、拓展相关知识等几个方面出发，进行编写。由于三本教材依托的是三种美术工具材料，表达形式也不同，所以每本教材也有所不同。如《八节气与工艺美术》的编写思路是运用不同的手工艺形式表现不同的节气，每个节气了解、认识、体验一种手工艺，不仅丰富了学生的体验，也拓展了学生的视野。每一节课分为六版块，分别是我的任务、我要了解的小知识、我来观察、我需要的工具材料、我能参考的步骤和我的作品。例如第二课《春分风筝飞》的教材如下：

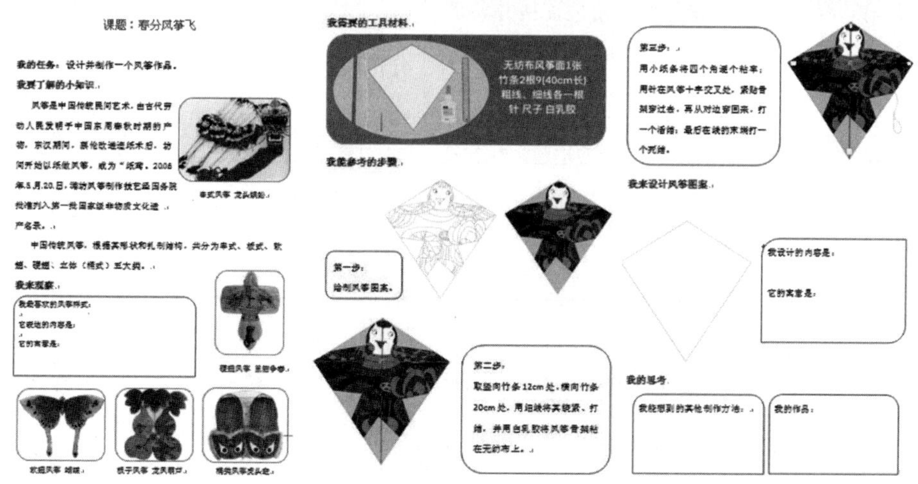

课题：春分风筝飞

我的任务：设计并制作一个风筝作品。

我要了解的小知识：

风筝是中国传统民间艺术，由古代劳动人民发明于中国东周春秋时期的产物，东汉期间，蔡伦改进造纸术后，坊间开始以纸做风筝，成为"纸鸢。2006年5月20日，潍坊风筝制作技艺经国务院批准列入第一批国家级非物质文化遗产名录。

中国传统风筝，根据其形状和扎制结构，共分为串式、板式、软翅、硬翅、立体（桶式）五大类。

串式风筝 龙头蜈蚣

我来观察：

我最喜欢的风筝样式：

它装饰的内容是：

它的寓意是：

我需要的工具材料：

无纺布风筝面1张
竹条2根9(40cm长)
粗线、细线各一根
针 尺子 白乳胶

我能参考的步骤：

第一步：
绘制风筝图案。

第二步：
取竖向竹条12cm处，横向竹条20cm处，用细线将其绑紧、打结，并用白乳胶将风筝骨架粘在无纺布上。

第三步：
用小纸条将四个角逐个粘牢；用针在风筝十字交叉处，紧贴骨架穿过去，再从对边穿回来，打一个活结；最后在线的末端打一个死结。

我来设计风筝图案：

我设计的内容是：

它的寓意是：

我的思考

我能想到的其他制作方法：

我的作品：

三、“八节气”美术宫本课程的教学实践研究

依据《中国学生发展核心素养》和美术学科素养，突出校外教育活动育人的本质特征，制定完整的教学计划，撰写合理有效的活动方案和学期总结。活动采取的教学方法是以创作统整的美术形式为主，以问题导向和任务驱动，通过主动探究、团队合作等学习过程，引导学生对知识、技能进行选择和获取，运用学到的知识完成美术创作。

活动通过确定主题内容—感受节气内涵—主动探究知识—创新表现节气—多元评价方法—复习巩固知识—拓展传承文化，由浅入深，循序渐进地达成活动育人目标。

（一）课程内容的指向性设计

教师通过对教育教学的理解，从美术学科核心素养的五个方面出发，进行课程内容的设计。课程内容设计框架如下：

二十四节气	体验	分析	表现
	身体感受 视觉感受 民俗参与	收集资料 整合资料 归纳资料	语言表达 文字表达 字体表达
美术教学	感受	迁移	创作
	收集美术相关资料并整理 名家美术作品 民间美术作品	分析名家美术作品 分析民间美术作品	美术作品 手工作品 文创产品
核心素养	吸收	理解	运用
	图像识读 文化理解	图像识读 审美判断 文化理解	创意实践 美术表现

（二）学生的多样化学习方法

核心素养体系下，以培养“全面发展的人”为核心，从学生角度

出发，研究“学”的方式，提倡以学生为主体的综合式探究学习，强调小组合作。

1. 发现式学习。发现式学习是探究性学习的一种，有利于学生个性的发展，强调发现，重视学生的主观能动性。如二十四节气美术教学中，在课前预习的环节，引导学生关注大自然的变化，主动发现节气的气候、物候等变化，并用自己的方式进行记录，在课堂上与同学们分享成果，从而提高学生的主动观察能力。在名作赏析环节，引导学生从艺术风格、时代背景、等方面进行分析，提高学生的分析能力。

2. 体验式学习。体验式学习方式是指从阅读、听讲、研究、实践中获得知识或技能的过程，这以过程注重学生的亲身体验。教师通过任何可用感官接触的媒质为道具，以学生为主题，创造出值得学生回忆的教学情境，加深学生的学习印象，从而提高学习效率。如在活动“冬至——九九消寒图”中，老师和学生都穿古代服饰、在教室墙上贴上印有古代窗子的展板，创设情境，带学生“穿越”回古代，在“窗子”上画有创意的《九九消寒图》。这充分激发了学生的学习热情，学生能够积极投入，学习效果显著。

3. 合作式学习。合作式学习是通过小组形式来组织学生之间以及教师与学生之间进行讨论、交流和学习，从而对学习内容有比较深刻的掌握和理解，提高学生的沟通交流能力。如在活动“立夏时节芍药花”中引导学生用小组合作长卷的形式，完成芍药花的写生作品。作品完成后，教师与同学们一起缓缓打开长卷，当长卷一边打开、一边收起的时候，展现的是每个同学的个性和对芍药花的理解，当长卷全部打开的时候，呈现在眼前是生机盎然的夏天，这一过程加深了学生对活动主题的认识。

师生共同修改后的部分长卷作品

（三）多元的教学评价方法

美术核心素养的五个方面是一个整体，不能割裂开来，要在整个课程实施过程中综合看待学生的表现。2014 年美国新修订的《国家核心艺术标准》提出了“基石性评估模式”。基石性评估是让学生用已获得的知识和技能来达到最重要的业绩标准，以此起到固定课程的作用。在二十四节气美术教学活动中，通过真实情境，引导学生学会运用学到的知识和技能。突出评价的整体性和综合性，从而提高学生的核心素养。

1. 综合考量，教师自评、学生对节气和相关知识理解的比率、拓展任务完成的比率、学习任务单完成情况等方面进行评价，注重过程中点评，鼓励学生敢于创新、大胆表现，突出其艺术特点。

学生学习任务单

任务单（一）	1. 立夏节气是每年的几月几日？ a. 5 月 5 日左右 b. 6 月 21 日左右 c. 9 月 23 日左右 2. 立夏节气，都有哪些风俗活动呢？ 3. 你能说出立夏三候是什么吗？

2. 创设情境，鼓励学生自我评价。通过现实场景或虚拟环境等方式展示学生作品，学生以语言或文字发表鉴赏报告。学生参照根据目标制定的评价指标，对自己的学习态度，行为过程和结果进行自我反思和相互评价。

四、研究成果

本研究促进了教师教育理念的转变，提高了教师的教学水平和教科研能力。课题组共编写三本教材、四篇论文和多个教学案例，具体成果如下。

序号	类型	成果名称	获奖与发表
1	教材	《二十四节气的笔墨意趣》	在北京市第七届校外教育活动资料评选中，荣获一等奖
2	教材	《八节气美术——手工艺表现》	在北京市第七届校外教育活动资料评选中，荣获三等奖
3	教材	《八节气的色彩表达》	
4	论文	《将二十四节气引入美术教育课程的研究》	荣获第五届全国未成年人校外教育兴趣小组活动“新理念新模式”研讨活动征文三等奖，在《门头沟校外教育》中发表
5	论文	《关于构建“八节气”美术教育实践课程的思路》	荣获北京市中小学第十二届《京美杯》征文一等奖，在《门头沟校外教育》中发表
6	论文	《在二十四节气美术教学中落实学科核心素养的实践研究》	荣获北京市课外、校外教育理论与实践研究会论文评选活动二等奖
7	案例	《冬至——九九消寒图》	荣获北京市中小学第十二届《京美杯》征文一等奖
8	案例	《立夏时节芍药开》	在“第七届北京校外教育理论与实践研究征文评选”活动中，荣获一等奖、在《北京市校外教师基本功展评案例集》中发表
9	案例	《夏至——一起来吃面》	荣获北京市中小学美育改革创新优秀案例优秀奖

五、结语

在全球一体化的不断发展与进程中，文化与教育也在不断地交错和探索之中，这要求教师能够立足于中国文化的立场和角度展开实践探索。“八节气”美术课程开发的实践探索，丰富了节气课程的多样性，编写的教材和案例也体现了新时代美育的特点。本研究处于初级阶段，课程内容分别是中国画创作、手工艺制作和色彩表达，虽然相互之间有联系、有补充，但是逻辑关系没有十分严谨。在之后的研究过程中将以绘画材料或者主题进行划分，从大美术观的角度构建课程体系。

参考文献

[1] 故宫博物院宣传教育部．哇！故宫的二十四节气［M］．北京：中信出版社，2019.

[2] 尹少淳．尹少淳谈美术教育［M］．北京：人民美术出版社，2016.

浅谈以“三力”体验“三美”意识的培养[①]

张晶雪

人的教育从儿童开始，人的审美教育，也应当从儿童开始。《国家中长期教育改革和发展规划纲要（2010－2020）》中指出：“……加强美育，培养学生良好的审美情趣和人文素养。”舞蹈以身体为媒介，以动作为符号，其独特的形象性、律动性、创造性的特点使得它更容易被儿童所接受。儿童在跟随音乐尽兴起舞的同时，增强了身体协调性、获得了丰富的审美体验，积淀了丰厚的人文素养，从而达到身心的协调统一，有益于构建完善的人格。

一、增强舞蹈协调力，体验和谐美

“个体发展前期基于个体完整身体而发生的跟周遭自然事物的生动交往正是一个人成年后能够思索万物统一性的起始。”[②] 在人的自我意识的发展中，其认识范围是以自己为中心不断扩大的。生命最初的意识正是在与身体的不断联系中逐渐形成。从婴儿出生后的趴、坐、站、走，到逐渐与世界进行密切联系，身体各部位与世界的深度联系增强了婴儿对自我以及世界的认识，促使其意识得以快速发展。

儿童舞蹈教育以身体作为最初的交流手段，丰富着儿童的动作体验，是一种从身体出发又要不断返回到身体的活动。首先，在舞蹈教学活动中，将人体的每一个部位都细化拆分，由单一部位训练到多部位复合训练，帮助儿童逐渐认识身体并逐渐掌握控制身体的方式方法。从

---

① 本文发表于《北京教育》2021 年第 8 期。

② 刘铁芳：《追寻生命的整全：个体成人的教育哲学阐释》，高等教育出版社 2017 年版。

头、肩膀、手臂、胸腰、大腰、髋部、腿部、脚背到脚尖……根据音乐节奏交替变换，帮助儿童从速度、力度、幅度等方面进行有意识的训练，刺激身体运用多种感官，调动触觉、听觉、感觉、知觉，让儿童重新认识身体以及动作的意义。其次，教师通过适时引导，帮助儿童释放着原始舞蹈的天性，感受到身体的运动与张力，在律动中逐渐发现美、感受美。促使其自身认识不断完善，打开与世界沟通交流的平台。

在与身体的不断协调沟通对话过程中，儿童得以重新观照自身，从身体的动作“美”感上去体会生命的意义，使身体各部位在舞蹈中互相配合，协调统一，有意识地努力去构建更为和谐富有美感的身体，并在与身体的不断对话、交流中达到身体与思想的完整统一，培育健康体魄。

二、增强舞蹈表现力，体验情感美

“人人都有感情，而并非都有伟大而高尚的行为，这是由于情感推动力的薄弱。要转弱而为强，转薄而为厚，有待于陶养。陶养的工具为美的对象；陶养的作用，叫做美育。”① 人们的审美感觉并不是自发产生的，而是要进行有意识的培养训练。儿童在舞蹈活动中正是通过训练经历了情感由薄转厚的过程。一方面，情感以更加强烈、丰富的形式集中于舞蹈表现之中，不同情绪情感、不同民族风格、不同文化背景的舞蹈内涵促使儿童调动全部感官去体验丰富的情感，调动生活直接经验去理解诠释舞蹈内容。另一方面，舞蹈中的情绪情感，又在逐渐丰富着儿童的情感认知，如舞蹈中包含的憧憬、期盼、哀思、愉悦等复杂的内心情感，是儿童在生活中不易接触到的，这些情感将会丰厚儿童的情感体验，扩展其认识宽度，增强其情感深度。在向内关照内心与向外探寻情感的交互过程中，在反复表演训练，反复揣摩内心情感中，儿童获得美感体验，进一步加深对于世界的理解和感知力，建立与世界情感沟通的桥梁，并进行自我教育自我发展，从而培养高尚的情操，最终达到身体、情感与表现的协调统一。

---

① 滕守尧：《审美心理描述》，中国社会科学出版社 1985 年版，第 348 页。

"尤其是'舞'，这最高度的韵律、节奏、秩序、理性，同时是最高度的生命、旋动、力、热情，它不仅是一切艺术表现的究竟状态，且是宇宙创话过程的象征。……在这时只有'舞'，这最紧密的律法和最热烈的旋动，能使这深不可测的玄冥的境界具象化、肉身化。"[①] 通过舞蹈，让其天性中本有的美好品性不断地引发出来，表现出来。儿童通过舞蹈抒发了内在感情，释放了情感，从而获得愉悦的体验，同时又在舞蹈表演中，丰富了审美情感，获得了全新的情感经历。在这一出一进之间，学生完成了自我教育与自我愉悦，逐渐构建更为和谐完整的情感精神世界。

三、增强舞蹈理解力，体验文化美

舞蹈的教育作用，其实质是通过丰富多彩的舞蹈形式，传承文化精神、文化风格和审美情趣。以中国民族民间舞蹈（传统广场舞蹈）为例，每逢年节，都会在本民族族群中举行集体的活动，男女老少，跟随传统的民族音乐翩翩起舞。在庆祝年节，尽情表达内心情感思想的同时也潜移默化地接受着本民族精神、民族品德的教育。如维吾尔族的木卡姆、汉族的秧歌等。儿童在参与过程中，在欢乐的气氛下，不仅掌握本民族舞蹈的基本动律与舞步，深刻感受到"自强不息""厚德载物"的中国传统文化精神的本质，同时也在特殊场域、特殊情感的氛围下，增强民族自豪感与认同感，增强民族团结与凝聚力，从而不断构建人的美好品性。

在舞蹈课堂教学中，教师精心的设计将存在于舞蹈中的文化内涵更为鲜明集中地表现出来，更容易被儿童所接受。教师通过提炼、归纳、对比等方式展示舞蹈内涵，使儿童不仅对单一舞蹈文化产生兴趣，更是对一般性的发展脉络及规律有了全新的认识。在教师的介绍与引导下，儿童通过观看视频、图片、穿着特殊的服饰道具等方式增加对于舞蹈内容的理解力。如傣族"三道弯"体态的形成原因、藏族"一顺边"的审美特征、蒙古族"天之骄子"心态的形成因素。帮助儿童从动作入

① 宗白华：《美学散步》，上海人民出版社 2015 年版。

手，更为深刻、广泛地理解舞蹈背后的文化特征、民族特性、风俗民俗、历史发展脉络，从而丰厚儿童的文化积淀，扩展知识结构，获得美感体验，加深对于中国文化的理解力，产生民族文化自豪感与认同感。舞蹈正是以这样的方式，将深厚丰富的文化以活泼生动的形式，潜移默化地根植于儿童的内心，赋予儿童身体的灵动、活泼、聪慧、热情以及自由的意志。儿童获得了优质文化的滋养，不断地向着真、善、美的方向迈进，从而进行教育与自我教育。

“个别精神力量的紧张努力虽然可以造就出特殊的人才，然而只有各种精神力量的协调一致才能造就幸福而完美的人。”① 美育的终极目标在于对个人精神与身体是否达到协调统一，完满和谐。儿童在舞蹈中获得了美感体验，接受了身体动作与精神文化的双重教育，感性和理性逐渐趋于平衡。儿童在舞蹈的状态下与自己对话、与世界对话，真正实现身心和谐的全面发展。

参考文献

[1] 吕艺生．素质教育舞蹈文集［C］．上海：上海音乐出版社，2015.

[2] 罗雄岩．中国民间舞蹈文化［M］．上海：上海音乐出版社，2006.

[3] 位涛．基于身体美学的儿童教育：历史、意涵及其可能［J］．中国教育学刊 2020（3）.

[4] 李志伟．在美育文化场域下培养学生的健全人格［J］．北京教育 2020（2）.

[5] 刘铁芳．追寻生命的整全：个体成人的教育哲学阐释［M］．北京：高等教育出版社，2017.

[6] 宗白华．美学散步［M］．上海：上海人民出版社，2015.

[7] 彭吉象．艺术学概论［M］．北京：北京大学出版社，2006.

① ［德］弗里德里希·席勒：《审美教育书简》，张玉能译，译林出版社 2009 年版，第 18 页。

基于美术学科核心素养的美育实施探究

王玉英

一、美术学中的美育体现

在美术学科中，美育实施主要表现为核心素养形成过程中的美育渗透。美术学科的核心素养包括“图像识读、美术表现、审美判断、创意实践、文化理解”五大学科核心素养。笔者理解的美术学科的美育也就是指这五大核心素养的形成过程中的审美教育渗透过程。①

图像识读和美术表现是基础的核心素养，目的是培养学生对图像的识别和感受能力。同时，在“读图时代”学会识别和解读现实生活中的视觉文化现象和信息。这一能力对学生美术核心素养的形成具有重要意义。美术表现则要求学生在此图像识读基础上能够合理恰当地运用美术技能和美术知识创造有意味的视觉形象，从而表达自己的情感，甚至能够解决学习生活中的存在的真实问题。

在两个基础的核心素养中的审美教育是美术学科本位的知识学习过程中实现的。只有在学习了一定的美术学科的理论知识和绘画技能的基础上才能具备美术表现的能力。其中美术表现的内容是丰富多样的，涉及到人类活动的方方面面，其中包括对自然美、人文美和社会美的表现。学生在将眼见到耳听到和感受到的现实的美转化为绘画作品时，美育也在这个过程中得到实现。因为美术作品是艺术美的呈现形式之一，

---

① 胡雪梅：学科核心素养背景下的高中美术鉴赏教学研究，贵州师范大学硕士论文，2019 年。

而艺术美作为美的集中表现形态①，它对提高创造美和欣赏美的能力，培养人的审美思想，促进人的全面发展等，有着极其重要的意义。而美术表现本身也是一种创造美的行为。

“审美判断、创意实践、文化理解”是前两个核心素养的深入与延展，能够提高学生审美情趣，培养学生形成更好的审美能力，帮助学生实现对美术与文化关系的理解，在解决真实问题中具有一定的创新意识和实践能力。“审美判断、创意实践、文化理解”核心素养形成中的美育与前两者不同，因为衍生素养和基础素养的要求不同。美术核心素养中的审美判断并非仅是根据艺术原则和艺术规律对艺术作品做出的鉴赏和评价，更重要的应该是注重对艺术作品背后的文化和精神性的内涵进行审美判断。就如在欣赏五代宋元水墨山水时不是只讲皴擦点染的绘画技法，要将画家“卧游”山水之间的畅快传达给学生。要引导学生感受人与自然的关系，感受大自然的美与博大，以美育人，培养学生开阔旷达的性情和对自然的热爱。创意实践中的美育则更侧重于通过审美教育形成解决现实问题的综合能力，从而培养学生生活的智慧。

创意实践素养的形成标志着学生具备将“图像识读、美术表现和审美判断”应用到生活实践的能力的形成。核心素养下对创意实践素养形成中的美育要求不会停止在画出一幅绘画作品。美学教育施实是美育的必要条件，却不是美育本身，美育的目标包含着更深层次的要求。它是学生在学习绘画创作的过程中形成在现实情境中发现和提出问题，运用和调动个体资源和社会资源创造性解决问题的综合能力。这一能力的形成过程本质上是将以感性思维思考问题的学生培养为以理性思维和感性思维辩证思考和解决问题的人。

美育在文化理解素养形成中，既包括对自身文化的认同感，也包括对其他文化的包容和理解。无论是社会阶层还是自然地域都会在历史的发展中形成独特的文化。现在是信息网络高度紧密的时代，任何个体都会与不同文化产生碰撞。如何理解不同的文化，如何向他人阐释自身文化，这个能力可以通过美术学科的学习得到训练。尤其是美术史的学习

① 王宏建、袁宝林:《美术概论》，高等教育出版社 1994 年版。

就是一个通过美育方式对不同文化的理解过程，而这个过程所形成的文化理解素养又能对美育的其他实施方式具有促进作用。俗语讲“十里不同风，百里不同俗”大到国与国小到人与人都会因不同的文化背景产生不同的行为和思考方式，具备了理解不同文化的能力，才能感受认识到更多元的文化的美。

二、美术教学中美育实施

美育实施具体到美术学科课堂教学中如何实现是每个一线美术教师亟需思考的问题。美育要与学生实际生活相结合，思想性与艺术性相结合，情绪体验与逻辑思维相结合。可以从认识美、感受美、欣赏美、创造美四个角度进行课程设计。

(一)认识美

美可以分为社会美、自然美和艺术美。在美术史上对这三个种类的美的描绘数不胜数，然而在美术课程中认识美往往需要借助艺术美为切入点，从而打开认识另外两种美的大门。以自然美为例，在课程设计时，可以选择范宽的《溪山行旅图》或者是的大卫霍克尼《尼克的峡谷》等表现自然美的艺术作品。通过提出基本问题的方式（你认为什么是自然美？怎样发现自然中的美？艺术家用什么手法表现自然美？你怎样把自然中的美巧妙地应用到艺术创作中？）层层递进引导学生进行问题讨论，培养学生对自然美的认识能力。首先从大概念出发；其次围绕大概念设置基本问题；再次选择符合大概念的参考艺术家，再以艺术家为切入点去分析讨论大概念。使整个课程设计形成一个完美的闭环，帮助学生加深对自然美和艺术美的认识和理解。

(二)感受美

美无处不在，如何发现身边的美是感受美的能力形成的关键。在美术学科中可以采用什么样的方式培养学生感受“自然美”的能力？感受的概念是接触外界事物得到影响，最能体现感受美的方式是与美接触。让学生走到户外接触大自然，亲身体验和感受大自然的美。在课程设计上可以采用户外写生的方式，真正地走到大自然中，体验大自然的美丽，感受自然之美。

（三）欣赏美

如果说感受美是一个感性的被动的接受美的过程，欣赏美就是理性的主动的与美发生关系的过程。虽然美可以分为社会美、自然美、艺术美，但是每个大的分类中又可以细分出小种类。山峦耸立，江河涛涛是一种壮丽的自然之美，空谷幽兰，桃之灼灼又是一种精致清新的自然之美。引导学生主动地去发现美的存在，分析美的规律，形成审美的习惯是美育的重点。

（四）创造美

然而美术学科的学习不能止步于审美判断阶段，创造美也是必备的美术核心素养。在具体课堂上可以采用分步骤的方式完成学生由审美理解到美的创造的过程。仍然以“自然美”这一大概念为例，第一阶段学生可以通过临摹的方式理解大卫霍克尼对自然美的表现，充分感受艺术美的魅力；第二阶段学生可以通过写生的方式尝试将自然美转化为艺术美。写生课程本身就是创造美的雏形，之所以说它只是创造美的雏形，是因为这一阶段学生大都是存在于对自然美的模仿阶段，有待进一步学习。第三阶段学生可以根据自己对自然美的理解对写生作品进行再创作。当然，达到这一阶段需要具备一定的审美判断和美术表现能力。这三个阶段的完成也只意味着美术学科中美育的实现。教师还可以通过引导学生按照本次课学到美的法则去建设生活，如将完成的绘画作品设计成笔记本的封面，根据霍克尼的自然色彩搭配自己的服饰或者是将作品设计成电脑的桌面。细节处培养学生把美体现在生活、学习的各个方面，养成他们美化周围环境以及通过美术提升生活质量和审美情趣的习惯和能力。

三、总结

随着中国经济的高速发展，人们的生活日新月异。然而越来越好的生活条件并没有带来同样的幸福感。当代年轻人的幸福指数普遍偏低，除了物质生活压力大外，很大原因是缺乏从日常生活中感受美与幸福的能力，亦缺乏创造性解决生活中问题的能力。这种现状将美育再次推向教育界舆论的焦点。人们再次意识到美育对于个体成长和发展的重要性。如何实施美育，对每一位教育工作者来而言，都是必备的能力。只有当美育渗透到学生学习的整个过程中，社会中的个体具有美的理想、美的情操、美的品格和美的素养，才能使美育实施达到最理想的状态，建设社会主义精神文明的任务才能完成。

参考文献

[1] 谭好哲．中国现代美育的历史进程与目标取向［J］．山东社会科学，2007（01）．

[2] 尹少淳．谈美术教育［M］．北京：人民美术出版社，2016.

[3] 张法，王旭晓．美学原理［M］．北京：中国人民大学出版社，2005.

[4] ［法］席勒（Schiller，F）．审美教育书简［M］．北京：北京大学出版社，1985.

[5] 彭吉象．艺术学概论［M］．北京：高等教育出版社，2019.

[6] 王宏建，袁宝林．美术概论［M］．北京：高等教育出版社，1994.

群文活动和校外实践活动的有效结合探索

韩金军

从目前一些群文活动和校外实践活动的开展情况来看，在具体实施过程中存在着不少的问题。究其原因，主要是因为教师潜意识里认为群文活动的组织和开展只是为了活跃一下气氛，完全没有认识到群文活动的开展对于学生所产生的积极影响，从而严重影响了群文活动和校外实践活动的开展。面对这种情况，本文从五个方面来展开详细的论述。

一、改变活动方式，将学习寓于群文活动当中

群文活动是以学生自身活动为主，以校外实践活动为辅的具有娱乐性质的活动方式，借助群文活动的开展，不仅能够有效地满足学生对于精神文化方面的现实需要，同时还可以让学生在主动参与的过程中获得情感上的陶冶和审美上的享受。鉴于此，就需要教师重视群文活动和校外实践活动的有效结合，着重将学习渗透到群文活动中来，从而最大程度地发挥群文活动的宣传教育、审美娱乐功能。

为了推动群文活动和校外实践活动的有效结合，教师需要从以下几个方向来做出相应的改变。其一，需要做好群文活动和校外实践活动的信息调查和搜集工作。需要教师主动的参与到群文活动中去，着重去掌握活动组织和开展的动态，适当地对参与群文活动和校外实践活动的学生给予正确且科学的指导，进而引领学生朝着正确的方向进行。其二，需要将学习寓于群文活动和校外实践活动中去，让学生能够在参与群文活动和校外实践活动的过程中受到教育。比如，教师可以在植树节这一天组织学生到校外展开一次“植树造林”的群文活动，并在活动的过程中向学生灌输一定的环境保护观念和意识。这样，教师通过创新群文

活动，就能够有效深化对学生的审美教育，并且切实提高学生的综合学习能力。

二、拓展活动形式，多组织开展特色实践活动

将群文活动和校外实践活动有效结合起来，根本的目的是为了丰富和扩充群文活动的形式，为学生提供更多参与群文活动的选择。学生积极踊跃地参与群文活动和校外实践活动，不仅能够为社会培养大量的高素质人才，同时对于学生今后的学习和发展也有着积极有利的影响。鉴于此，在展开教育教学工作当中，不仅需要教师具备较强的群文活动组织协调能力，能够随时应对和处理群文活动和校外实践活动实施过程中可能出现的问题。同时还需要教师多组织开展一些具有学校特色的群文活动，以此来激起学生参与的热情和动力。

在推动群文活动和校外实践活动的有效结合过程中，一方面，需要教师适当的扩大宣传力度，既要让学生们对于群文活动和校外实践活动的组织和开展予以足够的关注和重视，能够以更加积极主动的心态参与到群文活动中来，同时也要为学生们提供相应的配套服务，比如提供活动咨询、活动材料的印发以及活动道具的提供等等。另一方面，教师则可以在校园、街头、公园等各种场合来组织开展不同形式的群文活动，从而切实丰富群文活动的形式，让学生在参与群文活动的过程中丰富自身的精神世界。比如，在校园内，教师可以组织学生开展以读书、绘画、唱歌跳舞为主题的群文活动。而在校外，教师则可以多组织开展一些类似于园艺、摄影、采风等校外实践活动，从而让学生在参与群文活动的过程中真正受到教育，有效满足学生精神层面的需要。这样，教师通过拓展群文活动的形式，不仅能使学生更加积极主动地参与进行群文活动中，而且对于丰富学生的精神世界，促进学生精神文化素养的提升有着积极作用。

三、加快文化建设，提高学生的文化道德素质

群文活动的服务对象是全体学生，因此教师要努力满足学生的文化需求，提高群文的文化实践力和占有水平。同时，将群文活动和校外实

践互动相结合，能够有效促进青少年学生的兴趣爱好、愿望和要求，满足他们个性发展的需求，使他们在多种多样的群文活动中，开阔眼界、孕育理想，收到良好的教育效果。而要想真正实现上述目标，就需要教师加快群文活动建设，普及文化知识，传播先进文化，从而促进学生文化道德素质的提升。

在推动群文活动和校外实践活动的有效结合过程中，一方面，教师可以组织传播传统文化和传递科学知识的群文活动，陶冶学生的情操，满足学生的文化需求。同时通过建设精神文化活动，为群文活动的开展提供思想方面的保障，促进学生在先进的文化中获得思想的启迪和熏陶，满足学生的精神文化需求，进而促进学生文化道德素质的综合提升，实现群文活动和校外实践活动有效结合的教育目标。另一方面，教师要立足工作的实际情况，积极拓展群文活动的服务内容，如开展红色经典阅读活动，要求学生以品红色经典、悟人生智慧为群文活动主题，进行全校范围的学生阅读活动；开展图书漂流传阅活动，在学校内进行广泛的调研，了解学生的阅读需求，而后针对不同需求的学生精选图书馆的相关书籍，以班级为单位进行图书传阅活动，进而开展送书上门、阅读辅导等服务活动。这样，通过群文活动和校外实践活动的有机结合，能够有效丰富学生的精神文化生活，提高学生的文化自觉和文化自信，从而促进全体学生的文化素质和文化品位的提升。

四、创新活动品牌，打造公益性群文品牌活动

随着素质教育理念和公共文化对人才要求的不断深化，将群文活动和校外实践活动有效地结合起来的关键，还在于要努力树立品牌文化，通过加大群文活动的创新和表现力度，建立群文创新活动的品牌，培养合格的社会人。因此，教师应该积极组织开展各种形式的公益性校外实践活动，激发学生参与群文活动的兴趣，锻炼学生各方面的能力，进而促进学生更好的成长和发展，实现群文活动育人的教学目标。

在推动群文活动和校外实践活动的有效结合过程中，一方面，需要教师积极组织开展多元化的社团活动，如鼓励学生参与兴趣社团，选拔出优秀的学生登台表演，进而形成舞蹈、朗诵、书法等多个活动专场，

使全体学生都体验到群文活动的乐趣。之后，教师还可以鼓励学生结合社会事件，组织相关的专场活动，在满足学生展示自我才华需求的基础上，拓展群文活动的社会效益。这样，在公益性的群文活动中，不仅促进了品牌文化的建设，还有效增强了群文活动的创新和表现力度。另一方面，教师应积极创新公益性群文活动，创新活动的内容，树立品牌文化，要增强学生的亲身体验，使学生记忆深刻。如教师可以基于现代社会对人才的需求，创新学生艺术节的群文活动，使学生积极参与进行艺术竞赛活动中，促进他们感受和体验艺术美。在组织开展艺术性的群文活动中，教师还应注意将艺术活动和学生的个人兴趣相结合，将艺术活动和学生的课余时间相结合，努力使艺术性的群文活动转化为学生内在的兴趣，从而实现群文活动和校外实践活动的有机融合，为学生艺术个性的发展营造良好的社会氛围。所以，将创新群文活动与校外实践活动相结合，对于创立学生校外实践活动教育品牌有着积极的作用。

五、提升自我素质，提升教师活动的组织能力

随着新课程改革的深入和推进，越来越多的教师开始关注并重视群文活动的组织开展，并尝试将群文活动和一些校外实践活动有效结合起来，以此来提高群文活动开展的质量和水准，让学生在参与群文活动的过程中受到教育。而想要真正发挥群文活动的作用，推动群文活动和一些校外实践活动的有效结合，还需要教师努力提升自身的活动组织能力，加强自身的建设。

在推动群文活动和校外实践活动的有效结合过程中，一方面，教师可以借助信息技术的资源整合优势和沟通交流优势，密切和其他教师与学者之间的联系，多方面吸取和借鉴这些教师和学者优秀的组织和辅导方法，从而拓展自身的知识储备，提升自身的活动的组织能力。另一方面，则需要教师对自我学习和提升予以关注和重视，多利用空闲的时间参与到由学校组织开展的教师培训活动中去，从而在参与培训的过程中提升自身的职业素养和专业能力，以此来为群文活动和校外实践活动的组织和开展提供强有力的支持。这样，教师通过加强自身的建设，不仅能够提高自身组织群文活动的水平，而且能够有效达成校外实践活动的

教育目标。

综上所述，教师在展开群文活动的过程中，就应该改变校外实践活动的方式，将学习融入群文活动中来。又要对校外实践活动的形式予以拓展，多尝试组织开展一些富有特色的实践活动，从而让学生在实际参与的过程中受到教育。另外，为了最大程度地发挥群文活动和校外实践活动对于学生的教育作用，教师还应该强化自身，努力提升自身的素质和群文活动的组织能力，以此来为群文活动和校外实践活动的顺利组织和实施提供一定的支持。

“二十四节气传承美术体验活动”项目研究报告

乌日娜

门头沟区少年宫“二十四节气传承美术体验活动”项目成立于2015年，以二十四节气的气候、物候、农耕和民俗为内容，以美术为载体，关注立德树人，引导学生学习和传承非遗文化，建立文化自信。项目以先进的育人理念、专业的教师队伍、健全的课程体系和优异的师生成绩赢得了良好的口碑。在项目建设过程中，少年宫小百花美术社团于2017年成功申请北京市金帆画院，不仅提升了少年宫教学水平和综合实力，在全区乃至全市的美术教育教学领域也起到了很好的示范作用。2019年，项目在北京市校外教育“三个一”优质项目评选中被评为优质项目，这标志着项目已经达成阶段性目标，应进入打造精品项目的阶段。

一、项目建设意义

选择以“二十四节气”为内涵，进行项目建设，开展美术教育教学活动，完成课程建设、教材编写等工作，具有以下意义。

第一，“二十四节气”美术教育资源辨识性较强，特征较明显，有利于学生认识非遗文化。二十四节气文化是我国非物质文化遗产，是中国优秀文化的重要组成部分，蕴含着民族精神、民族气节和审美意识。2016年，联合国教科文组织已将“二十四节气”列入世界人类非物质文化遗产代表作名录，随即掀起了“过节”热潮。学生通过网络平台、校内学习、家庭活动各种途径，逐渐认识到二十四节气的内涵。二十四节气产生于生活，源于人们对生活的观察，也影响着人们的生活。

第二，“二十四节气”具有丰富的内涵，适合深入的、长期的挖掘。“二十四节气”本身具有丰富的可开发的资源，加上中国幅员辽阔，即使同一个节气，不同地区的气候、物候和民间风俗都各有特色。节气的气候、物候将节气资源与地域资源结合开发美术资源，内容丰富且特色明显。

第三，“二十四节气”美术教育资源具有实践性，能充分激发学生感受美、欣赏美和创造美的能力。将具有代表性的八节气引入到美术教学活动当中，引导学生主动探究和思考，通过学习，了解节气的物候、气候、民俗等相关知识。学生通过长期的学习与积累，加深了对中国非遗文化的理解和认识，加深了对生活的感知，主动地发现美，运用美术的媒介将自己的感受表达出来，创作属于自己的节气作品。

二、项目理念与育人目标

（一）项目理念

在“三个一”优质项目建设标准的指导下，项目始终围绕立德树人的根本任务，时刻做到以学生为主体，通过美术教育教学活动，让学生能够更好地、更健康地发展。从培养兴趣出发，以提高学生核心素养为目标，构建美术课程体系，实现项目课程化。基于美术学科性质和独特的育人功能，通过探究式学习、团队合作等方式，帮助学生发展观察、想象、审美、创造、道德、智力等能力。通过传统文化的渗透，培养学生热爱和传承祖国优秀传统文化的思想感情。

（二）项目育人目标

项目落实《中国学生发展核心素养》和美术学科素养，通过美术活动和社会实践活动，逐步提高学生的核心素养和美术学科素养。具体目标如下。

1. 学生能够运用基本美术技法和表现技巧自信地、创意地完成作品，表达思想，从而提高学生的美术学科素养和核心素养。

2. 通过实践活动，学生能够提高主动探究能力、团队合作能力、交流沟通能力和创新创造等能力。

3. 通过对中国传统二十四节气文化地学习，学生能够主动关注节气变化，说出节气相关知识，能够热爱、宣传和主动传承节气文化，建立文化自信。

三、项目课程建设与活动实施

构建课程框架，在实施过程中不断完善和改进，效果显著。根据课程框架，制定年度教育教学计划。结合教学大纲，项目组已完成《二十四节气笔墨意趣》《八节气的色彩表达》和《八节气的手工艺制作》教材编写。教材注重引导学生观察、感受节气的气候、物候变化，注重培养学生知识迁移能力和自主学习能力。

统筹利用社会资源。项目组搜集、整理门头沟区域资源，将具有代表性的永定楼、定都阁等资源转化为教育资源，引导学生观察、表达家乡节气的变化。与资源单位门头沟妙峰山镇下苇甸村北京晓马驹农业技术开发有限公司合作，为走进大自然开展美术活动提供条件。

（一）项目课程建设分为三个阶段（详细内容见附录 1）

1. 中国画的创作学习阶段。
2. 八节气的色彩表达阶段。
3. 八节气的手工艺制作阶段。

（二）活动的方法与过程

项目依据《中国学生发展核心素养》和美术学科素养，突出校外教育活动育人的本质特征，制定完整的教学计划，活动通过确定主题内容—感受节气内涵—主动探究知识—创新表现节气—多元评价方法—复习巩固知识—拓展传承文化，由浅入深，循序渐进地达成活动育人目标。

1. 从学生的学习兴趣和学龄特点出发，确定主题内容。从二十四节气的气候、物候、农耕和民俗等内容出发，进行梳理，选择最适合学生学习程度和年龄特点，与学生生活息息相关的内容作为主题。如春分时节以路边常见的玉兰花为主题，雨水时节以同学们自己喜欢的鱼作为主题。

2. 生动的情景导入，让学生深刻感受节气内涵。为了学生能够深刻感受节气内涵，服装、道具或以“穿越”回古代等形式创设情景，营造节气氛围。如惊蛰节气，学生打扮成刚苏醒的小动物；冬至节气，学生打扮成古代的小书童，“穿越”回古代冬至节气。

3. 主动探究知识，提高学生综合素养。在活动中通过探究式学习培养学生主动学习的能力，通过观察、分析、讨论等方式培养学生解决问题的能力。引导学生通过小组合作的形式进行讨论或者完成创作，培养学生沟通能力、团队合作能力、引导学生认识自己在集体中的位置，通过活动，懂得尊重他人的个性和立场。

4. 创新表现节气，为学生提供更多创作空间。确定创作主题，学生通过学习节气内容，自由构图、添加背景。引导学生运用专业技法，大胆表达自己的想法。进行单独创作或者集体创作，能体会到不同材料的特性，能够通过画面表达自己的所观所想。

5. 多元评价方法，关注学生的学习历程。通过现场场景或虚拟环境等方式展示学生作品，学生以语言或文字发表鉴赏报告。学生参照根据目标制定的评价指标，对自己的学习态度，行为过程和结果进行自我反思和相互评价。教师采用多元检测方法。从学生积极参与比率、学生艺术实践完成比率、学生自评、学生对节气和相关知识理解的比率、拓展任务完成的比率、学习任务单完成情况等方面进行评价，注重过程中点评，鼓励学生敢于创新、大胆表现，突出其艺术特点。

6. 引导学生运用现代信息技术，复习巩固知识。将每节课的技法要点录制成微课，上传到微信平台。学生可以配合教材复习知识和技法要点，提高学习效果。

7. 鼓励学生运用丰富多样的形式，主动传承文化。引导学生运用多种形式传承节气文化，如画节气贺卡、在少年宫大厅宣传节气文化等形式传播节气文化，让更多的同学、老师、家人加入到传承节气文化的大家庭中。感受中华民族文化的魅力，增强民族自豪感。

四、项目支持与保障

（一）项目得到少年宫的全面支持

项目得到了少年宫的全力支持，为学生提供了充足的场地和设施，共有美术教室 11 间，总计 1016 平方米，美术作品专业展览场地 810 平方米。有完整的《项目制度》《教育教学常规管理制度》《美术教学管理制度》《美术社团章程》《美术教室管理制度》《安全管理制度》等一系列规章制度，确保项目顺利进行。每年有 30 万元的经费投入，能充分满足项目发展需求。

（二）项目教师团队结构合理

项目组包含老、中、青三代教师，结构合理，既有丰富的教育教学经验，又有新鲜活力的注入。核心教师全部在编在岗，在项目建设过程中分工明确，能够充分发挥各自优势。有稳定的教师团队，整体水平高。

（三）加强师资建设，聘请专家指导

项目有师资培养计划，教师积极参加美术培训活动。定期开展教研活动和写生活动。为了提高项目的专业水平，少年宫聘请多名专家定期指导工作，引领项目的发展方向。

五、项目成绩与效果

（一）学生收获

项目受益群体覆盖门头沟区中小学教育，受益学生 400 余人次。现有四个固定班级，共计 120 人。学生通过学习能关注节气变化，说出节气相关知识，能自信、大胆地以节气为内容进行创作。提高了团队合作、交流沟通、创新与创造等综合素养。班级学员被评为区级三好学生、家乡文化宣讲员、门头沟区新时代好少年等称号。

学生作品在炎黄艺术馆展和山水美术馆多次展出，获得校内外专家一致好评。在全国和市级美术比赛中均能脱颖而出，累计获奖百余人次。2018 年，社团学生设计的“冬奥吉祥物”被北京奥组委选中并收藏，设计者代表北京市中小学生参加了捐赠仪式。社团学生肖依依为家乡潭柘寺创作了《潭柘寺节气风景图》，成为家乡文化宣讲员。社团学生陈时宇在育园小学举办个人作品展，获得老师、同学的一致好评。

（二）教师发展

项目建设促进了教师教育理念的转变，提高了教师的教学水平和教科研能力。项目组教师代表门头沟区参加北京市校外教师基本功展评优秀案例展示；获得“2018 年北京市校外教育优秀工作者”称号；2015 年、2017 年获得北京市校外阳光艺术节指导教师金奖；撰写的论文、案例，编写的教材在各类比赛中均取得不俗的成绩；申报市级课题《八节气美术教材的开发》，获得立项。

（三）项目促进校内外教育深度融合

“二十四节气非遗传承”项目是门头沟区少年宫重点开发的特色项目。美术社团所属的小百花画院是门头沟区仅有的两个金帆画院之一，代表门头沟区美术教学的最高水平。项目组教师到大峪第一小学、大峪第二小学、北京八中永定实验学校进行辅导，丰富了学校美术活动形式，培训学员近千人。2019 年，为推动教育改革和学校的发展，与北京市第二实验小学永定分校和首都师范大学永定分校签订“手拉手学校合作协议书”，推广、宣传“二十四节气非遗传承”项目，实现覆盖门头沟基础教育，将校外教育与学校教育紧密结合。

（四）社会影响助力项目发展

学生成果汇报展和少年宫微信公众平台和二十四节气美术课堂公众号扩大了项目在门头沟区的影响力。美术社团展示活动在中国教育电视台、北京电视台、千龙网等 11 家媒体宣传报道。教学论文、活动案例在《首都校外教育》《北京教育》等 6 家纸质媒体发表。教育教学活动得到了家长们的一致好评，家长反映学生在绘画技法和审美能力上都得到了明显的提升，他们学习了中国传统文化，提高了文化修养，通过社会实践活动，学生自理能力和主动解决问题的能力都有了明显的提高。

六、项目规划与发展

为将特色项目进一步打造成精品项目，更好地推动校外教育发展，项目规划如下。

打造高水平专业教师队伍。二十四节气可结合的美术学科种类众多，愈是不断推进，愈是发现需要做的事情很多。少年宫强大支撑与保障更加凸显出项目中专业教师资源的不足。在打造精品阶段，项目组应吸纳高水平的专业教师，并通过培训，提高组内教师的专业水平，为项目的发展提供动力。

提高教师教科研能力。项目组成员从论文、案例、教材和课题四方面入手，进行教育教学研究，形成体系且研究深入。自项目成立以来，项目组教师以“二十四节气”为内容，申报 1 个市级课题，编写三本原创教材，撰写四篇学术论文和多篇教学案例，收获颇丰。但是对于二十四节气内涵的研究、对美术学科以及教育大环境的研究都需要理论和研究方法的支撑，只有提高教师教科研能力才能让项目有更高的发展空间。

完善项目课程体系。目前项目的课程体系主要是从美术的三个方面建设的，分别是中国画创作、手工艺制作和色彩表达，虽然相互之间有联系、有补充，但是逻辑关系不是十分严谨。在之后的构建过程中计划以绘画材料或者主题进行划分，从大美术观的角度构建课程体系。

扩大项目影响力。项目经过五年的发展已经走向成熟，应组织、开展市、区级相关活动，扩大项目影响力，传承节气文化。

附录1 课程建设内容

<table>
<tr><th colspan="6">第一部分 中国画创作学习（2015. 1－2018. 7）</th></tr>
<tr><th>课时</th><th>活动内容</th><th>节气知识</th><th>活动形式</th><th>学科核心素养</th><th>综合素养</th></tr>
<tr><td>128</td><td>以二十四节气为内容的中国画创作学习。</td><td>气候特点
物候特点
风俗活动
风俗食物
农事活动</td><td>主动探究
团队合作</td><td rowspan="3">1. 能从现实生活中发现美、感受美。
2. 对中国画名家美术作品进行识别、感知、进行简单的分析。
3. 运用中国画笔墨技法表达节气气候、物候、习俗等内容。
4. 能通过作品感受节气文化的魅力。</td><td rowspan="3">1. 养成良好的学习习惯。
2. 能大方地与人接触。
3. 在团队中能与同学合作。
4. 了解祖国文化遗产的优秀之处。
5. 亲近身边的自然，关怀动植物。
6. 主动思考，努力完成学习任务。
7. 根据自己的兴趣及喜爱的事物，做出选择。
8. 注意到文化遗产的特征以及价值。
9. 敢于思考和创造。</td></tr>
<tr><td>64</td><td>以八个节气最适合饮用的茶品为内容进行主题创作。</td><td>节气适饮茶品</td><td>主动探究</td></tr>
<tr><td>64</td><td>用中国画形式表现诗词描绘的场景和意境。</td><td>节气诗词</td><td>主动探究</td></tr>
</table>

续表

第二部分　八节气的色彩表达（2018.9－2019.7）					
课时	活动内容	节气知识	活动形式	学科核心素养	综合素养
32	用写实手法表现门头沟八节气自然景色。	节气色彩特点	写生实践 主动探究	1. 能从现实生活中发现美、感受美、欣赏美。 2. 能用创新意识，通过作品、表达自己对节气色彩的感受。 3. 能从美术作品中感受东、西方文化差异，并联系同时期艺术家作品，进行简单的对比分析。 4. 通过对家乡的描写，感受家乡的变化和特色。	1. 自己能做的事情自己做。 2. 主动思考努力完成任务。 3. 积极进取的同时张扬个性。 4. 能与同学建立良好的关系。 5. 热爱家乡文化。 6. 认识到团队合作中自己的角色与责任。 7. 学习、关注外国文化。 8. 能主动、积极地参与活动。
32	将名家作品进行色彩归纳。	节气色彩特点	团队合作 研究性学习		
32	将归纳好的名师色彩搭配运用到主题创作中。	节气色彩特点	主动探究 团队合作		
32	用抽象的形式表现节气的色彩。	节气色彩特点	主动探究 团队合作		

续表

第三部分　八节气与手工艺制作（2019.9－2020.7）					
课时	活动内容	节气知识	活动形式	学科核心素养	综合素养
32	用剪纸的形式表现节气内容。	物候特点 风俗活动 风俗食物 农事活动	主动探究 团队合作	1. 能运用简单的剪纸、陶艺、花艺技法表达自己对节气的感受。 2. 从作品中感受中国传统文化的魅力。 3. 能感受不同艺术表现形式的魅力，培养民族自豪感。	1. 尊重不同人的个性与立场，了解勤劳的珍贵以及意义。 2. 为了团体进步努力解决问题。 3. 能够感受中华民族文化的魅力，增强民族自豪感，主动传承节气文化。 4. 能够使用信息技术，收集、整理和使用信息，主动解决学习中遇到的问题。 5. 能够爱护环境，从我做起。
16	以节气所开花卉为素材进行中式插花创作。	节气开放花卉	主动探究 团队合作		
16	用捏陶、画陶等形式表现节气内容。	气候特点 物候特点 风俗活动 风俗食物 农事活动	主动探究 团队合作		
40	景德镇社会实践活动。	气候特点 物候特点 风俗活动 风俗食物 农事活动	社会实践	1. 能从文化的角度观察和欣赏陶瓷作品。 2. 能运用形象思维，大胆创作陶瓷作品。	1. 具有安全意识。 2. 能与老师和同学建立良好的联系，提高沟通能力。 3. 独立自主的生活习惯。 4. 加强团队意识。

附录2 教师团队职责分工

姓名	年龄	特长	职责
乌日娜 （美术教师　项目负责人）	30	专业基础 教研能力 少儿美术教育	1. 项目总负责，制定项目计划 2. 构建项目课程体系 3. 编写教材 4. 撰写论文 5. 实施教学活动
李长军 （宫副主任）	50	组织能力 管理能力 德育教育	1. 研究大的方针政策 2. 制定项目安全管理制度 3. 指导社团建设 4. 德育教育
杨帆 （教研室负责人）	38	教研能力 管理能力	1. 组织、开展教研活动 2. 制定项目建设章程 3. 指导教学活动
杨盈 （教研室教师）	38	教研能力 整合信息的能力	1. 编写教材 2. 管理学生档案 3. 媒体宣传
宋玉玲 （永定实验二小德育主任）	36	组织能力 管理能力 德育教育	分管永定实验二小美术教学活动

续表

姓名	年龄	特长	职责
李荣 （美术教师）	30	专业基础 教研能力	1. 实施教学活动 2. 编写教材
李晓明 （美术教师）	34	专业基础 少儿美术教育	实施教学活动

附录3　专家团队及指导方向

姓名	专业方向	职责
高润喜 （中央民族大学博士生导师）	美术教育理论研究	指导教科研活动 指导美术教育教学活动
许微微 （校外名师）	儿童美术教育研究	指导社团建设 指导美术教育教学活动
朱德友 （门头沟区美协副主席）	中国画绘画技法	指导教师写生、创作
贾宝锋 （博士　北京服装学院讲师）	中国画构图方法研究、色彩构成研究	提高学生创作高度 指导教师构建课程体系

是“体”育，更是“人”育

——谈舞蹈教育的美育功能

杨 潇

一

“美育属于人文教育，它的目标是发展完满的人性。”①

1793年，德国美学大家、诗人席勒出版的《审美教育书简》中首次对“美育”进行了相对系统的描述。他认为，“美育”是人性重获完整的中介，是一种关涉内在自由的教育，即“人本身解放的自由性与发展的自主性”，其审美教育思想着眼于“人”，以期通过美育让个体发展成“完整的人”。近现代，我国最早利用西方美学和美育理论对我国美育传统进行深入探讨的是著名学者王国维，他认为教育的宗旨应是培养能力和谐发展的“完全人物”，其曾在《论教育之宗旨》（1903年）一文中提出，健全的教育应是体、智、德、美全面发展，因此他建议清政府实施美育。1930年，被誉为“中国现代美育之父”的蔡元培先生也曾提出“美育者，运用美学之理论于教育，以陶冶情感为目的者也”，他认为通过美育，可以给人之“心”以美的定性，陶冶性情，净化心灵，使得感性与理性和谐发展，使人的思维方式更趋完善化。著名美学家朱光潜先生基于弗洛伊德和荣格等学者的现代心理学知识，提出了美育的三种“解放”功能：“首先是‘本能冲动和情感的解放’，美育具有释放本能的‘安全阀’作用，进而实现审美升华；其次是‘眼界的解放’，即在日常的、世俗的世界发现新鲜独特的美，而这种发现

① 叶朗：《美学原理》，北京大学出版社2009年版，第402页。

正是审美创造的前提；第三是‘自然限制的解放’，这是指在想象力创造的艺术世界里，摆脱自然和物质世界的束缚，获得心灵的自由，恢复人性的尊严”。[①] 这种极具现代性精神的“美育解放说”，蕴藏着美育可以激发创作力的重要教育思想。可见，古今中外的研究先驱们对“美育”的深刻反思皆涉及“人性”。但近几年，我国对于美育的认识似乎开始出现偏差，被赋予功利意义，尤其是所属艺术美育范畴的舞蹈教育，逐渐成为考级、升学的敲门砖。“美育一旦带有形式主义、功利主义的印记，自然难言其美。”[②] 认识之所以出现偏差，归根结底是对其真正的价值与意义缺少认识，从而使得社会对人才的评价体系也随之出现偏差。“舞蹈的本质特性决定了它对于人的生理、心理作用更直接，更明显，也更具冲击力……以身体教育实现全面（整体）教育，是我们确立舞蹈美育的理论与实践的基础与宗旨。其要点是：以感觉的方式认识世界，提升人的智能；以律动性的形态锻炼身体，增强人的体能；以审美的方式解放心灵，开掘人的创造潜能；以身心一体化的形体训练，塑造完美的人格。”[③] 基于以上美育对于“完整的人”的意义，笔者认为舞蹈作为一门身体艺术，从教育及美学意义而言，“醉翁之意不在舞”，虽是“体”育，但更应强调其“人”育之意义。

二

“诸多实践证明，舞蹈艺术最重要的美育意义，是完善人格，使一个人成为真正健全的人……这种教育对于人的智力与非智力都有其他教育不可取代的益处。”[④]

智力教育。1981 年，斯佩里是通过“裂脑人”研究，发现了大脑半球的单侧化现象的，即分工现象——指绝大多数人的大脑左半球主要负责语言文字、数字和逻辑思维方面的信息加工；而大脑右半球却主要

---

① 朱光潜：《朱光潜全集》（第 4 卷），安徽教育出版社 1987 年版，第 147 ~ 151 页。

② 张欣：“舞蹈美育与创新型国家建设——北京舞蹈学院‘高参小’项目实践探索”，《北京舞蹈学院学报》，2018 年第 2 期。

③ 资华筠：“科学理念与舞蹈美育”，《北京舞蹈学院学报》，2006 年第 3 期。

④ 吕艺生：《舞蹈美学》，中央民族大学出版社 2011 年版，第 450 页。

负责非语言文字、空间想象和形象情感方面的信息加工。自此，人们越来越认识到左脑的功能是计算，着眼于现在和现实，是思维和意识的大脑；而右脑的功能是模拟，着眼于未来，是想象和精神的大脑。对于左脑所担任的语言、计算、逻辑等理性思维方面能力的开发，已被大量校本课程所规定的课程来完成了，而右脑所负责欣赏、预测、创造的感性思维却受到漠视。基于对美国哈佛大学著名心理学家霍华德·加德纳的“多元智力理论”的认识，根据平心对于该理论在舞蹈教育中的应用研究，可以证实舞蹈教育作为一种多模态艺术，对于人的音乐智力、身体运动智力、语言描述智力、数理逻辑智力、空间（视觉）智力、自我认知智力、人际关系智力、自然观察智力的开发皆有所作为，对右脑的开发具有一定的作用。可见，舞蹈美育能够促使人脑获得全面开发，使得现代教育更接近一种理性化教育，即“全脑教育”。

非智力教育。舞蹈美育的最佳方式不是“灌输”“管束”性的说教，而是“寓教于乐”，是关注于身心关系的审美活动。众所周知，素质教育舞蹈多以“游戏”的方式开始，在“游戏”的过程中学习，用“游戏”的方式来展示教学互动，强调的是教学过程的“游艺性”，亦即席勒所提倡的“游戏冲动”。这里的“游戏”，并非指代一般意义上的游戏活动，而是一种“活的形象”——即一种客观与主观、形式与内容相统一的形象，“人们不会仅在感性冲动的支配下，获得一种本能的满足；也不会在形式冲动中，只能够制约于理性的规范；而是在‘游戏’的过程中，能够自动地游移在上述两者之间，获得一种平衡和满足，收获一种真知与情感的统一感受。”[①] 舞蹈教育所塑造的形象，就是这种“活的形象”，它有着可以被不同人进行解读的故事情节与内容，也有可以被人直接感知的丰富的情感和生命本真的显现。在如此审美活动中，人可以获得一种自由的心境，并根据自己的意志来选择自己的行为，从某种意义上来说，也就实现了一种人之为人的自由。此外，舞蹈更能促成人格的形成与发展，对人之态度、意志、纪律、情感的显现等具有推波助澜之功用。如舞蹈可以提高人的意志力、耐性、忍性、

① 武艳：“论席勒美育思想与素质教育舞蹈”，《北京舞蹈学院学报》，2013 年第 6 期。

韧性，有助于养成吃苦耐劳、坚韧不拔、顽强拼搏的精神观念。诸如独立、要强、自尊、自信、自制、认真、热情、奔放、想象、细致、敏锐、果敢等个性特征，皆有所得。另外，由于舞蹈艺术同其他艺术门类一样，始终都在追求高尚的人格形象、高雅的生活情操和完美的精神世界，将真、善、美作为最终价值体现，故其要求舞蹈工作者和学习者也同样需要追求人格的发展、品格的完善以及情操的升华。

可见，“舞蹈审美教育，就其舞蹈本身而言，是动在其外，意在其内；而就审美教育本身，舞蹈教育史动在其内，而获得的是意外收获。”① 它可以呼唤、激发人对于美的自觉追求和感受，以实现辅德、启真、导善、静心之功用，使人在舞蹈教育活动中获得对技术之外的价值的理解以及情感的体会，获得对真、善、美的辨别力，甚至可以暂时摆脱现实的束缚，获得一种相对自由、完整、健全的人性和美好的心灵，这也是包括舞蹈教育在内的艺术教育的真正用意。

三

“舞蹈审美教育虽仅是一种艺术性教育，但它的辐射性与延伸性，使它能在诸多方面起到潜移默化的协同作用。”②

吕艺生先生曾在《舞蹈美学》一书中用马斯洛关于人的“需要理论”对舞蹈美育进行了五个层次的分析。一是生理需要层次，其认为舞蹈给人的第一感觉是“活着”。可能是由于舞蹈所具有的鲜活性与动态性特征与人类生命不止、呼吸不停的灵魂本色相伴相随，故其多以一种“活着的感觉”存在于人体的生命运动中，使得人对自身的存在有了一定的感受“依据”。二是安全需要层次，其表明舞蹈美育可以促进社会稳定、营造和谐气氛的。人们在舞蹈中更易于进入到一种和谐、共融的心境之中，并能从中逐渐消解内心积怨、解开心结。三是情感和归属需要层次，人是集体动物，需要交往才能存活，舞蹈美育可以让人在一种亲密、友好的合作关系中，获得情感的关注和照顾，并且更能产生对生

---

① 吕艺生：《舞蹈美学》，中央民族大学出版社 2011 年版，第 455 页。

② 吕艺生：《舞蹈美学》，中央民族大学出版社 2011 年版，第 458 页。

活中的美好事物的情感交流。四是尊重需要层次，舞蹈美育的主体是教育者与受教者，教育者尊重受教者个性的自由发挥，同时也会因自身在舞蹈中所形成的独立人格与艺术品格而受到受教者的尊重。五是实现自我需要层次，通过舞蹈美育，不仅可以使个体的潜力得到挖掘与开发，使个体能力得到最大程度的发挥，更能使个体在实现自身目标的过程中接受、包容他者的优势，从而逐渐转化为自身的价值。

综上可见，舞蹈美育的追求不在于“身”，而在于“心”，它让舞蹈教育回归了对于人文精神的追求，最大限度地关注到“人”本身，此即美育的核心价值与意义。其对人格的塑造及人的全面发展起到了特殊的推动力量，这对于提高中华民族的精神文化素质的本体价值和自我价值起到了不可替代的作用。

参考文献

[1] 叶朗．美学原理 [M]. 北京：北京大学出版社，2009.

[2] 朱光潜．朱光潜全集（第 4 卷） [M]. 合肥：安徽教育出版社，1987.

[3] 张欣．舞蹈美育与创新型国家建设——北京舞蹈学院“高参小”项目实践探索 [J]. 北京舞蹈学院学报，2018（02）.

[4] 资华筠．科学理念与舞蹈美育 [J]. 北京舞蹈学院学报，2006.

[5] 吕艺生．舞蹈美学 [M]. 北京：中央民族大学出版社，2011.

[6] 武艳．论席勒美育思想与素质教育舞蹈 [J]. 北京舞蹈学院学报，2013（06）.

新时代背景下美术学科中美育的要求

王玉英

一、美育和美术教育的关系

美育又称为审美教育，旨在培养受教育者美的情趣和美的创造力，提高其对美的感受能力，促进受教育者人格的完善和核心素养的形成。在我国，培养德智体美劳全面发展的社会主义建设者和接班人，一直以来都是教育现代化的目标。美育作为这一目标的重要组成部分，一直在不断发展完善。美育和美术教育是两个极易混淆的概念，两者既有融合但并非完全重合。

美术教育作为艺术教育的分支，是实施美育的主要途径。美术具有审美认知、审美教育、审美娱乐等独特的功能和作用，具有以情感人、潜移默化、寓教于乐等特点，因此天然地具备审美教育的职能，成为审美教育的主要内容和主要方式。同时，以美术作品为代表的艺术美作为美的集中表现形态，对提高学生创造美和欣赏美的能力，培养学生审美思想，促进人的全面发展等，有着极其重要的意义。艺术教育作为美育的核心，它的根本目标是培养全面发展的人，因此，广义的艺术教育强调普及艺术的基础知识和基本原理，通过对优秀艺术作品的评价与欣赏，来提高人们的审美修养和艺术鉴赏力，培养人们健全的审美心理结构。

由此可知，美术教育是美育的重要实现途径，是美育核心的重要组成部分。其关系是包含与被包含的关系。

二、我国美育发展特点

回顾 1949 年以来我国美育的发展历程，可以发现，我国美育实施取得了很大的进步，同时也存在着诸多的问题和不足，还有很大的发展空间。一方面，美育实施早期过分强调美育的学科教学属性，使美育的目标简化为美学理论和技能的掌握，而忽略了美育对于个体精神性的人格的培养，感性陶冶的价值功能。另一方面，过分强调美育的学科教学属性也导致了美育实施过程中各学科相互分裂，没有形成综合的合力。

打破早期美育实践中仅注重学科属性的窠臼，开始关注学科融合、美育渗透和教育融合，这才是新时代下美育发展的方向。美育作为多学科综合的应用型教育，具体到实践中，应该以审美能力的培养为主要指向，通过美育提升人的综合素质，提升创新性思维和能力。高度重视审美与学科知识之间，各学科美育之间的链接，跨学科交叉性的美育实施方式更能凸显美育的多样性，丰富美育的内涵，为美育实施提供新思路新视野。

三、新时代美育对于一线美术教师的要求

“互联网 + ”时代的来临让我们的生活日新月异，在这个高速发展变化的时代，美育工作的实施对一线教师提出了更高的要求。

第一，做好美育工作，要坚持创新美育的实施方式。美育要扎根时代生活，2000 年后出生的学生从小接触信息技术产品，耳濡目染使他们不用经过专业的学习就可以熟练掌握信息技术产品的基本操作方法。一线教师尤其是美术学科的一线教师在构建课程时要巧妙地运用信息技术产品的优势，最大限度地吸引受教育者的注意力，保证美育的实施。当然美育实施的创新不能局限于教育技术，创新应当体现在美育工作的方方面面。

第二，做好美育工作，要坚持把美学教育与美育紧密结合。蔡元培《教育大辞书》美育条目“美育者应用美学理论于教育，以陶养感情为目的者也。”然而新时代下一线美术教师不仅要教授培养学生的美学理论，更要以美育人、以文化人，在提高学生审美的同时关注人文素养的

培养。遵循美育特点，明确美育的终极目标是净化人的灵魂，提升人的精神境界，弘扬中华美育精神，让祖国新一代青少年身心都健康发展。

第三，做好美育工作，要坚持学科融合。在不断推进与发展素质教育的今天，学科融合的思想提出是十分必要的。学科融合相互渗透，不仅能提高美育实施的全面性，同时也避免了美育教学中的重复性与单一性。美育既包括音乐美术等具体的学科指向，又与其他学科要素高度融合渗透。一线美术教师在实施美育的过程中要关注美术学科与其他学科的融合，使各个学科的美育形成合力，更全面深入地完成美育工作。

第四，做好美育工作，要认清美育与德育的关系。美育不能取代德育，德育也不能代替美育，两者是不能互相替代的存在。但是两者可以互为表里而存在。在美育实施过程中培养学生良好的道德品质，以绘画的形式歌颂高尚的品德等都是他们互为内容与形式的体现。一线美术教师在课堂教学过程中必须发挥美育潜移默化的特点，利用美育资源充分发挥美术学科的优势，把美育和德育融会于日常课程中，让美育资源中的美术内容作为德育载体，以美育向德育靠拢，用美的形象将道德思想传达给学生，从而取得以美育德教育的良好成效。发展美育和德育都是为了让学生提升自身核心素养。利用美育本身独有的感染力，可以让德育的内容丰富且具有趣味性，提升德育的效果，从而提高学生的思想，发展学生道德情操，促进学生德智体的全面发展。

综上所述，美育对人类社会的发展有着极其深远的影响，美的培养不仅是一线教师的责任，更是学校教育和整个社会共同的责任。新时代下一线教师在美育实施过程中要扎根时代，关注学科综合，注重各学科美育形成合力将美育渗透到教育教学的方方面面。为社会主义建设培养具有感受美、创造美和审美情趣的接班人，建设完善社会主义精神文明，促进年轻一代身心健康发展。

参考文献

[1] 谭好哲．中国现代美育的历史进程与目标取向［J］．山东社会科学，2007（01）．

[2] 尹少淳．谈美术教育［M］．北京：人民美术出版社，2016．

[3] 张法，王旭晓．美学原理［M］．北京：中国人民大学出版社，2005.

[4] ［法］席勒（Schiller，F）．审美教育书简［M］．北京：北京大学出版社，1985.

[5] 蔡元培．蔡元培全集［M］．北京：中华书局，1984.

[6] 彭吉象．艺术学概论［M］．北京：高等教育出版社，2019.

[7] 王宏建，袁宝林．美术概论［M］．北京：高等教育出版社，1994.

[8] 曾繁仁．审美教育新论［M］．北京：北京大学出版社，1997.

[9] 张傲．“00后”大学生审美现状调查与美育路径研究［D］．吉林大学，2021.

少年宫社团自主创编舞蹈的价值与策略

张晶雪

舞蹈社团是少年宫兴趣社团中的重要组成部分，在培育学生美育方面发挥着重要作用。随着社会和教学环境的不断完善，少年宫给予学生的选择性和发展性也更加的丰富、多元、有特色。在舞蹈团的建设过程中，充分尊重学生的性格特征，引导其自主创编适合于自身特点的舞蹈，帮助学生进行真实情感与思想的表达，可以促使学生了解前沿信息，整合知识结构，逐渐形成较强的创新意识，从而进一步丰富学生的文化内涵，奠定美学思想基础。

一、学生自主编创舞蹈的实践价值

自主编创是学生根据自身知识结构、生活经验、审美特点，围绕一个主题，用舞蹈作为表现手段，以小组合作的形式，将头脑中的艺术构思、艺术想象物化为外在的舞蹈表现。其特点在于自主性、独创性及合作性。

自主编创是对学生天性的释放，是自我表达的有效途径。它打破了原有对于舞蹈教学学习效果的单一评价机制，不再以学生身体条件、专业化程度作为衡量标准，而是以个性化、创新力作为学生学习效果的检测。从而帮助学生转变学习思路，不断探寻编创的可能性，培养审美情趣及编创乐趣。

（一）有利于凸显学生个性化

每一个学生都是独特的发明家。在自主编创过程中，没有标准化的舞蹈动作，没有统一的舞蹈结构与审美导向。与整齐划一的动作相比，自主编创更为强调的是个人思想、动作的独创性。学生根据自身兴趣点来选取表现题材、表演手段、情感基调，依靠独特的视角将生活中的动作进行提炼、构思、组织、艺术再现，最终形成为融合学生生活经验、知识结构、审美视角、教育背景、艺术偏好等信息元素的统一体，具有鲜明个性特征的艺术作品。在教师的鼓励下，学生将编创重点放在是否准确表达了自己的意图，是否真实反映内心的真实情感以及独特的价值取向。当学生不断追求“这一个”的鲜明形象的同时，学生的作品呈现就不再是死气沉沉的动作堆砌，而是反映着编创者的独特个性特征、思想情感以及审美趣味，饱含着生动鲜活的生命力，凝聚着时代感的作品。

（二）有利于奠定审美思维

舞蹈被看作是“最高尚最优美的运动”，使人“养成高尚的品格，优美的姿势，规矩的动作，且能使人身体健康、发育平均……”① 人们的审美感觉并不是自发产生的，而是要进行有意识的培养训练。通过自主编创舞蹈训练，学生的情感得到丰富，审美获得提高。

首先，学生在舞动中感受到身体的美感与张力，促使其不断探索更为高级的表现形式，感受到身体的美好状态，追求身心合一的极致感。其次，不同音乐风格、不同律动特点的舞蹈元素相互作用，情感以更加强烈、多样的形式集中于作品之中，丰富了学生的情感体验。在向内关照内心与向外探寻情感的交互过程中，学生对于周遭事物的感知能力被唤醒，建立良好的情感沟通的桥梁，切实感受到“真善美”。最终，学生通过反复实践编创，在不断完善、打磨中深化对于舞蹈的理解与认识，达到动作与情感逐渐统一、协调一致的状态时，逐渐建立审美的视角和表达方式，舞蹈的审美情趣自然突显，审美思维进一步形成。

（三）有利于提升核心素养

美育属于人文教育，它的目标是发展完满的人性②。舞蹈作为一种

---

① 王克芬、隆荫培：《中国近现代当代舞蹈发展史》，人民音乐出版社 1999 年版，第 52 页。

② 叶朗：《美学原理》，北京大学出版社 2009 年版，第 402 页。

综合性的表演艺术，其包含着丰富的信息元素。自主编创就是一个立体化构建知识、重组知识的过程，是一系列复杂行为的融合延展。通过编创，学生们可以开发想象力与创造力，了解编创技法与舞蹈内容，增强编创实践能力以及处理信息的能力。

1. 激发想象力与创造力

舞蹈具有形象性思维的特点。在自主编创中，学生可以根据自身审美特点，尽情发挥天马行空的想象力，构建属于自己独特的舞蹈动作，从而完成艺术作品的表达。差异化是自主编创的重要要求，不鼓励模仿动作，标准统一，需要学生丢掉脑海中的模板，去另辟蹊径，寻找具有独特性的动作和表现方式，这一过程就是创造力提高的过程。

以创造求新为宗旨，摆脱程式化以及思维的局限性，不断向内挖掘思维的想象，突破思维的框架，释放天性，从而激发学生不断探索、不断创造，不断去寻找与众不同，创造出具有鲜明特点的“这一个”，激发学生的创作兴趣。

2. 提高语言表达能力及小组合作能力

舞蹈 = 无声的艺术？自主编创让舞蹈教学不再被认为是默默无闻的学习方式。舞蹈不仅需要肢体语言，同样需要借助语言、图片、照片、动作等等一切手段来表达。在舞蹈社团的课堂上，小组讨论是重要的环节，参与者是否能够简短、清晰地表达自己的观点，并在与他人讨论中选取最优方案，不断实践、反思、改进，直至最终作品的完美呈现是检验学生编创作品能力的重要一环。在讨论最佳表现形式与呈现方式的过程中，学生们需要在短时间快速地表达自己的观点和想法，不断优化，在小组间讨论的过程中，逐步训练学生的思维逻辑以及语言表达能力，

3. 提升团队合作能力

在舞蹈社团活动中，是以小组为单位进行编创的。从最初作品的构思到呈现，需要经过集体构思、讨论、投票实践以及反馈调整等一系列程序和步骤。在这中间难免有意见不统一的时候，这就需要学生们必须认识差异化，学会借鉴、尊重其他人的思维方式、工作方式和表达方式，并在积极寻找共同点的同时，将每个人的优势发挥最大化，共同致力于作品的呈现，从而掌握团队合作的基本能力。

二、学生自主编创的应用策略

（一）将编创主动权交给孩子

在活动过程中教师有目标地进行提问，改变活动思维、创新活动形式和内容，将编创的主动权交给学生，让学生成为编创的主人。每次实践编创，从活动内容设计、舞蹈动作与队形编排，到服装道具的具体落实情况等活动细则均由学生自我承担与完成，教师通过创设情境，用丰富的具有发散性的主题启发引领学生，一步一步地开发学生自主学习与思考的能力。引导学生开发想象、勇于编创、乐于表现，帮助学生在创造与合作中，学习掌握舞蹈编创的基本方法与手段，使他们以积极、饱满的情绪参与学习的全过程，学会艺术编创的基本方法，最终完成舞蹈编创活动，获得编创带来的成就感。

（二）编创内容符合学生认知水平

在教学中，教师的任务在于引。首先选取提出与学生生活贴近的主题，能够激发学生兴趣、表现欲的主题，引导学生自由想象。比如初级阶段以动物类的题材为主，中级阶段更多地表现校园轶事，高级阶段表现对于生命的理解和对社会的认识。让作品与学生生活产生联系，能够调动更多生活经验，减少编创难度。让学生有话可说，有内容可舞，有感情可抒，进而产生遐想，激发表现的欲望。其次，要将范围尽量缩小，更有针对性。结合当今热点，选取素材，配合多媒体等现代信息技术，丰富学生的认知结构，让学生跟上时代发展，了解前沿科技在教学中的运用。

（三）收放结合适时指导

教师在自主编创中承担的作用在于辅助者的角色，介入到每个实践小组中，随机启发，适时提示，全程参与整个编创过程，引导学生更好地表现自己的创作意图。教师根据课堂情况随时介入小组了解，提供专业帮助。让学生在动作上寻找创意、凸显主题、不断启发、增加舞蹈知识内涵的广度与深度，扩展学生的知识储备，丰富编创内容。同时，教师要侧重培养学生的欣赏与评价意识，鼓励孩子大胆假设、想象，重点对学生编排出的动作作出取舍、组织、提升等创作能力的锻炼，积极鼓励学生提出问题并寻找解决的方法。真正做到让孩子自主参与到编创中，培养学生的自主创新能力，建立对于编创的自信心和兴趣。

总之，自主编创能够使学生热爱自由的天性得到释放，达到感性与理性平衡统一的状态，提升感知力、审美能力与创造力，从而获得美的教育，促进自身的全面发展。

参考文献

[1] 孙艳春．中小学舞蹈社团建设与舞蹈教学方式探究［J］．课程教育研究，2019（25）．

[2] 葛萍萍．舞蹈社团训练方式在提升学生综合素质中的价值［J］．艺术大观，2020（36）．

[3] 叶乐今．舞蹈社团教学与艺术素养教育探析［J］．中国文艺家，2021（06）．

如何提高学生对音乐的鉴赏能力

姚　旺

在人的一生中，美育教育有着十分重要的影响力，发挥着特殊的功能，而音乐在这其中占据了很大的比重，它激发了人们的许多灵感、想象力和创造力。音乐是爱因斯坦的最大爱好，他曾说“想象力比知识重要，正是音乐赋予我无边的想象力”。

不同年龄段的学生有着自己独特的心理特征和思维方式，他们对于音乐也有着自己不同的想法和接受方式，因此用合适的方式适时地对他们进行音乐方面的启发和引导，他们的一生都将受益匪浅。

一、学龄前儿童

学龄前儿童，是指尚未达到入学年龄的儿童，泛指 0 ~ 6 岁的儿童。这个年龄段的儿童对声音、颜色、语言等都异常敏感，有着强烈的好奇心，而且他们认知发展的速度是飞快的。我们要善于观察这个时期儿童的成长发展规律，用合适的方式启发引导他们走进音乐的世界，逐渐了解并喜欢音乐。

1. 创造轻松愉快的环境

经常会有家长咨询我，由于以前没有良好的条件，家庭成员都不懂音乐，因此特别希望能够尽早开发孩子在音乐方面的潜能，请我帮助孩子选择一种适合的乐器。一般情况下，家长都觉得钢琴普及面最广、音色动听悦耳，似乎一开始接触起来很容易。

对于 5 岁以下的大部分学龄前儿童来说，他们的小关节肌肉组织神经尚未发育完全，而且理解能力和协调能力发展得也并不完善，在这样的条件下，直接接触乐器也许会起到相反的作用。

音乐跟语言一样，都是从听开始的，接着才是说和读，最后是写。如果学龄前儿童开始接触乐器之前，没有进行过基本的音乐启蒙，没有很好地聆听过音乐，感受音乐的美妙，那么这个乐器对于他来说是很突然且很复杂的。

因此我非常强调家庭教育最开始在音乐启蒙中的作用。首先，家庭成员要逐渐建立起良好的音乐欣赏习惯和品位，不要让孩子每天耳濡目染一些比较低俗恶俗的网络垃圾歌曲；其次，在孩子玩耍、休息、吃饭时不经意间放一些经典音乐作为背景音乐，这样久而久之音乐就成为了他们生活中不可或缺的一部分。

2. 选择合适的经典音乐作品

音乐来源于生活，它是一种情感的语言，是人与自然和谐的体现。英籍德国作曲家亨德尔曾这样说过：“假如我的音乐只能使人愉快，那我很遗憾，我的目的是使人高尚起来。”经典的古典音乐是经过千锤百炼的，具有潜移默化的影响力，学龄前儿童长时间在这样优雅的艺术氛围中，可以培养他们淳朴的性情和丰富的想象力，让他们终生受益。

对于音乐作品的选择，我认为不需要局限于网络和市面上推荐的《适合孩子们听的100首古典乐》等这些音乐作品，也无需刻意让孩子听某一位作曲家的作品或某一类作品，很多作曲家的作品不妨都可以尝试着让孩子接触：巴赫的作品比较复杂，具有深刻的哲理性；莫扎特的作品欢快活泼、轻松愉悦；贝多芬的作品音响效果宏大宽广、对比鲜明，十分具有个性；肖邦的作品音响效果华丽、浪漫气息浓厚；柴可夫斯基的舞剧音乐很多都是取材于童话故事，天真单纯并具有神秘色彩。还有很多中国传统乐器演奏出来的古曲也独具魅力。这些音乐都会对孩子产生很好的效果。

3. 运用语言、视觉、肢体动作等有效的辅助方式

每年北京中山公园音乐堂都会有“打开艺术之门”的艺术普及和推广系列音乐会和夏令营活动，吸引了大批少年儿童前去观看和学习。这些系列活动大部分都采取了丰富多彩的互动形式，目的就是通过这样的艺术体验活动让孩子们感受到学习艺术的乐趣，热爱上一种艺术门类，真正走进高雅艺术。

二、小学阶段的儿童

1. 把握好学校课堂的音乐课

我国现阶段非常重视义务教育阶段艺术课程的设置，素质教育是全方位的教育，美育是核心内容之一。小学阶段，是学生正确对待社会、对待人生、塑造性格的重要阶段。小学音乐课内容丰富多彩，这个时期音乐教育的目的是陶冶学生的情操，挖掘学生的潜能，培养学生音乐感知能力、鉴赏能力、想象能力和表现能力。

孩子们通过京剧、舞蹈、合唱等丰富多彩的音乐课程，逐步学会了认识美、感受美、鉴赏美，最后能够表达美。不断改革创新的音乐课堂，使得学生能愉悦参与在自主、合作、探究性的音乐学习中，课堂教学气氛日益活跃，提高了音乐课的教学效率。

2. 积极参加校内外的音乐社团活动

课堂内的教学活动由于它的局限性也许无法进一步满足学生兴趣的培养和创造力的发挥，因此民乐团、管乐团、合唱团、舞蹈团等各式各类的社团活动应运而生。

我参与校外童声合唱团的组建和开展已经有五年了，一批批的学生在我们精心的培养下从稚嫩走向成熟，学生在合唱团的集体中感受着和声的美，享受着合唱艺术的魅力。

“合唱”不仅仅要求学生会唱，更要学生会听。会唱，不只是唱出来声音就可以，而是通过合适的方法和技术去控制自己的声音，使合唱团整体的音色和谐统一，达到合唱团“有我们，没有我”的境界。会听，不只是学会听辨自己的声音，还要学会聆听其他声部的旋律，并与之协和地配合。会表达，音乐情绪的表达是综合能力的体现，它除了通过声音还要有面部表情和肢体语言，而这些都要求学生在演唱中全身心投入到音乐中去才可以做到。做到这些，音乐才具有生命力和感染力，合唱艺术才能够体现出它的魅力。在学习这些能力的过程中，学生们其实就逐步掌握了声音基本的辨别能力、音高音准的演唱能力、音色的鉴赏能力和音乐的表达能力。

3. 通过一件乐器，深入了解一门艺术

中央音乐学院副院长周海宏提倡，人的一生至少要学一件乐器。器乐演奏包含了十分复杂的心智活动和肢体控制操作性活动，而且能够让学生有较强烈的参与感。

当今世界上已经被公认的最先进的德国“奥尔夫教学法”、美国“综合音乐教学法”都将器乐作为重要内容，日本的“铃木教学法”本身就是儿童器乐教学法。我国现在的器乐普及率虽然还不高，但是处于一种上升趋势，越来越多的家长认识到了学习器乐的重要性。

小学阶段的学生课业不那么繁重，身心发育处于一个快速发展的时期，器乐教学对比传统的视唱听音能够很好地激发学生的学习兴趣，调动学习积极性。学生参与学习演奏乐器时，双手同时参与，眼、手、脑等感官系统同时调动起来，反应会更加灵敏，对于左右脑的协调、平衡和发展有着重要的作用和影响。同时，学生的识谱能力、节奏感和音高音准的听辨能力等基本功均会有显著提升，反过来会促进音乐课堂中演唱等其他方面的学习。学生在这种艺术的氛围中逐渐获得了审美和鉴赏能力，对于音乐会有更深入的理解，达到了美育的目的。这也是器乐教学的意义所在。

基于美育开发中华传统节日文化美术课程实践研究

阚秋影

一、单元化的研究型学习——培养学生创造才能

单元教学是教师根据学生的需求，将各学科进行整合，打破学科界限，集中于一个研究对象而设计的教学活动。现结合传统节日文化美术教学研究来说明此教学步骤。

首先是实施前的准备工作，以学生为学习主体，让学生参与教与学过程中。第一，在学生中进行调查，通过问卷调查法或者谈话法，了解学生对传统节日文化内容了解多少、需要了解什么、以此作为制定单元计划的依据。第二，向学生介绍单元学习的内容、目的、方法等，以小组形式对单元计划进行交流、总结，提出自己的想法，教师再根据学生建议和需求总结完善单元计划，为单元教学计划的实施提供更充实的依据。第三，具体实施环节，采用小组学习，组长负责制形式。教师根据单元计划的每一课时内容做具体分析，明确学习内容，让小组学生合作、自主探究，掌握学习的目标、内容、方法等，提升学生学习能力。第四，总结评价学习成果阶段，教师组织学生以小组合作形式，把自己的学习内容进行回顾与总结，根据单元计划总结出一个学习纲要或者一篇学习报告，以 ppt 或者手帐、绘本、连环画等形式展现。整合学习内容，使学习更具有条理性。

其次是具体实践过程，通过多种美术表现形式培养学生发现美、创造美的能力。以重阳节为例，单元主题为《重阳节敬老爱老》。第一，了解重阳节——知内涵。从了解、分析、评价三方面掌握重阳节所包含的民俗文化、传统美德、吉祥寓意等。同学们以小组的形式合作学习，并用思维导图、手帐或者绘本的形式记录所学知识，为美术创作和艺术个性表达做准备。第二，画重阳节——表感情。选择历代名家画重阳节的作品研究学习，学习其表现手法和风格语言。画一幅作品送给自己的亲人，以情感促创作。第三，评重阳节——懂分享。学生将自己的作品送给亲人，感受自己的关怀带给亲人的温暖，并书写对重阳节所蕴含的文化、情感的认识，在这一互动中学生能够体验真情实感，学会感恩父母和长辈们。当然，不同的节日教师要根据学生兴趣点和节日特征制定单元计划。如：中秋节，可以着重表现中秋节的团圆之意，以中秋佳节的诗词为突破点，小组合作读诗词——解诗词——画诗词，了解中秋佳节的传统习俗、蕴含的情感等。

教学有法而无定法，单元化学习使知识更完整、更深入、更系统化。将美育与学生熟悉的中国传统节日文化相结合，促进学生理解生活与艺术美的内涵及价值。学生通过自主分析、实践、总结这一反复的学习过程，提升感受现实美和艺术美的能力，完成美育的基本任务。

二、自主性的合作式学习——促进学生品德教育

中国传统节日庆祝形式丰富多样，将美术知识与技能和学生的发展需要相结合设计多样化的课程，引导学生合作探究，共同提升，在不同的课程中碰撞思想，发挥个性特征，有能力处理各种各样的问题，促进学生思想感情健康成长。

结合教学实际和学情分析，在不同的教学形式中采取的合作形式主要有小组合作——以强带弱、社会实践——能力互补、主题创作——两两探究等。结合春节贴春联福字、送贺卡、穿新衣等习俗，开展了春节文创产品电脑设计课程，并将设计完成的作品制作成实物，应用于生活中，将美育基本要求“美育内容与学生实际生活相结合”落到实处。小组成员先共同探讨确定设计内容，组长根据组员学习能力分配任务，讲解设计理念，沟通设计细节，通过微信群检查并指导本组成员的设计，再反馈给老师，老师再给予建议和指导。这种合作形式有共同艺术特征又有个性表现，改变了能力差的学生成为旁观者和倾听者的情况。

此外，充分利用北京场馆所举办的相关展览开展社会实践活动。以在故宫展览的“贺岁迎祥——紫禁城里过大年”实践活动为例：根据展览的六大板块将学生分组，教师提前设计好几种不同形式的问答卷，以问促学激发小组成员共同探究、思考、总结。而在关于传统节日的主题创作中，由于主观性较强，所以采用两两组合，避免多人组合创作可能出现的雷同，又让彼此间有商量，获得对方的肯定，增加自信心和创作乐趣。之后老师提出修改建议，这样使课堂的效果大大提升，学生也不再有畏难情绪。

地域文化具有独特性，学生熟悉更能有效激发学习兴趣，我主要采用社会实践小组合作学习的形式。以门头沟区灵水举人村开展的主题为“秋粥节里识乡贤”社会实践活动为例：每年立秋时节的早上，村里面家家户户门前都会支起大铁锅熬粥。这一传统节日是为了纪念村中的举人刘懋恒父子在灾荒之年赈灾济民的善行义举而流传下来的。针对这一节日，我设定三个环节实现本次活动目标。一是追根溯源——学生以小组合作方式进行分工，问家长、查书籍、搜网络等了解举人村的历史以及秋粥节的故事及庆祝方式，总结并书写调查报告。二是体验探究——走进举人村，参加秋粥节，在生活中感受家乡节日文化的魅力。学习粥的做法，尝粥的味道，品蕴含的文化。三是专业实践——写生秋粥节的热闹情境及古村风貌，用画笔记录自己所看所想，深刻体会“艺术来源于生活”的内涵。一碗热腾腾的粥，让同学们感受到深藏在村民心中那份浓浓的人情味，体会乡贤文化的精髓——团结协作，乐于奉献才能共生共存。

“百里不同风，千里不同俗”，每一个传统节日文化的背后都蕴含着中华民族的美好祝愿和美德。教师创新教学方法，挖掘教学内容，同学们在活动中接受教育，在提升美育上具有不可替代的作用。

三、跨学科的整合式学习——提升学生综合素养

什么是跨学科？艾伦·雷普克在《如何进行跨学科研究》中提出：它是研究问题、解决问题、处理问题的进程，这些问题太宽泛、太复杂，靠单门学科不足以解决；它以学科为依托，以整合见解、建构更全

面认识为目的。中国传统节日文化的多角度性适合开展跨学科课程，并以此提升学生综合素养。

开展跨学科学习，第一要重视和生活实际相结合。教师设计课程时要结合学生熟悉的生活情境开展真实的探究，这样学生会更容易找到兴趣点。比如美术结合舞蹈可以研究传统节日的色彩、动作、由来、特征、意义等。第二，要注重本学科的核心概念和学科间的大概念。比如美术和舞蹈的跨学科学习，美术教师就要明晰美术学科的学习目标。第三，要对二者共同的大概念研究方向有明晰的设计，将美术融入其中并发散生成更多的新知识。第四，要注重学生最大化参与并提升学习能力。跨学科学习能够帮助学生建立系统的、更丰富的知识体系，并且强化学生深入思考，提升自主学习能力。例如美术与舞蹈跨学科研究传统节日中如何表现舞蹈动作，为什么这样表现，能够代表节日文化中人们的哪些思想等内容时，需要学生从多角度去探究答案，促进智力发展，加深对生活的认知等美育教育。

以舞蹈为例，在结合传统节日实施跨学科整合式学习实践中，具体总结以下几点合作学习的策略和方向。首先，是从研究舞蹈创编突破。教师设计要完成的内容，包括：这种舞蹈表现了什么内容？舞蹈的动作有什么特征？服饰有什么特点？这一过程美术与舞蹈班的学生能够从不同的关注点和共同点去挖掘想要的内容，比如美术学生会更多关注服饰及颜色，舞蹈学生会侧重动作，最终目的都是了解舞蹈是怎样传达人们的情感。其次，是专业实践再创作过程。同学们根据收集的信息进行整合，总结出关于庆祝春节的舞蹈情感传达要素，教师引导学生根据自主的认识、理解进行再创作，不同专业的学生在情感上对表现节日舞蹈的感觉体验是一致的。再次，是思想与方法的整合。通过以舞蹈为切入点的研究，学生对春节的内涵已经有了深入的了解，引导学生通过表格、绘本、研究报告等形式把自己对舞蹈是如何表现春节内涵的认识进行总结，形成完整的研究成果，这才是跨学科学习的重要目标。最后，是评价与反思。教师要围绕核心素养的评价方案通过合适的评估证据，真实地评价学生的学习过程和结果，比如通过舞蹈、美术作业，学习过程档案，团队合作等体现学生的学习程度和发展水平。

跨学科和整合性的学习方法，能够让学生学会主动建构知识，通过教师的指导和学生间的合作与探究，让学生将建构的知识与技能进行灵活的运用，并生成新的思想和方法，从而解决实际遇到的困难，这样才能够形成终身的素养，将美育教育落到实处。

综上所述，在开展传统节日文化的美术课堂上，把美育教育融入其中，积淀学生的学科知识、创造能力、自我认知能力、提高道德情操等，用美术学科独有的艺术方式促进学生的美育教育。教师面对不同的学生，打造不同的课程，采用恰当的教学策略，让学生在不同的知觉场里切身体验那些知觉变量，进而形成自己的主观认识，并为创造一切美好的事物而奋发向上。

参考文献

[1] 尹少淳．美术核心素养大家谈［M］．长沙：湖南美术出版社，2018.
[2] 尹少淳．尹少淳谈美术教育［M］．北京：人民美术出版社，2016.
[3] 杨秀苓，王平．培养儿童合作精神［M］．北京：学苑出版社，2015.

“双减”后小提琴教学的改革与发展

李　波

一、教学现状及原因分析

1. 学习者演奏基础薄弱

目前，幼儿及少年是学习小提琴演奏的主体，但这些学生普遍存在基础薄弱、基本功不扎实等问题。其一是在掌握乐理基础知识方面不够扎实，不少学生可以说基本上没有系统地学习过乐理基础知识，甚至有些学生已经学习了很长时间的演奏了，但对五线谱的认识还是很生疏、不熟练；其次就是演奏姿势很不正确，在教师的课堂指导下学生们可以做到标准地进行演奏，但是课后没有训练，或练习时又不能做到认真地随时检验自己的规范姿势，这样就会造成演奏姿势出现各种各样的错误，久而久之，对小提琴演奏的学习带来很大的阻碍。

2. 教学方式老套陈旧

传统教学方法比较没有新意，很容易影响小提琴演奏的质量，大致有以下两种情形。第一种是初学者，由于这些初学者的年龄都比较小，所以普遍存在着活跃、好动、精力不能集中等问题。而这些琴童们很难接受传统教师这种枯燥乏味的理论解释，又没有启发主动学习的教学方式，这些琴童对学习小提琴演奏也就无法产生浓厚的兴趣。第二种是一对一的教学模式，这种模式单一乏味，缺少小规模相互竞争的状态，学生之间没有任何互动，这就大大降低了教学质量，从而使学生失去了学习小提琴演奏的兴趣。

3. 教材不完善

影响学生学习效果的主要因素还有学习小提琴演奏所采用的教材内容不健全、缺乏针对性。市面上的小提琴教材参差不齐，在课程中所采用的教材没有针对学习者的实际需要而做出科学合理的安排，因此初学者们对这些乐谱及理论并没有更好的理解和掌握。又因为教材的不合理或者不完善，而长时间一味单纯地只练习教材中的某一首小曲子，没有对基本功的训练加以重视，学生们的演奏技术不但不能得到很好的提高，还会影响之后的学习进度。

二、教学改革与创新

1. 针对初学者

学习小提琴演奏的学生大多数都在少儿时期，他们有非常强的模仿能力，而且对于新事物也比较容易接受，但是他们缺乏耐心，注意力也不容易集中，这些都是他们的主要特征。怎样抓住学生们学习的注意力，以及如何才能保证教学的新鲜感，是针对这部分学生们所必须着重考虑的问题。一方面，要积极创新教授小提琴的教学方式。针对学生们的年龄阶段和性格特征，教师必须进行合适的新奇好玩的教学方法，才能让学生们的学习热情得到提升。因此，教师可开展课堂游戏活动，把小提琴表演和游戏教学相结合，将寓教于乐始终贯彻到与枯燥的小提琴技法的联系中，让孩子们从每一段小曲或小练习曲的学习中都可以体会到乐曲带来的愉悦，并在愉悦中学会小提琴的基本演奏技法，掌握新东西。也可以运用现代的计算机技术充实课堂教学内容，并加入多媒体，从而引起学生们的注意力。另一方面，则是教育观念的改变。刚开始学小提琴演奏的琴童们，尽管在基本功方面相对薄弱，但是在课堂中教师还是要多多注意和培养学生对小提琴演奏与练习的兴趣，对专业知识的理论与讲解也要灵活变通，循序渐进，并耐心细心地对学员们进行指导，对他们在教学过程中产生的错误也多以积极的方法加以矫正，从而帮助学员们正视存在的问题，不断提高演奏水平。

2. 教学内容和教学课时的改善

随着“双减”政策的落实以及社会文化的不断发展，原有的教学内容也应该随之转变。例如，需要在小提琴教学过程中不断融入中国的文化，同时尽可能地增加新创作的和具有趣味性的作品，把美育教育的思想渗透到每一次教学中，这样能够不断丰富小提琴教学的教学内容，不断提高学生的能力和演奏技巧。另外，小提琴的教学是一个长期的过程，想要提高小提琴的相关技能，需要学生不断的练习。在配合“双减”政策的前提下，可调整教学课时，让学生能够有充分的时间进行课堂练习，同时增加欣赏环节，让学生能够在练习的过程中欣赏到自己的演奏。在练习与欣赏过程中，教师给予指导，学生通过量的积累，从而实现质的飞跃。

3. 创造更多的实践机会

学习小提琴演奏的学生们，一般接触到小提琴实践教学的机会比较少，因此教师需要为学生创造更多的实践机会，在实践中锻炼和提高学生演奏小提琴的专业技能。为此，可以采取以下几点措施。首先，学校需要为学生搭建更多小提琴演奏的舞台，使得学生能够不断积累舞台经验，不但可以提高学生的演奏技巧，同时也能提高学生们临场发挥的能力；其次，教师之间需要不断的沟通和交流，使得小提琴的教学可以与其他课程的教学进行融合，例如与学习钢琴的学生进行课堂互动，与学习声乐的学生在课堂教学中相互合作等，这样能够相互促进、共同提高；再次，不断培养学生的舞台意识，使得学生能够提高练琴的效率，更快地提高小提琴的演奏技能；最后，可以让学生积极参与社会活动，例如，教师可以组织学生进行野外活动，欣赏大自然的美丽景色，不仅能够提高学生的小提琴技能，而且可以提高学生的艺术素养。

参考文献

[1] 王涛．小提琴演奏教学之改革与创新初探［J］．北方音乐，2018（10）．

基于大概念的“二十四节气”美术单元教学设计与实践研究

乌日娜　王玉英

一、核心概念和相关理论研究

（一）“大概念”的内涵与研究现状

近几年，国内外关于“大概念”的研究迅速增多，对大概念的内涵阐述越来越清晰，学者们不断探索它与核心素养的内在联系，试图改变传统的课堂教学模式，被视为课程与教学的核心。2014 版“标准”指出围绕大概念组织知识内容，帮助学生链接不同的知识，形成知识网络并提出适合其在不同阶段发展的绩效期望。

1. 大概念的基本内涵与特点

大概念是具有复杂含义的教育概念，一些国外学者把作品的主题思想称为“大概念”。迈克·帕克斯认为美术教师的一个重要使命就是找到美术中的主题思想，他在《美术教学指南》中指出：美术教学的一大误区就是花太多的时间教授美术技巧和方法，而没让学生理解美术的本质，以及艺术家所探讨的思想①。美国教育专家格兰特·威金斯和杰伊·麦克泰格提到大概念是“为理解而教”的核心。大概念就是一个概念、主题或问题，它能够使离散的知识和技能相互联系并有一定的意义②。王大根教授认为，美术学科的“大概念”是指美术学科领域中最

---

① ［美］迈克·帕克斯、约翰·赛斯卡：《美术教学指南》，湖南美术出版社 2015 年版。

② ［美］格兰特·威金斯、杰伊·麦克泰格：《追求理解的教学设计》，华东师范大学出版社 2017 年版。

精华、最有价值并贯穿、覆盖于该学科课程，让学生接受和持续理解的学科内容①。大概念可以是一个词、一个短语或者一个句子，它并不限于表象的表达，而是注重揭示学科的本质，面对不同情境，具有不同的解释。

2. 围绕大概念进行课程设计

关于大概念在课程设计上的研究，威金斯和麦克泰格在《追求理解的教学设计》中有详细阐述，以大概念为航标，确定主题单元的基本问题，激发知识间的联系和迁移，主张采用逆向设计法进行课程设计。国内学者吕立杰和李刚通过引进国外成熟的经验介绍了三种围绕大概念进行课程设计的案例和模式：金字塔模式、系统网模式、线性链模式②，又提出了围绕大概念设计的包括单元主题、筛选大概念群等七步框架，这一研究打破了国内在此研究领域的空白。

本研究主要以线性链模式为主，以二十四节气的大概念和美术学科的大概念为中心，以节气内涵为表现内容，将美术按照表现方式和技术技法进行打碎拆分，重组成一个完整的、适用于学生活动并能激发学生学习兴趣的完整课程方案。

（二）“单元教学设计”研究现状

近几年，以单元教学设计为内容的研究涵盖了语文、地理、美术、生物等多个学科，内容丰富，方法多样，美术单元教学设计也呈现内容多样化的特点。浙江师范大学李力加老师在《中小学美术教育》中介绍了以《韩熙载夜宴图》为教学内容的单元课程设计，课程衔接紧密，环环相扣，能够深入挖掘知识要点，突出以学生为主的特点，适合学生深度学习。王大根教授在《以“基本问题”探索美术“大概念”》一文中提出改变原先“一课一练”、学科知识支离破碎、只有鉴赏或一味画习作的状态，推行在联系学生生活情境的创作主题的引领下，通过“基

① 王大根：“以‘基本问题’探索美术‘大概念’”，《中国美术教育》，2018 年第 2 期。

② 李刚、吕立杰：“国外围绕大概念进行课程设计模式探析及其启示”，《比较教育研究》，2018 年第 9 期。

本问题”和“小问题”持续理解美术学科的“大概念”，使学生将美术鉴赏、美术技法、创意构思、美术创作等多种美术知识与技能有机整合，并迁移运用到自己的美术作品之中，促进美术学科核心素养的全面落实①。美国戴维斯出版社（Davis Publications）出版的艺术教育教材《探索艺术》中，所有单元都围绕大概念和核心问题来架构，逻辑性强，知识点清晰明确，将艺术与生活紧密衔接，为美术单元教学设计提供了非常好的示范。

本研究重点分析和借鉴戴维斯《探索艺术》中美术学科的大概念和课程设计流程，从国画、油画、艺术设计、手工制作等方面出发，完成单元教学设计。

（三）二十四节气美术课程研究现状

自“二十四节气”在2016年列入人类非物质文化遗产代表作名录以来，二十四节气文化的研究、二十四节气相关课程的研究呈明显增长的趋势，这说明了社会民众开始注重节气文化的传承。将二十四节气作为重要的课程资源和主题纳入课程开发之中，通过系统的课程框架，引导学生探究节气背后的文化和故事，已经成为很多中小学校甚至大学的特色发展途径。除此之外，“二十四节气”相关的儿童绘本、读物也种类繁多，如故宫博物院宣传教育部出版的《哇！故宫的二十四节气》，将诗词典故融入节气故事，动植物依据节气物候出现，兼具专业性与趣味性。由江苏科学技术出版社出版，酒井幸子（日）编写的《彩墨二十四节气》是墨画初学者的绘画入门书，作者选取二十四节气中的动物、植物为对象，设计了24例绘画练习，同时附有对二十四节气的贴心提示。

以大概念为准则的美术单元课程设计的研究是具有现实意义和讨论价值的话题，很多学者和一线教师都开始关注二十四节气，并开展教学实践和编写出版读物，其中课程框架的构建、跨学科知识的交叉和绘本中体现的美感与形式都值得本研究的关注和学习。悉尼·沃克在《在艺

① 王大根：“以‘基本问题’探索美术‘大概念’”，《中国美术教育》，2018年第2期。

术创作中教授意义》一书中列出了一些常见的大概念，其中就有“自然与文化”，这正是节气文化与美术中所体现的共同话题。本研究围绕“大概念”构思单元课程设计，首先明确二十四节气文化和美术学科的大概念，梳理、筛选关键概念和知识点，将碎片的知识点重新排列和组合，以实验教学的方法，逆向完成课程设计。

二、基于大概念的单元教学设计流程

（一）大概念与单元教学设计的内在联系

大概念与单元教学设计具有共同的本质特征，即统整性。“大概念既是各种条理清晰的关系的核心，又是使事实更容易理解和应用的一个概念锚点。”从学科大概念出发，整合众多学科离散的知识点，并将其整合，形成一个学习目标一致的完整单元，更能实现深度学习的理念，构建学生的知识体系，达到活动育人的目的。

（二）二十四节气与美术的内在联系

俄国文艺理论家车尔尼雪夫斯基说过：“艺术来源于生活，又高于生活。”美术作为视觉艺术存在于人们的日常生活之中，生活中随处可见的线条、色彩、建筑都能体现出独特的美感，而美术则是将生活中的美和感悟到的美运用一定的规律表现出来，与生活息息相关。二十四节气贯穿于一年四季，存在于学生所有的学习生活和日常体验之中，所以两者紧密地共存，节气的气候、物候、色彩变化等内涵均能够用美术的形式进行表达。

（三）基于大概念的美术单元教学设计的编制准则

由于校外美术教育没有教学大纲，所以编者要以中小学教学大纲为参考，分析学生的学习情况，确定受众年龄和活动形式，在编制教学设计中应符合以下编制准则：（1）重视深度学习；（2）注重学生主动性；（3）编排顺序适切；（4）统整内容需适当。

（四）二十四节气美术单元教学设计的基本流程

1. 大概念的获取与确定

本研究的大概念分为美术大概念和二十四节气大概念。美术大概念的确定形式多样，既可以从某一个表现材料，如国画、油画、版画、雕等材料进行划分，也可以从某一个美术元素，如线条、色彩、人物比例等来确定大概念，还可以从单独的表现技法，如标志设计的方法、水墨山石的技法出发。二十四节气大概念可理解成节气的基本内涵，如节气的气候、物候、农耕文化、时令、色彩等等，也可从春夏秋冬四季来确定大概念。

2. 明确知识点难易的层级关系

无论怎样确定大概念，在一个单元的设计之中，知识点都应符合学生的接受能力，要具有逻辑，易于学生接受。以节气的标志设计为例，此单元课程选择了具有代表性的四时八节，也就是具有代表性的八个节气，大概念是“感受节气色彩”，在设计手法上突出技术技法的逻辑概念，在设计要点中可体现出来，如立春选择的设计手法是直接展示法，此方法的特点是与学生绘画的认知能力相符，将设计元素直接画出即可，到了第二次课春分，则是需要掌握将直接元素进行几何抽象化的能力，接受程度与第一次课呈递进关系。

《节气色彩感受》单元设计

节气	元素	设计手法	要点
立春	春牛、春卷、春饼、迎春花	直接展示法	1. 直接如实地展示 2. 充分运用绘画技巧写实表现
春分	风筝、鸡蛋、海棠花、燕子	几何表现法	1. 将元素打造成几何图形 2. 造型简洁，识别度高
立夏	芍药、青蛙、蚯蚓	突出特征法	1. 强调元素的主要特征 2. 将主要特征放在主要视觉部位
夏至	荷花、面条、知了、鹿角、西瓜、扇子	图形同构法	1. 保证形态特征能够辨认 2. 衔接自然，视觉上保证完整

续表

节气	元素	设计手法	要点
立秋	向日葵、桃子	以小见大法	1. 抓住元素一个局部集中描写或放大 2. 不用将元素全部展示
秋分	嫦娥、月亮、五禽戏、华佗、石榴、梨子	字母创意法	1. 拿英文首字母进行加工 2. 简洁，具有强的视觉表现力
立冬	青蛙、蛇、梅、兰、竹、菊	渐变色手法	1. 整体或者局部使用近似色、互补色搭配 2. 外形简洁，整体性强
冬至	饺子、张仲景、九九消寒图、梅花、山茶花、四不像	正负空间法	1. 正面图形和负面图形结合巧妙 2. 突出特征，识别度高

三、基于大概念的二十四节气美术单元教学设计与实践研究

（一）二十四节气美术单元教学设计

基于对美术学科大概念、单元课程设计流程以及经典案例的研究，本研究围绕二十四节气的内涵，以美术学科为划分依据，结合学生的认知情况，开展教学实践研究，规划七个单元。

二十四节气单元课程设计

单元	二十四节气大概念	美术学科大概念
一	感受节气的变化	线条 造型 建筑 综合材料 美术欣赏等
二	节气的色彩表现	色彩搭配规律 设计方法 设计规律 美术欣赏等
三	节气的民间习俗	人物比例 人物动态 构图 质感 材料等
四	节气饮食正要	构图 线条 美术欣赏 创作要素等
五	节气的农耕文化	美术欣赏 构图 人物表现 色彩搭配等
六	节气的诗词表现	人物比例 美术欣赏 构图等
七	节气茶文化	丙烯技法 油色混合 国画内涵 人物与空间的关系等

1. 二十四节气美术单元教学目标

拉尔夫·泰勒在《课程与教学的基本原理》中提到“一项令人满意的对教育目标的阐述，会同时指出行为和内容两个方面，并对教育任务是什么作出清晰、详细的表述”[①]。制定教学目标是整个教学活动的基础。在制定目标的时候，不要单纯只关注教学内容，而是要关注整个教学活动。在教学目标设计上以学生发展核心素养和美术学科核心素养为依据，遵照课标，按照“知识与技能、过程与方法、情感态度与价值观”三维目标，明确本单元的节气大概念和美术大概念，从学生获得的角度制定教学目标，突出在过程中培养学生团队合作和主动探究等能力，重点落实提高学生对节气文化的理解和美术学科综合素养的提高。

2. 二十四节气美术单元教学重难点

整个单元的重难点要从每个单元的大概念出发，按照课时的设计，切实落实到每节课要解决的实际问题。单元课程的难点主要在美术大概念上，可以指对某个难以理解或者难以表现的创作技法，或者是对某一复杂造型的具体表现，需要结合整个单元的目标和具体内容进行设计。

3. 二十四节气美术单元课程内容

二十四节气美术单元课程的内容主要依据本单元的节气大概念进行设计，整合美术大概念中的相关要点，按照由简单到复杂的规律进行设计，选取的知识要点尽量不要太多，如《节气的色彩感受》单元课程共有八个单元子课题，每一个子课题都以一个设计的基本手法为主要技法依托，通过观察、欣赏、创作等环节开展教学，适合学生深度学习。

（二）二十四节气美术单元课程教学活动实施

本研究采用实践研究法，在设计单元课程的同时开展教学实践，从而反复调试单元课程安排。每次课程之前都撰写完整的活动方案，每一次课分为四个阶段来完成，分别是导入、探索、创造和展示。其中导入环节丰富多样，旨在激发学生的学习乐趣；探索环节注重培养学生主动探究的能力，教师需要提前准备大量学习资料和知识储备，给学生足够

① ［美］拉尔夫·泰勒：《课程与教学的基本原理》，中国轻工业出版社 2014 年版。

的探索空间；创造环节对应的是美术核心素养中的艺术创意实践，但并不是单纯的对应，其中也包含美术表现和学生的文化理解，注重培养学生创造性思维；展示形式多样，例如工作坊展示、模拟拍卖会形式的展示、自我介绍作品形式的展示，突出学生的获得和感悟，加深学生对本单元大概念的理解。

（三）二十四节气美术单元课程教学评价

美术核心素养的五个方面是一个整体，不能割裂开来，要在整个课程实施过程中综合看待学生的表现。2014 年新修订的美国《国家核心艺术标准》提出了“基石性评估模式”。基石性评估是让学生用已获得的知识和技能来达到最重要的业绩标准，以此起到固定课程的作用。在二十四节气美术教学活动中，通过真实情境，引导学生学会运用学到的知识和技能。突出评价的整体性和综合性，从而提高学生的核心素养。单元课程采用多元检测方法，从学生积极参与比率、学生艺术实践完成比率、学生自评、学生对节气和相关知识理解的比率、拓展任务完成的比率、学习任务单完成情况等方面进行评价，注重过程中点评，鼓励学生敢于创新、大胆表现，突出其艺术特点。

（四）二十四节气美术单元课程教学反思

教学反思在二十四节气美术单元课程设计之中非常重要，因为采用以教学实践为实验对象的研究方法，所以每一次活动内容与进度是否合适都需要反复思量，所以评价从课程难易程度的合理性、学生接受程度与喜爱程度、是否能体现对大概念的理解等几个方面进行评价。

四、基于大概念开展美术单元课程教学的思考与展望

本研究综述了“大概念”、“单元教学设计”以及“二十四节气美术课程的现状，了解一线美术教师对单元教学设计的研究和实践现状，本人以二十四节气和美术大概念为切入点，开展单元教学设计，实施教育教学活动，不仅提高了学生对节气文化的理解与热爱，也加深了学生对美术的认知与理解。

（一）本研究的创新点

本研究将二十四节气的大概念与美术学科大概念交叉式融合，制定单元课程计划、实施美术教育教学活动，在校外美术教育中独树一帜。本人以二十四节气单元课程设计为大纲，编写相关教材，物化研究成果，丰富相关领域的研究。

（二）本研究的不足与展望

由于研究时间所限，本研究在二十四节气和美术学科的大概念表述和划分上仍有待完善，申报了北京市十四五科研规划课题《二十四节气美术单元课程设置的实践研究》，目前课题已立项并处于开题阶段，希望在教育教学实践中不断完善。希望能够以课程计划为标准，表写出完整的、系列的单元课程教材和活动方案，将我的研究成果带给更多的老师、家长和学生，为节气文化的传承与弘扬做出一份贡献！

参考文献

[1]［美］格兰特·威金斯，杰伊·麦克泰格．追求理解的教学设计［M］．上海：华东师范大学出版社，2017.

[2] 赵康．大概念的引入与教育学变革［J］．教育研究，2015（02）.

[3] 李刚，吕立杰．国外围绕大概念进行课程设计模式探析及其启示［J］．比较教育研究，2018（09）.

[4] 王大根．以“基本问题”探索美术“大概念”［J］．中国美术教育，2018（02）.

[5]［美］拉尔夫·泰勒．课程与教学的基本原理［M］．北京：中国轻工业出版社，2014.

[6] 邢晓丽．基于大概念的高中地理单元教学设计研究——以“区位因素”为例［D］．天津师范大学，2021.

书能舞　舞能书

——少儿舞蹈编创活动与书法艺术的跨界融合

高　卉

美育教育是校外教育不可或缺的一部分，是少儿身心成长的生长素和健康发展的催化剂。少儿舞蹈与少儿书法教育不仅对孩子在体能上和心理上有促进的作用，而且在情操的陶冶、德智体美方面、全面发展、培养儿童对社会的认知力和感受力、对社会主义精神文明建设都有着十分重要的意义和价值。舞蹈作为美育艺术教育的重要组成部分，它以运动中人体美为主要内容，不仅能塑造学习者良好的外形，使之气质得到改善，同时还作用于学习者的内心，通过舞蹈得到美的感受、艺术的熏陶和心灵的净化。书法是中国优秀传统文化宝库中一颗璀璨的明珠，是土生土长的民族文化，书法这门传统艺术继承和发扬着中华优秀传统文化的精神。书法与舞蹈在少儿舞蹈编创活动中的结合，是一次大胆的尝试，是弘扬中华优秀传统文化，提高青少年美育教育的一次跨界融合。

肢体语言的舞蹈是运动中的书法，文字语言的书法是静态中的舞蹈。书能舞，舞能书，构建少儿舞蹈编创活动在书法艺术中的可行性创作关系和书法在少儿舞蹈编创活动意蕴中的充分运用关系。书法和舞蹈都是通过情感的抒发，达到整体的带动，表现出艺术的张力。

一、少儿舞蹈编创活动与书法艺术在“时间”上的碰撞

“时间”代表着节奏美、韵律美。任何艺术门类都要讲究节奏美、韵律美，舞蹈和书法对节奏的处理显得尤为重要。一个没有节奏的舞蹈动作，是平淡无奇、索然无味的。节奏作为构成舞蹈动作的基本元素之一，主宰着舞蹈的运动方式和运动形态，自然成为少儿舞蹈编创活动中

重要的构成要素。书法通过落笔线条的长短、曲直、粗细、缓急的变化展现节奏，通过欣赏不同的书法作品不难看出，每位书法家对书写节奏的处理透露出创作者本身的艺术风格。如宗白华所述："中国的书法本是一种类似舞蹈的节奏艺术，它具有形线之美，有情感与人格的表现。"无论舞蹈还是书法，节奏是韵律、呼吸、艺术的生命，也是舞者或书者内心的情感变化。

少儿舞蹈编创活动与书法艺术在"时间"上的碰撞，形成"闻字起舞"的编创活动新形式。通过鉴赏不同的书法作品，学生可以感受不同的书法风格，从中提炼出自己对书法作品节奏感的处理，并模拟该节奏型进行少儿舞蹈动作的编创。翩翩起舞时，动作根据书法节奏时而一板一眼如楷书，时而流动顺畅如行书，时而多变夸张如草书等等。这些动作节奏的创新型变化都是与书法书写节奏在"时间"上的碰撞。

二、少儿舞蹈编创活动与书法艺术在"空间"上的相遇

空间感是指艺术形象通过一定手法引起的类似现实空间的审美感受，包括作品直接表现的空间和作品具体形象之外的使人想象到的空间。舞蹈和书法同为艺术品作为艺术家审美意识的物化形态，总存在于一定空间之中，使空间感在艺术创作和艺术欣赏中具有美学意义。书法的立体感体现在线条中，不同的书体用笔方式也不尽相同。书法与舞蹈的相通之处都是对空间的独特表现形式，是一种造型美、意境美的集中体现。书法的书写虽是在平面的二维空间，但通过特殊的书写技法融合笔墨的变化来实现立体空间感。优秀的书法作品，呈现在欣赏者面前的是一个个立体的文字雕塑，这就给少儿舞蹈编创活动开辟了新途径。

少儿舞蹈编创活动与书法艺术在"空间"上的相遇，形成"观字起舞"的编创活动新形式。舞蹈有三度空间，分别是与地面接触的一度空间，正常站立的二度空间，腾空而起的三度空间。少儿舞蹈编创活动在空间上可以分为两类：一是造型动作对空间的占有感；二是动作运动轨迹对空间的变化感。通过分析书法作品的空间美感，开发学生编创独特的舞蹈动作造型，并在肢体的运动中体会空间无限变化的可能性。

"观字起舞"编创活动新形式以楷书"舞"字为例。

舞

观察“舞”字笔画构成的空间，想象一下将图片示例的楷书“舞”字立体地呈现，学生用自己的身体在“舞”字的构成空间里流动舞蹈。

“观字起舞”编创活动的另一种新形式以草书“舞”字为例。

书法元素中的长短粗细正如舞蹈肢体都是在有限的空间创造无限的意境，引导学生将自己的头部想象成毛笔的笔尖，而身体的运动轨迹就是“舞”字的书写路线，以头带动全身运动，以点带线，用身体去书写草书“舞”字，在编创过程中体会新的韵律变化与造型塑造。

三、少儿舞蹈编创活动与书法艺术在“力量”上的较量

对于舞蹈的力，苏珊·朗格在其著作《艺术问题》中曾有论述，对理解书法作品中的“力”很有帮助。她认为舞蹈传达的是一种虚幻的力，为人体运动所带来的发散与聚合、冲突与和解、高起与低落的矛盾张力所蕴涵，由不可见变为可感。书法所推崇的“力透纸背”中的“力”与舞蹈中虚幻的“力”有异曲同工之妙。

少儿舞蹈编创活动与书法艺术在“力量”上的较量，形成“悟字起舞”的编创活动新形式。书法和舞蹈都需要“力度”去展现其独特

的艺术魅力，舞蹈的力量感是肢体所赋予，书法的力量感是笔力所呈现，同样一个字，不同的书者所运用的力道不同，字的艺术形态则不同，可以是刚中带柔、沉着稳健，也可以是柔中带刚、灵动飘逸。如此一来，同样的字因为不同的“力”呈现出多样化的书法作品，就与舞蹈创作中的“一套动作元素多种表现形式”的技法不谋而合。一个简单的抬手动作，如果舞者给予的力量不同，那么抬手动作表现出来的视觉效果和情感变化都是不同的。选择一个“飞”字，通过观察三种不同的书法作品，感悟同一个“飞”字在“力量”上的变化，再根据感受到的“力”去变化发展一套动作元素，运用书法中三种不同的“力”使之呈现三种不同的舞蹈动作表现形式。

中国书法是凝固于纸上的艺术，以笔墨纸砚为材料，以汉文字为基础的视觉艺术。舞蹈则是活跃在舞台上的艺术，以肢体为表现手段，以表达感情为基础的视觉艺术。舞蹈和书法只是所借助的物质材料不同，一个靠纸和笔墨，一个则是直接由人的肢体活动所构成，二者代代相传，仿佛是与生俱来的艺术。作为一名校外舞蹈教师，一直致力于研究少儿舞蹈编创活动的新途径、新思维，有意识地将舞蹈编创活动与书法相结合。通过创新活动形式，使少儿舞蹈编创活动与书法在“时空力”中相遇，形成书法与舞蹈在校外教育中的跨界融合，弘扬中华优秀传统文化的同时切实提高学生的审美能力、创新思维。

参考文献

[1] 宗白华. 艺境 [M]. 北京：北京大学出版社，1997.
[2] 宗白华. 美学散步 [M]. 上海：上海人民出版社，1981.
[3] 孙天路. 中国舞蹈编导教程 [M]. 北京：高等教育出版社，2004.
[4] 吕艺生. 素质教育舞蹈 [M]. 上海：上海音乐出版社，2014.
[5] 王玫. 传统舞蹈的现代性编创 [M]. 上海：上海音乐出版社，2017.
[6] 肖苏华. 当代编舞理论与技法 [M]. 北京：中央民族大学出版社，2012.
[7] 苏珊·朗格. 艺术问题 [M]. 北京：中国社会科学出版社，1993.

[8] 将彝．中国书法的抽象美［J］．书法研究，1983.
[9] 陈振濂．书法美学［M］．济南：山东人民出版社，2016.
[10] 沃兴华．书法创作论［M］．上海：上海古籍出版社，2008.
[11] 周祉言．中国书法艺术与舞蹈结合的可行性创作探析［D］．中国艺术研究院，2018.

舞蹈教育校内外融合提升学生审美素养的初探

张晶雪　杨　盈

舞蹈作为艺术教育的重要门类之一，在学生艺术素养培养方面具有重要的作用。2020年中共中央办公厅、国务院办公厅印发了《关于全面加强和改进新时代学校美育工作的意见》提出：完善课程设置，学校美育课程以艺术课程为主体，主要包括音乐、美术、书法、舞蹈、戏剧、戏曲、影视等课程。从2016年教育部颁发的《中国学生发展核心素养》到2021年《关于进一步减轻义务教育阶段学生作业负担和校外培训负担的意见》中可以看到，舞蹈学科对学生艺术素养的培养是给学生未来的发展提供核心能力。

长期以来，校外舞蹈教育一直作为校内舞蹈教育的延伸或补充，为有兴趣、有才能的少年儿童提供了一个舞蹈素养发展的空间。相对校内而言，校外教育形式灵活、硬件设施先进，为我国青少年舞蹈事业的建设和发展做出了自己的贡献。门头沟地区校内外舞蹈教育也经过了几十年的发展，但目前仍然处于互不干涉的状态，校内校外单打独斗的现象较为普遍。教师间互相联系较少，并没有形成系统完整的舞蹈教育链条，不利于学生高质量的学习。舞蹈学科的教育以促进人的全面发展为目的，应加强校内外艺术教育的联系，整合校内外资源，极探索联合育人模式、整合统筹社会资源，为学生提供更为丰富、科学的教育环境，提升学生审美素养，切实满足学生成长和发展的需求。

一、构建具有大校外教育观的舞蹈学科融合体系

校内外融合的水平和程度在一定程度上决定着舞蹈教育活动的效果，对学生舞蹈素养的提升有着直接而显著的影响，是实施艺术素质评

价、推进艺术教育的关键。通过对校内外资源进行分析整合，为教师提供一套可执行的方案，为教师对资源整合提供借鉴和参考，从而提升教师资源整合能力，促进舞蹈学科的建构。在当前教育改革的背景下，提高学生艺术学习质量是当代教育的目标，全面提升艺术教育素养是当前的重要任务。

1. 校内外舞蹈课程融合

创编有机衔接的校内外舞蹈课程，探索校内外共同育人体系及培养模式，提高舞蹈学习效果。

2. 校内外舞蹈教师资源融合

创设校内外舞蹈教师共同教研机制，发挥校内外教师优势，实现优势互补。

3. 校内外公共教育资源融合

加强学校与社会协同育人机制，充分利用剧院、博物馆、美术馆等公共教育资源，为学生提供更加丰富、生动的教育资源，提升学习兴趣，提高育人质量。

在教育教学中，可以依据“双减”政策背景，构建学生艺术素养的舞蹈学习模型，以提高学生艺术素养为目标，充分挖掘和运用舞蹈中蕴含的体现美育精神及审美特质的丰富美育资源。有机整合多方面艺术教育资源，推进课堂、实践和文化浸润深度融合，构建舞蹈学科教育框架。更加关注利用多种资源来促进学生的艺术审美感受、理解、鉴赏和表现的能力。帮助提升舞蹈学科学习效率，逐步完善“舞蹈基本技能 + 审美体验 + 专项特长”的教学模式，提升学生艺术文化理解、审美感知、艺术表现、创意实践等核心素养。

二、构建具有大教育观的门头沟区舞蹈学科校内外融合育人机制框架

新时代背景下舞蹈教育旨在提高学生审美和人文素养，因为需要更注重其价值层面而非知识和技能层面，需要校内外携手共同构建开放融合、互动互补的舞蹈教育系统，因此，校内外要注重加强多方面的融合，才能更好地发挥舞蹈教育的审美育人功能。

1. 校外为主、 校内支持的协同育人活动

以门头沟少年宫小百花艺术团为载体，根据各学校特点，创新活动形式，在各个学校成立社团分团。

2. 校内为主、 校外辅助的协同育人活动

充分利用全区中小学艺术节、阳光少年艺术节、六一儿童节等相关展演活动，为学生提供育人实践平台。提高校外教育供给质量，促进我区舞蹈学科教育的发展。

在教育教学中需要创编有机衔接的校内外舞蹈课程，探索校内外共同育人体系及培养模式，提高舞蹈学习效果。同时还需要创设校内外舞蹈教师共同教研机制，发挥校内外教师优势，实现优势互补。加强学校与社会协同育人机制，充分利用剧院、博物馆、美术馆等公共教育资源，为学生提供更加丰富、生动的教育资源，提升学习兴趣，提高育人质量。同时，结合门头沟的实际，可以以门头沟少年宫小百花艺术团为载体，根据各学校特点，创新活动形式，在各个学校成立社团分团。充分利用全区中小学艺术节、阳光少年艺术节、六一儿童节等相关展演活动，为学生提供育人实践平台。提高校外教育供给侧质量，促进我区舞蹈学科教育的发展。

三、组建区域层面的舞蹈教育发展共同体

舞蹈美育是一种有效的美育方式，使学生在舞蹈中自我审视，认清现实生活并不断充实提高自身精神世界，提升学生对于现实美与艺术美的感受力，让学生在追求美、欣赏美的过程中不断创造美，形成高尚的情操以及人格魅力。通过舞蹈教育培养学生感受舞蹈中的自我美、认识并鉴赏自我美、创造并不断超越自我美。

在舞蹈教学中，一是建立区域舞蹈教育共同体的组织形态，确定舞蹈教育共同体的核心任务和主要目标。加强区域舞蹈教育共同体建设的实施途径、机制建设，促进校内外融合育人。二是探索并构建区域校内外融合舞蹈教育发展的指导意见及相关制度，搭建具有高水平的区域舞蹈教育活动平台和常态化活动机制。三是通过校内外舞蹈课程融合、师资合作教研、校社协同实践等方式，不断完善、最终形成体现门头沟区

校内外舞蹈学科融合特点的、符合当代育人目标的、能够指导未来发展的舞蹈教育体系、研究方法、手段、途径等。

以舞蹈教育共同体建设为载体，加强校内外的交流与合作，探索校内外融合育人的途径，积极引导学校将舞蹈教育与学科渗透和社会实践活动相结合，让教师队伍和教育教学更加专业，形成课堂、课外、校园文化的育人合力。积极探索舞蹈教育教学法，开展校内外渗透融合，发挥课程育人、活动育人、协同育人，为校内外舞蹈教育之间搭建沟通、交流的桥梁，发挥舞蹈作为艺术门类在提高学生艺术素养方面的教育作用，促进青少年形成适应当今社会发展的关键能力，促进人的全面发展和人格的健全。

参考文献

[1] 林崇德.21世纪学生发展核心素养研究（修订版）[M]. 北京：北京师范大学出版社，2020.

[2] 康丽颖，任纪远. 在扩张与融合中寻找校外教育发展之路 [J]. 中国教育学刊，2018（2）.

[3] 宋瑾. 美育：艺术、审美和德育的融合教育 [J]. 云南艺术学院学报，2020（1）.

[4] 李俊峰. 新文科背景下的艺术教育：从学科融合到价值实现 [J]. 艺术教育，2020（9）.

[5] 任金涛. 走向融合的课程实践——基于青少年个性发展的视角 [D]. 首都师范大学，2012.

借鉴苏轼的“八面受敌”读书法谈合唱综合性问题的解决

李建芝

带过合唱团的人都有这样的经历，要唱好一首歌曲需要做大量管理和训练工作，才能使合唱团最终呈现在舞台上，其中的艰辛，唯有自知。要解决气息问题、声音统一问题、咬字问题、和谐问题、音准问题……当方方面面的问题一起袭来，我们该如何做呢？是齐头并进还是各个击破？经过多年的实践，发现不能急于求成。同时给团员提出多个要求根本做不到，效果差，还浪费时间。就如同读书，一本书的内容丰富，无所不包，所以，我们每次读书，只能寄希望于理解、消化一个问题。不同角度的问题要采取一遍遍专读。问题逐个解决，化整为零，才能迎刃而解，达到“事事精核”的效果。每一首合唱作品就如同一本书，凝聚着词、曲作者赋予其中的文化和思想。只有方方面面都做到，才能达到完美呈现的视听效果。合唱的综合性问题是否能解决好，是合唱团成功的关键。

一、运用“八面受敌”法掌握音乐知识和演唱技能

练习目标越具体越具有实际的指导价值。在几次排练时针对一个问题予以解决，一个问题见了效果再练下一个。例如歌曲“My Song”的节拍是12/8，节奏是三个八分音符一组。学生读谱困难，我就把节奏板书，先讲节拍，再讲音符时值，再讲节奏组合。学生理解后再读、拍、唱，反复练习。引导学生观察曲谱，找到曲谱中相同的小节进行演唱。通过三节课使每个学生熟练掌握，为唱词做好铺垫。在学生进步的过程中教师要不断鼓励学生，给他们足够的时间消化，使学生的技术在

日积月累中慢慢提高。

在气息训练时，让学生体会用鼻深吸气，用闻花香、闻菜香来引导，把气吸到沁人心脾的“脾”处。呼出时的关键是保持腹部的支撑，均匀、有控制地呼出。还可以让学生躺在地板上，体会腹部呼吸的起伏。通过演唱练习曲，巩固这一状态，体会气息下沉、扎实、有力。在学生关注气息下沉时，往往就忽略了头声高位置。教师可先忽略，只引导学生专注于气息，先帮助学生找到气息下沉的感觉，找到支点。在学生熟练后，再慢慢要求声音的高位置。在练头声高位置时，要在气息下沉的基础上反复练，找感觉，体会气息的支持、音色的不同。这样训练初看起来效果不明显，但在扎扎实实的进程中根基打得牢，后面效果才能好。运用到歌唱上，体会腹部的气息像喷泉源源不断。向下和向上对抗的力量在反复多次练习过程中才可以逐渐领会和掌握。

二、运用“八面受敌”法解决歌曲重点

苏轼将兵法引入读书，倡导集中精力逐一解决问题，“一意求之”各个击破、彻底消化，在解决合唱作品重点时尤其有效。每次排练，把存在的那个最大的问题单拿出来解决，不求快，不能囫囵吞枣、浅尝辄止，而是根据需要，解决最关键的问题。比如在排练《妈妈的花环》时，歌词后半段是用台湾阿美族的原文演唱，我就在曲谱上给学生把发音用象声词标出来，先带着学生读。然后把课前录好的音频范唱反复放给学生听，然后再听唱结合，用了三次课专门练语言，彻底把语言的难题解决。再比如加入动作表演就会分散学生对声音的控制力和专注力，气息也不稳定。我就把他们的演唱录下来，播放着他们唱的录音，听录音练动作。让学生熟悉每个动作的起拍、节拍或字，收动作的字等。刚开始学生要想才能做齐，慢慢变成到了那个字或音时，自然动作就有了，慢慢形成条件反射。这时再慢慢让学生加上唱，声音就又恢复到练动作之前了。这样加上动作却不会影响声音，可以达到很好的视听效果。

三、运用“八面受敌”法解决演唱难点

演唱的难点也是精髓，往往是对作品的理解、把握、二度创作、风格演绎。一遍一遍没有目的的唱是没有意义的，也是浪费宝贵的排练时间。凡事“预则立，不预则废”，教师要确定目标并让学生了解目标。每次演唱都要提出明确的要求，比如第一次要求每个句子要连贯，不能断，可以一句唱完或大家运用循环呼吸法达到。第二次要求句子的句头要唱得清晰，吐字整齐，句尾要求轻收，有控制。第三次要求句子里强调出逻辑重音。第四次要求演唱时要有力度的对比、速度的张弛变化。第五次要求演唱时声音有情感，脑中有想象，眼前有画面等等。每个要求都要反复引导、提示、磨练，把学生自身的知识感受和情感体验进行连接、合并，最终达到点、线、面“立体”呈现，才能使演唱尽善尽美、声情并茂。就如读书要“熟读熟思”“心无旁骛”，要“持之以恒”“融会贯通”，领悟情感，达到共鸣，最终达到丰富情感体验、陶冶情操的目的。比如演唱《春天来到田野上》体验惊喜欢乐的情绪，唱《长城谣》时体会深沉坚定的情感，唱“Can you hear me”时表达聋哑人内心细腻的情感，唱《妈妈的花环》时展现亲子欢庆的场面等。不同作品要用不同的情绪、情感和音色表达。带领学生静下心来，细细研读一首作品，从唯美的歌词开始，让学生感受韵律的美，体会中华文字的深厚底蕴，字里行间的真情实感。

四、运用“八面受敌”法解决学生的水平差异

多少葡萄糖的甜度能平衡 1/4 片黄连素的苦，结论是多少都难以平衡。就如一个 60 人的合唱团，59 人唱准，1 人没唱准，我们听到的音响就是不准。合唱辅导教师要正视学生的水平差异，做到心中有数，既要给学生充分的练习时间，又要有设计地给他们磨练的机会，把练习难度尽量拆解得越小越好，否则难度太大会使学生感觉力不从心，丧失勇气。例如在听力训练时，大家先集体练，开始几次课多提问听力好的学生，给听力弱的学生更长适应的时间再提问。在提问之前提前告之，让他们有充分的思想准备，在唱准时及时表扬，肯定优点，建立自信。没

唱准时就减缓难度，把和声音程弹成旋律音程，唱准每个音后再弹和声音程，让他们分辨后再唱出。这样学生真正得到了锻炼，又维护了他们的自尊，训练效果事半功倍。教师也能全面了解每个学生的差异，有的放矢地帮助他们进步。每个学生唱准了，合唱整体的声音才会和谐动听。就如木桶原理，决定合唱团整体水平的是那块最短的板。把每个学生的问题解决好，才能最终呈现合唱团在舞台上的协调一致、和谐统一、光彩夺目。面对诸多问题，教师要静下心来思考解决策略。当一切做“到位”，才能有“味道”。

实践证明，将“八面受敌”读书法运用到合唱教学中，使合唱的综合性问题得以解决，效果显著。把“八面受敌”法运用到合唱中既是学习，又是创新。通过活学活用，依主次各个攻破，最终达到完美呈现。

浅谈在太平鼓教学实践中的美育渗透

尤利娜

中国悠悠五千年的文明历史源远流长，“太平鼓”就是众多优秀文化中一颗璀璨的明珠，耀眼夺目，2006 年被列为首批国家非物质文化遗产。传承优秀传统文化是教师义不容辞的责任，因此，在少年宫建立了“少儿太平鼓舞蹈社团”，在传承的道路上，让学生感受传统文化的魅力，受到美的熏陶。

一、循循善诱、引导学员“感知美”

初学者对太平鼓的美是没有任何概念的，感知内容是第一步，只有认识了、理解了，才会感知它的美。因此，让他们对太平鼓这门舞蹈艺术有更直接、更深刻的理解，教师就必须在教学的环节内容上多下功夫。

在预备团的初始开发课程中，为了能够让新学员尽快入门，所以选择以欣赏优秀作品进行活动导入。欢快的音乐、清脆悦耳的鼓声加之少男少女们欢舞雀跃的打鼓画面，深深地吸引着孩子们的目光。在欣赏过程中，加以适当的引导和讲解，使学员对太平鼓有了进一步的了解。通过多媒体手段，以声音与画面的双重作用来增强学员们对太平鼓的学习兴趣。在首次活动中选择这种直观的教学方式，首先能引导孩子们感受到太平鼓的独特魅力。其次以欣赏的作品为连线，继续深入课程内容。激励学员大胆尝试，以反复模仿、体验、感受等多种方式循序渐进地学习，从而培养他们对舞蹈作品审美、感受及表现的能力。学生从欣赏与实践中获得“美”的享受，老师在传授技法中将“美”的情感进行升华，共同在舞蹈课堂中感知美、发现美。

二、以趣导课，培养学员“发现美”

兴趣是学习最好的老师。作为一名舞蹈教师要懂得如何激发孩子们对舞蹈产生兴趣，并将舞蹈的美独特魅力传递给他们。如果孩子们失去的对舞蹈的兴趣，再精尖的作品对于他们而言也如同白纸一张。无意义的教育非但让学员一无所获，同时距离美的教育也会越来越远。

当教师运用多种教学手段使学生充分感受到太平鼓舞蹈的魅力之后，就要进一步挖掘学员的内在潜力了，使其作为课堂学习中真正的主人。在一次开设副团的舞段创编活动中，培训目标为引导学员通过自主探究的学习方式，将太平鼓基本动作“追鼓”进行翻新。这节课的引入环节就是“玩”。“追鼓”的传统打法在之前的培训课程中就已经教授给孩子们了，且动作掌握娴熟，要领把握准确。为了更好地发展传承事业，第一次尝试了新旧结合的方式。即原始鼓点不变，对上肢和下肢动进行二度创作，力求有所突破，进行创新。活动一开始是让孩子们自愿组合成6 人为单元的小组，活动的初始任务即选择一个能够体现追赶内容的游戏，戏耍时间为 10 分钟。孩子们随着一声“开始”就像断了缰绳的骏马，在喧沸的氛围中令我更加深刻地感受到孩子们是多么渴望玩耍，他们是真正的大玩家。游戏结束组织学员代表分别说一说各自的游戏内容。瞬间孩子们的兴奋点被再次激起，兴致勃勃、争先恐后地抢着说。有“冰棍化了”“老鹰捉小鸡”“贴人”和“红绿灯”。他们还意犹未尽地说：“老师，时间太短了，我们还有好多游戏没玩呢。”很显然，学员们的兴趣被游戏充分地调动起来了。我于是趁热打铁引导学员们完成第二个任务单元，即分组讨论结合游戏内容创编“追鼓”的基本动作，并提出具体的相关要求，重点是能够突出表演者之间追嬉的欢乐情境。在兴趣“魔力”的牵引下，孩子们将创编任务完成得非常出色，甚至超乎想象。活动结束后及时进行总结，对孩子们所创编的成果给予了充分肯定。这次培训活动，学生以玩为学入门，能够顺着教师的思路发现身边美而结合快乐的情境，快速进入编创状态，从而更深入地了解“追鼓”基本动作的动作要求和表演难点。这使教师对完整作品的内容填充与情节处理上升了一个新的高度，也使得学员对该动作教学难点的掌握变得轻松而又简单。

三、以境触情，激励学员“表现美”

太平鼓主团由于受训时间长且具备了一定的表演基底和水平，因此其主要职能定位为承接各项演出及比赛任务，是社团的先锋队伍。在学员对太平鼓相关知识技能掌握较为扎实的前提下，教师一定要鼓励学员大胆表演，因为仅仅对美的认识和挖掘并不是美育的最终目的，让学生发现美并将其表演出来才能使他们真正理解美的含义。

例如，在排练剧目“爷爷教我学打鼓”活动中，其中有一段较为抒情的舞段需要引领学员一起进行编创。活动中通过音乐赏析、情景内容描述等多方面教学引导，开发学员的创作力。在规定的情节中，孩子们兴致高昂，积极发表意见并践行于舞蹈实践当中。有给爷爷捏背捶腿的，有为爷爷端茶送水还有给爷爷搧扇子纳凉的……短短的6/8拍舞段很快就完美收场了，他们以最真挚的情感生成了一份尽孝的动人画面。一次看似普通的创编培训活动却有着不平凡的教育意义。学员们通过活动不仅在专业技术方面得以提升，同时也更深层地理解要尊敬长辈、学会尽孝道的中华传统美德所赋予的含义，这次活动充分发挥了德美双修的教育职能。学员们也在参与创编实践活动过程中，由“感知”过渡到“发现”再拓展到“编创”，每个教学环节的设置都在努力将学员由被动向主动学习的角色进行转换。

从某种意义上，“太平鼓”是影响儿童的自然之师、陶冶之源。它就在学生的身边。用身边的文化感知美、发现美、表现美，更易培养学员的审美观、价值观。

“美术+经济学”跨学科课程开发探究

王玉英

一、跨学科课程的概念

跨学科课程是指由两个或多个有着内在联系的不同学科合并或融合而成的新课程，也称交叉学科课程[①]。跨学科课程能够通过整合多个学科的知识，建构一个跨学科的知识体系，将多学科教学内容整合起来，有利于学生形成综合的知识体系，促进学生多元智能的发展。

跨学科的概念最早可以追溯到20世纪60年代的美国。发展至今经历了探索阶段、课程内容嵌入、课程全面整合三个阶段。课程理念探索阶段，跨学科主要作为工具用于架构科学课程，体现课程整合理念。课程内容嵌入阶段，1996至2012年跨学科概念突破工具作用，以科学内容和科学素养目标作为美国《国家科学教育标准》的内容体现。课程理念探索阶段，从概念层面整合科学课程，形成跨学科概念体系，融入教育教学的整个过程，体现了美国的跨学科课程发展逐渐迈向成熟。

在我国，也早在1999年将跨学科概念作为科学素养中的“科学概念”收入《全民科学素质行动计划》（又称“2049计划”）。后来，2011年版《义务教育初中科学课程标准》引入“自然科学中统一的概念和原理”，这意味着跨学科概念已经进入了我国的科学课程。学科间的整合和符合中国国情的跨学科概念体系的建立成为跨学科课程发展的必然趋势。美术学科作为中小学阶段的国家课程之一，在跨学科课程建

① 跨学科课程，MBA智库百科 https：//wiki. mbalib. com/wiki/，2013年。

构中着重要的工具作用，同时具有本学科独特的优势，因此美术学科的课程设计中不能只局限于美术学科本身的知识，要在课程设计中体现学科整合，引导学生对一些跨学科的课程进行综合性和探究性的学习。

二、美术学科在跨学科课程设计中的作用

（一）美术学科在跨学科课程设计中的优势

美术学科具有全体性和基础性的特点，美术学科是面对与关注全体学生的学科，这就意味着在跨学科课程设计中美术学科能够做到拓展其他学科的受众范围，延伸知识传播的广度，最大限度地丰富跨学科课程内容。

美术作为艺术门类的主要分科之一具备艺术的基本特征。它是情感体验与逻辑认知、具体形象和抽象概念、审美活动与意识形态的统一。这一特征保证了美术学科在与其他学科进行知识整合时，既能够通过美术形象对抽象的学科知识进行解释说明，增加学生的情感体验，促进学生的逻辑认知，又能够将审美活动贯穿于其他学科的教学活动中，达到提高学生审美素养，以美育人的目的。

美术教育寓教于乐的功能能够将其他学科的知识化繁为简，化抽象为具象，增强美术知识的趣味性，充分激发学生的绘画创作兴趣，能够提高学生学习的积极性。

（二）从学科类别和在中小学阶段的课程设置来看

美术与经济学同属社会人文学科。对比美术和经济学，美术学科在社会人文学科中属于受众年龄段较广，普及度较为高的学科。现阶段中小学校内校外教育都有设置美术课程，经济学在中小学阶段并没有固定的课程设置，但在全国各地各种版本的教材中都有经济学知识的涉及。例如在人教版品德与社会四年级上册中《生活中的消费》，已经有具体的课程介绍商场，引导学生学习消费行为，并从学生和家庭日常消费开始过渡到商业场所，了解以及学习选购商品的基本程序和过程[①]。高中

① 杨黎霞：北京市中小学经济与金融理财教育课程建设与实施现状，JA 新浪博客 http：//blog. sina. com. cn/s/blog_6fc3834b0102vxkt. html，2015 年。

的政治课程中也有马克思主义经济学知识的学习，如生活和消费、投资和创业、收入和分配等。

（三）从学科知识特点来看

美术学科知识通过视觉化的图像表现，是具象的，生动的知识内容。经济学知识通过文字的形式呈现，相对而言是复杂的、抽象的知识内容。因此“美术 + 经济学”的跨学科课程开发中，美术学科往往作为工具对经济学知识进行解释说明，经济学知识则作为课程设计的知识框架架构整个课程。然而跨学科课程设计的主要任务是分析发掘学科之间的跨学科问题，在课程设计中应该避免无意义的学科杂糅和拼盘。因此在探索“美术 + 经济学”跨学科课程开发过程中，既要注重发挥美术学科的工具作用增强课程的形象性和趣味性。又要分析整理出真正的跨学科问题，充分发挥美术学科与经济学的学科合力，促进跨学科知识体系的形成。

三、“美术 + 经济学”科课程开发初探究

本系列的课程开发主要针对 8 ~ 12 周岁年龄段学生。课程实践以校外教育课堂为试点，共包括两个班共 50 名学生。在经过一个学期的探索与实践过程后，笔者在课程建构过程中总结了四条重要的跨学科课程开发经验，具体如下。

（一）在课程的素材收集和知识储备环节

“美术 + 经济学”跨学科课程设计前要解决的问题有两个，一是，这个系列的课程开发关系到两个学科的专业性知识，如何将所跨学科的知识准确和正确的表达是课程设计首要解决的问题。基于这个问题，课题团队采取了自主探索和求助专业人士两种形式解决。自主探索是指通过图书、网络渠道对较为简单的经济学常识进行探索。而对于较为复杂的经济学理论与经济学思维方式是通过向专业人士咨询的方式以保证知识的准确性和正确性。问题二是，如何通过梳理资料有针对性地确定“美术 + 经济学”的跨学科问题。在确定跨学科问题时主要遵循四个原

则，坚持以美育人，关注美术学科核心素养，尊重学生的主体地位，紧密结合学生的现实生活。根据这四条原则在选取与美术整合的经济学知识时主要从四个方向确定主题。一，与经济学相关的视觉图像（如财富相关的中国传统吉祥图案）；二，正确的财富观的树立（如勤俭、君子爱财取之有道、画叉取钱等）；三，基础的经济学常识（货币的图像识读、收支关系、供求关系等）；趣味性的经济学思维方式（如“二八法则”“帕累托定律”等）。

（二）在系列课程的具体设计环节

笔者发现跨学科课程在一堂课的课程设计中是有主次的，或者说是关系不确定的，既有可能是经济学知识为主导，美术知识作为工具；反之也有可能是美术知识内核大于经济学知识，经济学只是作为美术知识的教学资源被开发。但随着学科整合的不断深化，两个学科的知识会逐渐趋向平衡。例如，课题《中国货币文化美术课程开发》系列课程中第一单元第一课《认识货币》中，经济学相关的对货币的图像识读知识是大于美术知识体系内的造型知识的。对货币的图像识读知识作为主要的知识点被学生习得，美术作为工具被应用于跨学科学习。这一类的课程主要体现为本堂课中美术知识学习是重复性的没有新知识的学习。而在和货币有关的《吉祥图案》课程设计中，美术知识是占有主导地位的，财经知识是作为资源被开发利用的，主要体现在传统吉祥图案的识读和美术表现是美术知识范畴，并有新的美术知识内容的学习。在靠后的两个单元中课程《超市打折海报设计》和《以经济学思维方式分析美术史的系列课程》中则体现了两个学科力量的势均力恒，这也是跨学科课程设计中最理想的课程形式。

（三）在课程实践过程中

在教学实践中要时刻明确“美术＋经济学”跨学科课程重在培养学生的创造性思维及艺术表现能力、批判性的思考能力、收集信息的和利用已有信息解决跨学科问题的能力。因此在进行“美术＋经济学”跨学科系列课程教学过程中，要注重充分发挥美术教学寓教于乐的功能，创造学科综合情境，通过课堂活动引导学生发现真实问题，鼓励学生展开讨论，创造性解决问题，在这一过程中循序渐进的培养学生的创造性思维方式。

（四）总结与反思过程中

好的课程设计离不开课程评价与反思，在跨学科课程评价过程中要坚持过程性评价与结果性评价的统一，建立形成性的评价体系。根据不同的环节采用有针对性的评价方式，保持评价的客观性真实性。可以用多种形式进行评价：一是课程设计、课程实践、课程反思的整个过程；二是学生、教师、家长和教育行业专家等多个维度；三是从文字语言点评、评价问卷、观后感等方式。最重要的是要坚持理论与实践相结合，根据评价结果认真进行反思撰写总结经验，并在反思过程中反复推敲修改课程设计内容，促进总结到的理论知识再次反作用于课程实践。还要坚持与时俱进，根据时代和教育理念的发展变化不断升级磨练课程内容。

参考文献

[1] 李瑞雪，王健．美国科学课程中的跨学科概念：演进、实践及启示 [J]．外国教育研究，2021，48（04）：102－117.
[2] 邢国章．美术教学与其他学科的整合探讨 [J]．成才之路，2021（21）：92－93.
[3] 王换荣，陈进前．指向学生发展核心素养的高中跨学科主题课程的实施 [J]．中小学教材教学，2021（07）：51－54.
[4] 陈诚．关于跨学科课程整合的实践与思考 [J]．求知导刊，2021（23）：39－40.
[5] 赖思沁．STEAM 教育理念下的高中美术跨学科创新课程的实践研究 [J]．新课程，新课程，2021（18）：195.

静待花开，以歌“抗疫”

朱智楠

门头沟区少年宫小合唱团，成立于2018年5月，社团学员年龄在7岁至12岁之间，这一时期的儿童，在心理发展上正处于由不随意性向随意性过渡的时期，也是其兴趣、能力、性格逐步形成的重要阶段。因此，引导学生通过发现、体会、表达音乐中的“美”，选择合适的曲目对于培育学生心灵美、行为美，进行道德教育和感恩教育显得尤为重要了。创作该歌曲的目的，亦希望学生通过学习演唱《与你在一起》，感受到祖国的伟大与团结，加强爱国主义情结。以歌慰人，以乐育人，用歌声教导和安抚疫情高压期间在家隔离的孩子们，让音乐陪伴他们度过这段人生中难忘而又特殊的时期。

与你在一起

Hey，小淘气，Can U hear me?
不出门，别烦恼，有我陪着你。
Hey，小淘气，放下手机去学习。
快长大，有一天，国家需要你！
我与你，都窝在家自我隔离，
你知道，我们不曾分离。
我与你，虽相隔一千余公里，
我请你，不要放弃，坚持下去我们与你在一起！

歌曲A段中的“小淘气”正是指小合唱团中活泼可爱的孩子们，B段中第一次“我与你”，是指老师与孩子，在这一特殊时期严格要求自己封闭隔离，坚持学习，希望以歌曲为媒介传递来自老师的关怀与想念。

第二次“我与你”是指北京与武汉以及每一位战斗在战疫第一线的工作人员。2020 年 2 月的武汉，这座昔日的英雄城市被疫情笼罩，被困顿的每一个人都随时面临生死考验，而相隔 1225 公里（地理意义上的直线距离为 1055 公里）外的我们唯有祈祷，祈祷山河无恙，国泰民安。

歌曲 A 段以短小的动机展开，节奏较为松散，更贴近我与学生们在生活中的对话。而 B 段的旋律灵感撷取自近期抗疫新闻中的不同视角：母亲透过隔离窗望着尚在襁褓之中的孩童、在一线战斗的白衣天使、因在救治过程中意外感染在与亲人做最后的道别、为疫情防控警务人员匿名捐献口罩的路人……他们都在用自己的方式向全社会传递出温暖。在这样的背景与情绪下，我思考后，运用 VI 级和弦转至新调，同时运用拓宽音程距离的手法描绘这些博爱的画面，旋律的尾声回归到自然大调的明亮，寓意光明的未来正在不远的前方。

在观看学生录制的视频时，透过屏幕，看到平日调皮可爱的孩子们真诚祝愿的脸庞，不禁湿润了眼眶。孩子们稍显稚嫩的表演并没有削减真诚的祝愿，也许在他们成长过程中第一次最真切的理解“山河无恙”带来的安全感吧。其中，王柏峪同学对歌词进行改编如下：

与你在一起

Hey，亲爱的，I Can hear！
不出门，没烦恼，大家在一起。
Hey，亲爱的，现在我就去学习。
快长大，有一天，强国齐出力！
我与你，都窝在家自我隔离，
我知道，我们不曾分离。
我与你，虽相隔一千余公里，
相信你，不会放弃，坚持下去我们永远在一起！

我想，这既是对老师的回应，也展现出了“10后”积极向上的精神风貌。歌唱是传递情感的最高级形式，在这次特殊的“艺术实践”中，孩子们用音乐感受生活，学会如何用心歌唱，一朵朵蓓蕾在悄然开放。如果一定要为这支小合唱团加一个定语的话，我希望它是一支有温度的小合唱团，温暖你我，温暖可爱的中国。